博观

走进即墨博物馆 ①

即墨博物馆馆藏文物精品

毛洪东　张文勃　姜保国　编著

中国海洋大学
CHINA OCEAN UNIVERSITY

· 青岛 ·

图书在版编目（CIP）数据

博观：走进即墨博物馆.①，即墨博物馆馆藏文物
精品/毛洪东，张文勃，姜保国编著.—青岛：中国
海洋大学出版社，2023.9
ISBN 978-7-5670-3627-7

Ⅰ.①博… Ⅱ.①毛…②张…③姜…Ⅲ.①博物馆
－介绍－即墨 Ⅳ.①G269.275.24

中国国家版本馆CIP数据核字（2023）第182430号

BOGUAN——ZOUJIN JIMO BOWUGUAN① JIMO BOWUGUAN GUANCANG WENWU JINGPIN

博观——走进即墨博物馆① 即墨博物馆馆藏文物精品

出 版 发 行	中国海洋大学出版社
社　　　址	青岛市香港东路23号　　邮政编码　266071
网　　　址	http://pub.ouc.edu.cn
出 版 人	刘文菁
责 任 编 辑	邹伟真
电　　　话	0532-85902533
电 子 信 箱	1774782741@qq.com
印　　　制	青岛新华印刷有限公司
版　　　次	2023年9月第1版
印　　　次	2023年9月第1次印刷
成 品 尺 寸	210 mm×285 mm
印　　　张	12.5
字　　　数	241千
印　　　数	1~2 000册
定　　　价	238.00元（全两册）
订 购 电 话	0532-82032573（传真）

发现印刷质量问题，请致电0532-87872799，由印刷厂负责调换。

《博观——走进即墨博物馆》编委会

主　　任：兰　杰

副主任：曲维伟　迟超勋　庄万德　方秀刚　于江水

主　　编：毛洪东　张文勃　姜保国

副主编：陈海波　韩　璐　王灵光

执行主编：巩升起

撰　　稿：毛洪东　姜保国

编　　委：（按姓氏笔画排序）

马亚坤　王新夏　王晓静　尹惠清　孙　艳　孙玉坤　孙吉艳

孙婷婷　刘婧宇　朱春玲　李彦霖　陈洪坤　时朋本　郝建龙

栾　杰　夏春红　高峻岭　提文凤　魏　晋

插　　图：刘宗林

摄　　影：矫昊楠　张志瑞　吕晓东

装帧设计：朱春玲　段　闯　孙瑞祥

特约审校：金　雨　万泽娟　杨明海

出版说明

　　即墨历史悠久，文化底蕴深厚，早在大汶口文化时期，先民们就在此繁衍生息，东夷文化影响深远，璀璨文明代代相承，绵延至今。数千年来，虽隶属关系转移无常，然城垣相叠，文化厚积；即墨三大夫、田单、田横、王成、王吉、王骏、童恢、蓝田、黄嘉善、周如砥、杨良臣、郭琇、李毓昌等数不尽的先贤，生于斯、长于斯，为我们留下了丰厚的文化积淀。

　　文物是人类文明发展史的实物见证，博物馆是记载历史变迁的厚重典籍，是保护和传承人类文明的重要殿堂，是连接过去、现在、未来的桥梁，也是宣传地域文化的重要窗口。青岛市即墨区博物馆（以下简称即墨博物馆）成立于1984年3月，拥有馆藏文物2.5万余件（套）。其中，国家一级文物21件（套），二级文物50件（套），三级文物1559件（套），包括古籍、字画、钱币、玉器、石器、化石、陶瓷器、青铜器、玺印符牌、书房文玩等类别，涵盖了自2亿年前中生代至今的漫长历史时期。其中，北宋金银书《妙法莲华经》被誉为"国之瑰宝"和"稀世珍品"，是我国北宋时期绘画、书法的代表作，也是研究中国美术史、宗教史、造纸技术及丝制工艺的珍贵资料；汉代诸国侯金印为汉印精品，对研究汉代官职和用印制度、汉印凿刻技术、书法艺术乃至中国文字的字体演变都具有重要价值。

　　即墨博物馆新馆位于即墨经济开发区市民文化中心3号楼，是即墨城市文化的重要坐标和亮丽名片，全面展现即墨历史的深厚底蕴、东夷文化的独特魅力。新馆设置"即墨历史文化陈列""馆藏北宋磁青纸金银书《妙法莲华经》陈列""馆藏书画陈列"等展览。通过深入挖掘历史文化资源，整合文化主题与文化现象，构建大视野中博古通今的即墨历史文化体系，昭显"海上青岛，根在即墨"的文化史主题。

　　在即墨博物馆新馆开馆之际，即墨博物馆系列书籍付梓，包括《博观——走进即墨博物馆①即墨博物馆馆藏文物精品》与《博观——走进即墨博物馆②建馆实录暨馆藏文物研究》两册，集中体现了馆藏特色，记载了新馆建设历程及陈列体系，反映了即墨博物馆学术研究的基本成果。本书的出版发行，必将进一步推动即墨博物馆各项事业的发展，可喜可贺。

目 录

第一编 化石与石器

化石是由于地壳变迁、古地质与地理环境变化等原因，导致生物被迅速埋藏于地下，经过亿万年的演变，生物硬体部被保存下来而形成的，研究化石可了解生物的演化情况，并能据以确定地层的年代。

　　石器是指以岩石为原料制作的工具，根据不同的发展阶段，又可分为旧石器时代和新石器时代。旧石器时代生产力水平低下，石器的种类较为简单，主要包括砍砸器、刮削器、尖状器和石球等。新石器时代，随着石器磨制技术的出现，石器种类大大增多，早期遗址中大量出土的农业、手工业和渔猎工具有斧、锛、铲、凿、镞、矛头、磨盘、网坠等，稍后又增加了犁、刀、锄、镰等。

● **木化石**
中生代
长40厘米
宽20厘米
国家三级文物

象牙化石 ○
中生代
最长50厘米
直径12.5厘米
最长27厘米
直径10.5厘米
国家三级文物

纳马古菱齿象牙化石 ○
中生代
高29.5厘米
口径11厘米
腹径19厘米
国家三级文物

● **鱼化石**

中生代

长17.5厘米

国家三级文物

石斧

从最初的手斧到后期的有柄石斧，石斧经历了漫长的历史时期，在石器时代有着广泛的使用，被称为"万能工具"，古人采集、砍伐、农耕、狩猎、战斗都会用到这种工具。《说文解字》云："斧，斫也……斫，击也，从斤石声……斤，斫木也，象形，凡斤之属皆从斤……"斤在甲骨文中写作"𛰙"，上面为横刃，下是曲柄，象斧斤之形，本义是斧子一类的砍伐工具，在《现代汉语词典》中将"斤"解释为"古代砍伐树木的工具"。《释名·释用器》云："斧，甫也。甫，始也。凡将制器，始用斧伐木，已乃制之也。"

石斧

新石器时代·大汶口文化

长9.5厘米

宽5厘米

厚3.3厘米

国家二级文物

石斧

新石器时代

长15.5厘米

宽7厘米

厚1.5厘米

国家三级文物

石斧

新石器时代·岳石文化

长14.6厘米

宽8厘米

厚5.5厘米

国家三级文物

石斧

新石器时代·岳石文化

长17.5厘米

宽6厘米

厚3厘米

国家三级文物

石钺

新石器时代·龙山文化

长11厘米

宽7.3厘米

厚1.6厘米

国家三级文物

石钺

新石器时代·龙山文化

长12厘米

宽7厘米

厚1.3厘米

国家三级文物

石钺

　　《说文解字》云："钺，大斧也。"《尚书·周书·顾命》云："一人冕，执钺，立于西堂。"郑玄注："钺，大斧。"《字林》云："钺，王斧也。"王者，大也。古代文献皆以斧为钺作注，可见古人应该是把钺作为斧的一种。在甲骨文和金文中，钺分别写作"𢆡"和"𫠜"，从形象上看，钺应该是一种有柄、弧刃的劈砍类兵器。最初的石钺应该与斧的功能相近，作为砍伐类工具使用，不过随着战争和早期国家的发展，钺已经发展成专门的武器，并逐渐转化为礼仪化器物，成为王权的象征。

第二编　货币

贝是中国最早的货币，商朝以贝作为货币。在中国的汉字中，凡与价值有关的字，几乎都与"贝"有关，而用作货币的贝则大多为海贝。随着商品交换的发展，货币需求量越来越大，海贝已无法满足人们的需求，商朝人们开始用铜仿制海贝，于是铜币出现。从商朝铜币出现后到战国时期，货币形状很多，各地货币制度与货币样式各不相同。如即墨所在齐国使用刀币，称为"齐法化"；另外，还有方足布、圆钱、方孔圆钱、蚁鼻钱以及楚金板等不同形制的货币。秦统一中国后，主要以原秦国通行的圆形方孔钱为主要形制，以两、锱为单位。西汉的铜钱主要有半两、三铢、五铢，东汉只铸五铢钱。三国两晋南北朝时社会动乱，货币形制多样，币值不一，出现了重物轻币的现象。隋朝建立后，混乱的货币趋向统一，隋文帝重铸五铢钱，并禁止旧钱的流通。唐朝建国初年，仍然沿用隋朝五铢钱，但由于始于汉代的五铢钱在全国已流通700余年之久，期间历经王朝盛衰，大小轻重已无统一标准，即使是隋五铢也有大小多种规格，再加上前代南北朝钱币的流通，通货之状极其混乱。又由于隋末战乱，货币大幅贬值，百姓生活非常困苦。所以当唐朝局势稳定后，为适应其统治需要，于武德四年（621年）废除五铢钱，由唐高祖李渊亲自主导，改铸统一的开元通宝。开元通宝开宝文币制之先河，取代了之前的纪值、纪重货币。北宋时期出现了最早的纸币——交子。

○ 贝币
夏
　长3.2厘米
　宽1.7厘米
国家三级文物

贝币

贝币是指先秦时期以海贝充当原始货币。早在夏晚期，贝币已得到使用，商周时代则更为普遍。商代常见的是一种齿贝，背面往往磨平，或钻一穿孔，便于携带。

即墨刀币

　　齐灭莱统一胶东半岛后，即墨成为齐国的通都大邑，且为齐国下都。即墨自古地利渔盐，经济发达，为齐东之重城饶邑。即墨刀币正是即墨辉煌历史的见证，其形状由刀演化而成，因此称为刀币。即墨刀币，分为四字刀"即墨法化"（亦称小刀）和五字刀"即墨之法化"（亦称大刀）两种，"法化"为法定货币之意。五字刀铸造时间要早于四字刀。即墨刀币为齐国的地方铸币之一，同期的齐国铸币还有"齐之法化""安阳之法化"等，齐威王至宣王时代，齐铸币逐渐统一于"齐法化"。即墨刀币除在即墨、平度、城阳等青岛区市有批量出土外，在山东其他地区及河北一些地区也时有发现。即墨刀币铸造精细，美观大方，为战国时期诸刀币中之上品。现省内外的不少博物馆藏有即墨刀币，英国大英博物馆也有收藏。"齐建邦长法化"是田齐开国或者襄王复国的纪念币，亦是我国最早的纪念币。

即墨法化刀币（左）

战国
长19.3厘米
宽2厘米
国家三级文物

安阳之法化刀币（右）

战国
长18.4厘米
宽2.3厘米
国家三级文物

齐建邦长法化刀币（左）
战国
  长17.5厘米
国家一级文物

齐建邦长法化刀币（右）
战国
  长17.6厘米
国家一级文物

货布

新

长5.9厘米

宽2.9厘米

国家三级文物

开元通宝

唐

直径2.1～2.5厘米

孔径0.7～0.8厘米

国家三级文物

天禧通宝

宋

直径2.5厘米

孔径0.6厘米

国家三级文物

第三编 陶瓷

陶瓷是陶器和瓷器的总称，是以天然黏土以及各种天然矿物为主要原料经过粉碎混炼、成型和煅烧而成的各种制品。与瓷相比，陶的质地相对松散，颗粒也较粗，烧制温度一般为900℃~1500℃，常见的有黑陶、白陶、红陶、灰陶和黄陶等。

　　与陶相比，瓷有质地坚硬、细密、严谨、耐高温、釉色丰富等特点，烧制温度一般在1300℃左右。陶瓷的英文是china，足见在外国人眼中，中国和瓷器有密切关系。

红陶背壶

新石器时代·大汶口文化

高14.5厘米

腹径13.5厘米

口径7.4厘米

国家三级文物

陶背壶

陶背壶是黄河中下游地区大汶口文化时期的特有器型，属于汲水器类，应是人们出行时背在身上的储存水用具。背壶的造型基本是壶形，与一般陶壶不同的是壶腹不是圆体，而是一侧扁平一侧圆鼓，肩下有耳穿，鼓腹下部有喙形或鸡冠状的凸纽。

红陶鬶

新石器时代·大汶口文化
高30厘米
国家三级文物

陶鬶

陶鬶为三足器，被誉为新石器时代文明的活化石，源出东夷民族的鸟图腾崇拜，特因其鸟喙般的仰流而获得了造型密码，因此亦被称作鸟形鬶。三足，有柄，仰流，这是鸟形鬶所共有的形制。

黑陶单耳杯

新石器时代·龙山文化

高14.3厘米

腹径11.5厘米

口径8厘米

底径8厘米

国家三级文物

黑陶镂空高柄杯

新石器时代·龙山文化
高19.7厘米
口径6.5厘米
底径7厘米
国家三级文物

陶壶

战国
高17.8厘米
腹径15厘米
口径11.5厘米
底径10.7厘米
国家三级文物

扁壶

汉

高28厘米

腹径26厘米

口径11厘米

底径14.5厘米

国家三级文物

陶罐

西汉

高33厘米

腹径24厘米

口径16厘米

底径16厘米

国家三级文物

两鼻罐

汉

　高21厘米

　腹径15厘米

　口径10.5厘米

　底径10厘米

国家三级文物

原始青瓷盘口壶

西汉

　高25.6厘米

　腹径16.5厘米

　口径12厘米

　底径8厘米

国家三级文物

陶壶

汉

高14厘米

腹径17厘米

口径14.5厘米

底径9厘米

国家三级文物

不其马石砖

汉

长33厘米

宽14厘米

国家三级文物

玉壶春瓷瓶

晋

高19.9厘米

口径7厘米

底径7厘米

国家三级文物

第三编 陶瓷

● 白陶瓶

南北朝

　高27厘米

　　腹径12.6厘米

　　口径7.8厘米

　　底径7.6厘米

国家三级文物

影青瓷钵 ●

隋

高7厘米

口径13.5厘米

底径5.5厘米

国家三级文物

影青瓷钵

白陶桶

唐

高24.8厘米

腹径14厘米

口径12.5厘米

国家三级文物

影青瓷渣斗

宋

高15.6厘米

口径13.5厘米

底径8厘米

国家三级文物

● **四系罐**

宋

高28厘米

腹径15厘米

口径5厘米

底径11厘米

国家三级文物

绿釉瓷罐

明

高9.5厘米

腹径7.5厘米

口径4.4厘米

底径4.4厘米

国家三级文物

盘龙收口瓶

明

高20.3厘米

腹径8厘米

口径2.7厘米

底径5.8厘米

国家三级文物

狮纹青花盖罐

明
高16厘米
腹径11.5厘米
口径5.5厘米
底径7.5厘米
国家三级文物

梅花纹角杯

明

高6.5厘米

口径8.4厘米

底径3.6厘米

国家三级文物

青莲色釉瓷水盂

明

高5厘米

腹径11厘米

口径4.1厘米

底径6厘米

国家三级文物

鱼化龙紫砂壶 ●

清
高11厘米
腹径11.2厘米
口径8厘米
国家三级文物

双龙戏珠铁龙瓶

清

高43厘米

腹径21厘米

口径15.5厘米

底径16.5厘米

国家三级文物

青釉帽桶 ●

清

高29.7厘米

口径12.9厘米

底径12.4厘米

国家三级文物

045

霁蓝釉琮式瓶

清

高34.5厘米

腹径12.3厘米

口径8.1厘米

底径11.2厘米

国家三级文物

青花凤凰戏牡丹瓶（左）

清

高46厘米

腹径20厘米

口径17.8厘米

底径14厘米

国家三级文物

青花八宝纹瓶（右）

清

高62厘米

腹径25厘米

口径21厘米

底径20厘米

国家三级文物

青花六棱山水瓶

清

　　高45厘米

　　腹径18厘米

　　口径14厘米

　　底径14厘米

国家三级文物

青花人物将军罐

清

高41.5厘米

腹径23.2厘米

口径7.3厘米

底径14.3厘米

国家三级文物

● 五彩花卉瓶（左）

清

　高44厘米

　腹径19厘米

　口径14厘米

　底径15厘米

国家三级文物

● 五彩人物棒槌瓶（右）

清

　高45厘米

　腹径16.5厘米

　口径11厘米

　底径11.5厘米

国家三级文物

五彩人物狮耳瓶

清同治

高36厘米

腹径17.9厘米

口径16.2厘米

底径16厘米

国家三级文物

◉ **五彩人物吊胆瓶（左）**

清

　高34.1厘米

　腹径18厘米

　口径10.2厘米

　底径10.2厘米

国家三级文物

◉ **五彩墨底花卉花觚（右）**

清

　高44厘米

　腹径18厘米

　口径20厘米

　底径14厘米

国家三级文物

五彩龙纹出戟花觚 ◐

清

高30厘米

腹径10.8厘米

口径12.7厘米

底径10.6厘米

国家三级文物

粉彩人物狮耳瓶

清

　　高45厘米

　　腹径18厘米

　　口径17厘米

　　底径17.5厘米

国家三级文物

粉彩花卉瓶

清
高80厘米
腹径21厘米
口径21厘米
底径18厘米
国家三级文物

054

粉彩花卉瓶

清

　　高43.8厘米

　　腹径21.2厘米

　　口径16.2厘米

　　底径16.8厘米

国家三级文物

红彩八宝纹瓶

清
高37厘米
腹径16.5厘米
口径16厘米
底径13厘米
国家三级文物

仿哥窑花口瓶（左）

清

　　高80厘米

　　腹径21厘米

　　口径21厘米

　　底径18厘米

国家三级文物

仿哥窑直口瓶（右）

清

　　高15厘米

　　腹径8厘米

　　口径3.7厘米

　　底径4.5厘米

国家三级文物

玉壶春瓶

清
高36厘米
腹径22厘米
口径14厘米
底径13厘米
国家三级文物

霁红釉撇口瓶

清

　长33厘米

　腹径20厘米

　口径12厘米

　底径12.5厘米

国家三级文物

彩塑八仙人物直口瓶

清

高33.3厘米

腹径17.5厘米

口径6厘米

底径9.3厘米

国家三级文物

第四编 玉器

在中国传统文化中，玉一直被人们视为内美与外美的完美统一。作为各种美的事物和现象的象征，在政治、礼仪、宗教、文化中，玉都具有其特殊的价值，是其他珍宝所无法取代的。古人认为玉具有纯净、温润、坚硬、绚美的特性，可以通神灵，所以人们常常以玉来礼神祭祀。六器即玉璧、玉琮、玉圭、玉琥、玉璋、玉璜，是用于祭祀天地四方的六种玉礼器，分别对应不同的方位。除了器型的对应外，还强调颜色的对应。《周礼·春官宗伯》记载："以玉作六器，以礼天地四方：以苍璧礼天，以黄琮礼地，以青圭礼东方，以赤璋礼南方，以白琥礼西方，以玄璜礼北方。皆有牲币，各放其器之色。"

即墨博物馆所藏春秋战国时期和汉朝玉器精美绝伦，具有很高的历史、科学和艺术价值。岁月弥漫，玉光流转之间，将我们追思文化史的眼神浸润得纯净而深沉。

双夔龙纹玉璜

春秋

长11.6厘米

宽2.1厘米

厚0.6厘米

国家一级文物

春秋双夔龙纹玉璜

　　玉璜呈青白色，正反两面纹饰相同，左右呈对称分布。纹饰采用阴线加浅浮雕的手法刻成，中区阴刻勾云纹，两头分别采用浅浮手法雕刻有一夔首做张口状。造型生动，形象逼真，刻划自然，为春秋战国时期的玉器精品。

双夔龙纹玉璜（上）

西汉

长9.3厘米

宽2.1厘米

国家一级文物

双夔龙纹玉璜（下）

西汉

长10.4厘米

宽2.3厘米

国家一级文物

西汉双夔龙纹玉璜

　　玉璜是一种胸饰，也是一种礼器，与玉琮、玉璧、玉圭、玉璋、玉琥等均是"六器礼天地四方"的玉礼器。《周礼》载，大宗伯"以玄璜礼北方"。这里两件玉璜的造型及纹饰基本相同，均采用阴线加浅浮雕的手法刻成，中区印刻勾云纹，两端分别浅浮雕刻有夔首做张口状，回望相对。龙嘴上唇突出，龙角突起。中间钻一小孔，以供穿绳佩带。璜身以阴刻卷云纹为饰，纹样饱满。整件玉佩造型别致，工艺精良。

● **舞女玉饰**

西汉

　　最长4.2厘米

　　最宽2.1厘米

　　最厚0.21厘米

国家一级文物

西汉舞女玉饰

　　舞女玉饰又称玉舞人，起源于战国，盛行于汉代。即墨北古城出土的这组玉舞人共有四个，大小、质地、形制基本相同，高约4.5厘米，厚0.2厘米。舞女皆着低领、束腰、长袖宽摆裙。其中三人舞姿相同，为左袖上搭头顶，右袖飘搭左前；一人舞姿有别，右袖上搭头顶，左袖直飘前下，似为领舞者。舞女均以白色玉石雕琢而成，两面纹饰相同，以三角形为鼻，眼及眉毛上挑，通体外廓单线阴刻，勾勒出栩栩如生的优美舞姿，线条流畅，造型简洁生动。头上中部和裙尾中部皆有一圆形穿孔，应为汉代配饰上的坠饰。《韩非子·五蠹》云："鄙谚曰：'长袖善舞，多钱善贾。'"可见善舞者穿着长袖衣，在战国时期是常见的事情。

卷草纹鸡心玉佩 ●

西汉
长7.7厘米
宽3.2厘米
厚0.3厘米
国家一级文物

西汉卷草纹鸡心玉佩

玉佩通体呈白色，取椭圆形扁平片状，中心为一圆形孔，上端琢成心尖状，近似于鸡心的形状，故又称左鸡心佩。中部心尖部及左右两侧各饰以变体龙纹和卷草纹，鸡心两边均通体饰以阴刻舒卷、流畅的卷草纹，与两侧透雕卷草纹联成一体。整件玉佩造型别致，工艺精良。

玉璧

汉

直径16.3厘

孔径5.8厘米

国家三级文物

汉玉璧

玉质为青玉，属多层纹饰玉璧，内层为涡纹，外层为相互交缠图案化的兽面纹，两组纹饰之间有两道绳纹加以分割。玉璧边缘较宽，立缘剖面呈方形，明显不同于战国时的三角形立缘，造型简洁、古朴。

玉环

汉

直径8.4厘米

孔径4.8厘米

厚0.35厘米

国家三级文物

玉璏
汉
长7.5厘米
宽2.6厘米
国家二级文物

汉玉璏（玉剑彘）

玉质为青玉，表面有沁色，有一方形穿带孔，故当为嵌于剑鞘之上用以穿剑的剑饰，面部雕琢勾连云纹，玉质细腻、温润。

龙纹玉带钩
清
长7.5厘米
宽1.6厘米
厚2厘米
国家三级文物

带钩

带钩是古代扣接腰带的用具，是古人用来束带或佩系的物品。带钩的基本作用是约束衣服。此外还有其他一些用途，比如佩挂物品、装饰美化、带来好运等。带钩在新石器时代的良渚文化时期就已出现，一直到清代很多文人画上还有体现，带钩真正的流行是在战国至秦汉时期，这时已发展成了贵族、士族阶层腰间必备的实用饰物，同时也是一种财富、地位的象征，在"窃钩者诛，窃国者侯"这个历史典故中，"钩"指的就是带钩。当年管仲伏击赶回国继位的齐桓公，一箭射中的就是齐桓公的带钩。

玉瓜

清

　　长4厘米

　　宽2.7厘米

　　厚4.5厘米

国家三级文物

玉马

清

　　长13厘米

　　宽8厘米

国家二级文物

清玉马

　　玉马呈青白质，系一回首卧马，右侧卧，只见右前后蹄，玉马面容清晰，憨态可掬，形象逼真，雕刻自然，通体有多处筋纹。

玉双鸭 ●

清
长18厘米
宽10厘米
国家二级文物

清玉双鸭

由整块玉石雕琢而成，呈青白色。
两只玉鸭在水上嬉戏，下用浅浮雕手法
雕刻成水波纹。大鸭口衔桃枝，小鸭口
衔稻禾，大鸭回首视小鸭。鸭嘴、鸭
身、小波纹上均有筋纹，为浅翠色。

● **玉狮**

清

长21厘米

高132.7厘米

国家二级文物

清玉狮

玉狮为青玉质，系一大一小两只玉狮。大狮面容清晰，背部有多处土沁，呈蹲坐状，双目圆瞪，似在护卫小狮。小狮位于大狮左前足下，憨态可掬。整件作品，形象逼真，雕刻自然。

玉翠叶

清

长4.6厘米

宽4.4厘米

厚0.25厘米

国家三级文物

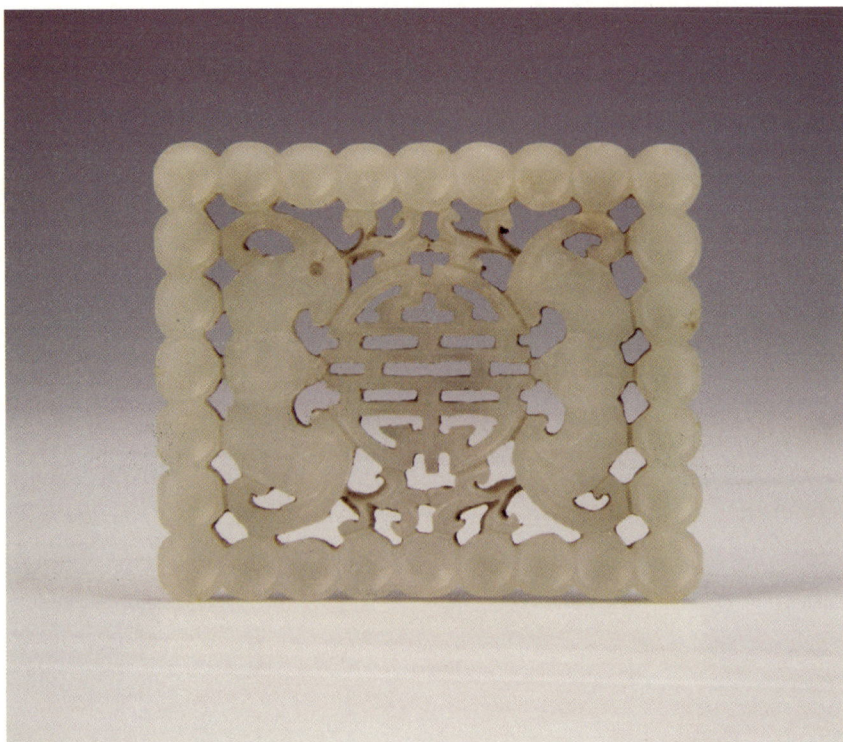

寿字玉佩

清

长6.91厘米

宽5.1厘米

厚0.5厘米

国家三级文物

玉佩

清

直径3.5厘米

厚0.3厘米

国家三级文物

福贵永昌玉佩

清

长7.5厘米

宽5.5 厘米

厚0.6厘米

国家三级文物

翠玉翎子管（左）

清

长7.8厘米

宽1.5厘米

国家三级文物

玉簪（右）

清

长12厘米

宽1.6厘米

厚0.2厘米

国家三级文物

玛瑙鼻烟壶

清

长4.5厘米

高6.8厘米

厚2.8厘米

国家三级文物

玛瑙鼻烟壶

清

长4厘米

高6.7厘米

高2厘米

国家三级文物

玉鼻烟壶

清

长6厘米

高7厘米

厚2厘米

国家三级文物

第五编

铜器与银器

考古学上，青铜时代指的是新石器时代以后出现的以使用青铜器为标志的人类文明发展阶段。当时，青铜器在人们的生产、生活中占据重要地位，对提高社会生产力起了划时代的作用。青铜，古称金或吉金，是铜与其他化学元素（锡、镍、铅、磷等）的合金，其铜锈呈青绿色，因而得名。中国最早的冶炼青铜器是甘肃马家窑遗址出土的青铜刀，距今有5000年的历史。夏代始有青铜容器和兵器；商中期，青铜器品种变得丰富多彩，并出现了铭文和精细的花纹；商晚期至西周早期，是青铜器发展的鼎盛时期，铭文逐渐加长，花纹繁缛富丽。春秋晚期至战国，由于铁器的推广使用，铜制工具越来越少。秦汉时期，随着陶器和漆器进入日常生活，铜制容器日渐减少。

铜器与银器俱是金属器物的一部分。铜器是指以青铜为原料加工而制成的器皿、用器等。银器在古代文物中亦屡见闪光，除了银质货币外，银制器物在部分地区的王公贵族和宗教上层人士中普遍使用，有时人们将其用作装饰品。即墨博物馆藏铜器以青铜兵器、礼器、铜镜和日用器皿为主。

铜剑（左）
战国
    长45.5厘米
    宽5厘米
国家三级文物

铜剑（右）
战国
    长42厘米
    宽5厘米
国家三级文物

铜剑

剑素有"百兵之君"的美称，是一种以直刺为主、兼具割砍的兵器，亦称"直兵"。《释名·释兵》云："剑，检也，所以防检非常也。又敛也，以其在身，拱时在臂内也。"《说文解字》云："剑，人所带兵也。"从文献记载和考古资料中可知古代青铜剑是一种随身携带的短兵器，主要用于近身防御搏杀。青铜剑包括剑身、剑格和剑茎（柄）三部分。以秦剑为例介绍剑的各部分名称如下：剑身最前端为"锋"，中起为"脊"，脊两侧称为"从"，左右两从合称为"腊"，从的两边为"刃"；剑柄称为"茎"，其外端为剑"首"；剑柄与剑身之间的护手为"格"（亦称"镡"或"卫"）。

西周至东周初期的青铜剑普遍宽而短，长度也仅二三十厘米。其中，被誉为"天下第一剑"的越王勾践剑，体现了春秋晚期短兵器制造的最高水平，其长度仅55.6厘米。历史地看，秦剑达到了当时的工艺极致，兼顾了青铜剑的硬度、长度与韧性，长达八九十厘米，使青铜这一材料的优点在铸剑方面得到完美展现，代表了中国古代青铜剑铸造工艺的顶峰。

铜带钩（上）

周

长5.7厘米

国家三级文物

铜带钩（中）

周

长9.6厘米

国家三级文物

铜带钩（下）

周

长13.4厘米

国家三级文物

● 铜舟

西汉
　　长17厘米
　　宽14厘米
　　高7厘米
　　国家三级文物

● 铜壶

汉
　　高9.7厘米
　　腹径9.4厘米
　　口径4.5厘米
　　底径5.5厘米
　　国家三级文物

青铜扁钟 ●

西汉
高18厘米
国家三级文物

铜博山炉

汉

高16.5厘米

口径9.5厘米

底径7.5厘米

国家三级文物

博山炉

博山炉亦名博山香炉、博山香薰、博山薰炉等，是中国汉晋时期民间常见的焚香所用的器具，多为青铜器和陶瓷器。博山炉的炉体呈青铜器中的豆形，上有盖，盖高而尖，镂空，呈山形，山形重叠，其间雕有云气纹、人物及鸟兽。于炉中焚香，轻烟飘出，缭绕炉体，自然造成群山朦胧、众兽浮动的效果，仿佛传说中的海上仙山"博山"。

铜权

汉

高10.1厘米

腹径4.7厘米

底径4.5厘米

国家三级文物

铜权

　　权是中国传统的度量衡工具，在中国的历史上扮演着重要的角色，随着科技的发展，在日常生活中逐渐淡出人们的视线。"权"，即秤砣，悬挂于秤杆上，以移动的方式来称量器物的重量，这种称重方式一直沿用至今。《汉书·律历志上》曰："权者，铢、两、斤、钧、石也，所以称物平施，知轻重也。"二十四铢为两，十六两为斤，三十斤为钧，四钧为石。清人李光庭在《乡言解颐》卷四中说道："市肆谓砝码为招财童子，谓秤锤为公道老儿……权衡取其平，平者乃公道之谓也。"因此，汉语中就逐渐演变出了"权衡"一词。

仿商铜斝

清

　高32.5厘米

　口径10.8厘米

　底径10.7厘米

国家三级文物

铜镜

　　在古代，铜镜与人们的日常生活有着密切关系，是人们不可缺少的生活用具。古人云："以铜为镜，可以正衣冠"。铜镜一般制成圆形或方形，其背面铸铭文饰图案，并陪钮以穿系，正面则以铅锡磨砺光亮，可清晰照面。

铜镜

汉
直径10.3厘米
厚0.8厘米
国家三级文物

铜镜

汉
直径8.6厘米
厚0.7厘米
国家三级文物

铜镜

唐

直径9.4厘米

厚0.3厘米

国家三级文物

铜镜

金

直径11.5厘米

厚0.3厘米

国家三级文物

铜香炉 ⬤

明

高25.8厘米

腹径17.5厘米

口径12.9厘米

国家三级文物

仿商铜鎏金提梁卣

清

高25厘米

腹径17.5厘米

口径12.9厘米

底径14.1厘米

国家三级文物

第五编　铜器与银器

龙纹银杯 ●

清

高8厘米

口径5.7厘米

底径4厘米

国家三级文物

第六编 印章与砚台

印章与砚台在中国文化生活中发挥着特殊作用，有着至为沉博而精妙的闪光。

《说文解字》云："印，执政者所持信也。"官印是帝王和官员权力的象征。汉制，皇帝、皇后、诸侯之印称"玺"，列侯、乡亭侯、将军部属、郡邑令长的称"印"，列将军的称"章"，以印质、印钮和印绶区别地位高低。《汉旧仪》载，皇帝、皇后玺印用虎钮，诸侯王印用橐驼钮，皇太子、列侯、丞相、太尉、三公、前后左右将军之印则用龟钮或鼻钮。皇帝、皇后的玺印为玉质；皇太子、列侯丞相太尉一级的高官，官印用金铸造；御史大夫及两千石以上官员，用银铸造；两千石以下的官员，用铜造印。印绶也有紫绶、青绶、墨绶、黄绶等不同等级的分别。诸朝相续，印章生辉，点缀着中华文明的璀璨星空。

砚亦称为研，与笔、墨、纸合称中国传统的文房四宝，是中国书法必备用具。《释名》云："砚者研也，可研墨使和濡也。"汉时，砚上出现了雕刻。唐代起，石砚普遍出现，山东青州的红丝砚、广东肇庆的端砚、安徽歙州的歙砚、山西绛州的澄泥砚并称"四大名砚"。

诸国侯印

"诸国侯印"整体呈扁正方体，长2.5厘米、宽2.5厘米、高2.1厘米，正方形印面上刻有"诸国侯印"两行阴文篆书。印钮为龟形，龟首稍短，向前探出，龟身四肢外伸呈站立状，龟尾内收，龟背中部稍隆起拱形，龟背以复杂而又有一定规律的刻纹组成多个六边形以象征龟甲，甲缘饰一周鱼子纹，四肢均饰鱼子纹，总重96克。

1977年秋，山东省即墨县王村镇（今青岛市即墨区田横镇）小桥村村民迟秀英在农耕时发现了一枚金印并上交即墨县文物管理工作组。1984年3月，即墨县博物馆成立，该印由县博物馆收藏。1986年8月，国家鉴定委员会山东文物鉴定组将其定为国家一级文物。

● **金龟纽诸国侯印**

西汉

　　长2.5厘米
　　宽2.5厘米
　　高2.1厘米

国家一级文物

瓦砚

未央宫瓦砚 ●

汉

长18厘米
宽2厘米
高3.5厘米
国家三级文物

砚，亦作"研"。唐贯休《砚瓦》诗云："应念研磨苦，无为瓦砾看。"古人常取古宫殿之瓦为砚，故名瓦砚，俗呼"瓦头砚"。汉未央宫、魏铜雀台等宫殿的殿瓦造型典雅，瓦身如半筒，面至背厚约一寸，背平可研墨。唐宋以来，去其身以为砚。

压袖铜印

汉

> 长1.6厘米
> 宽1.6厘米
> 高1.7厘米
> 国家三级文物

铜质龟钮华奉之印

汉

> 长1.7厘米
> 宽1.7厘米
> 高2.1厘米
> 国家三级文物

铜质龟钮刘禄信印

汉

> 长1.5厘米
> 宽1.5厘米
> 高1.5厘米
> 国家三级文物

即墨县铜印

宋

长5.5厘米

宽5.5厘米

高4.5厘米

国家三级文物

湧泉库铜印

明

　　长5.4厘米

　　宽3.3厘米

　　高4.2厘米

国家三级文物

出师表铜印 ○

清

长3.6厘米

宽3.2厘米

高4.1厘米

国家三级文物

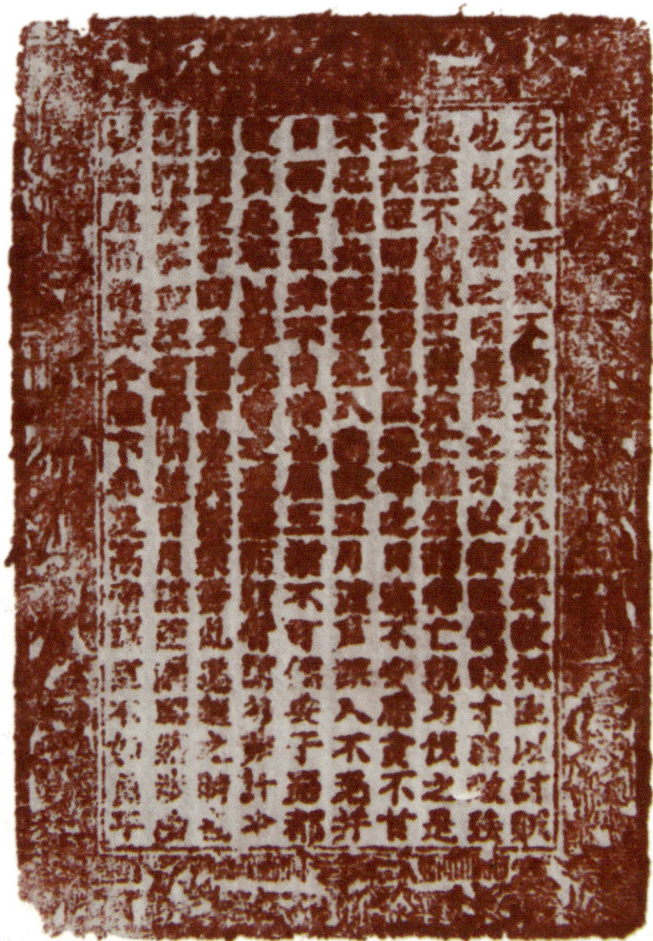

● 蓝之钤锡包木章
（带匣）

清

长8.5厘米

宽5.5厘米

高3.9厘米

国家三级文物

"明月清风真我友，
人生此处更何求"
石章
民国
长11.5厘米
宽11厘米
国家三级文物

"杨锡霖印"石章
民国
通高8.5厘米
通宽4厘米
国家三级文物

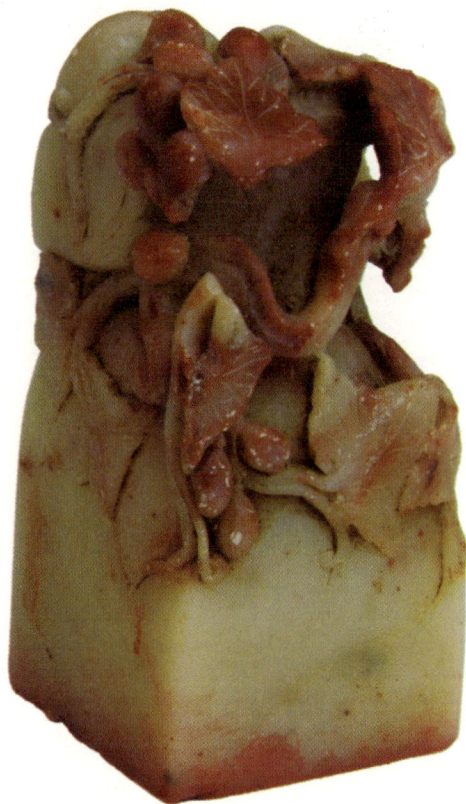

"光明正大为人
正直代而行化"
印章

民国
　长4.6厘米
　宽4.6厘米
　高5.2厘米
国家三级文物

龙吸水端砚
清
长19厘米
宽13厘米
国家三级文物

凤纹端砚
清
长22厘米
高4厘米
国家三级文物

龙纹端砚

清

长25厘米

宽14.4厘米

国家三级文物

沈周刻人物端砚

明

长22厘米

宽10.5厘米

高5厘米

国家三级文物

"石友论砚"端砚 ●

清

长23厘米

宽14.5厘米

高3.1厘米

国家三级文物

第七编 书画

书画是中国传统文化的瑰宝，源远流长，深刻见证了中华文明起源、流变与发展的历史进程。

"书"即书法，这里专指中国汉字书法，是中国汉字特有的一种艺术表现形式。书法作品通常以毛笔写成，其创作过程中特别讲求执笔、用笔、点画、结构、分布（行次、章法）等技法。常见的书法作品的字体有楷书、行书、草书、隶书和篆书五种。

中国画简称"国画"，古代一般称之为丹青，多以毛笔蘸水、墨、彩作画于纸或绢上。从题材上，可分为人物、山水、花鸟三大类。人们常言"画中有诗，诗中有画"，说明诗与画有着密不可分的内在关系。诗、书、画、印往往集中体现在绘画作品中，构成一体化的艺术境界。

即墨博物馆书画藏品丰富，尤以北宋金银书画《妙法莲华经》最具文化史价值，被誉为"国之瑰宝"。

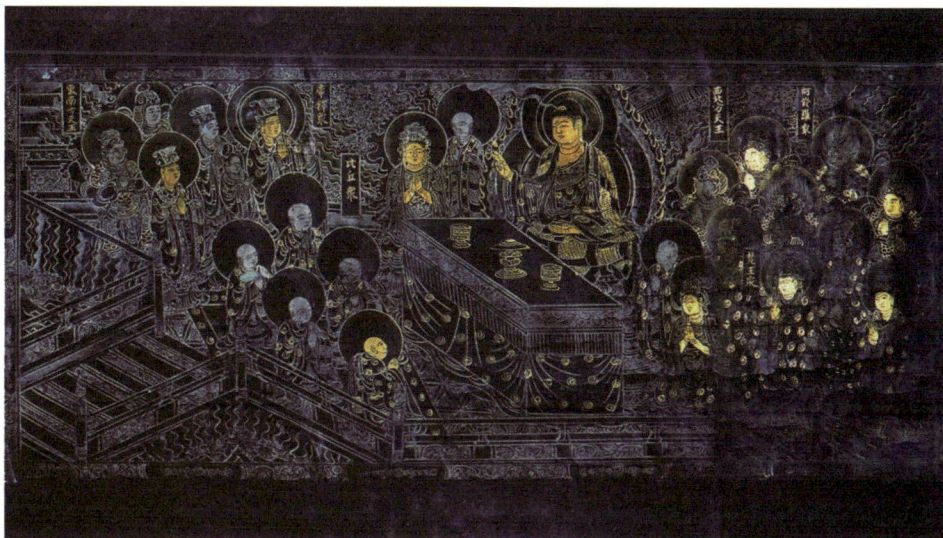

北宋金银书
《妙法莲华经》
经变图（上）

北宋金银书
《妙法莲华经》
卷前题铭（中）

北宋金银书
《妙法莲华经》
卷一经文局部（下）

北宋金银书《妙法莲华经》
（卷一、二、三、四、五、七）

北宋

纸本

长卷

　长1155.30～1407厘米

　宽30.70～21.30厘米

国家一级文物

黄七世祖太保公行乐图

明

吴钺 绘

纸本

长157厘米

宽67厘米

国家一级文物

画中人物，黄嘉善携一书童行走于山间小路，身着蓝色灰边长袍，头戴黑色高帽，脚穿朝靴，左手捋须，右手垂下，立前凝思；书童手捧书画，侍奉于后。人与自然同在，山涧溪流与苍松翠柏相映照，白云缭绕之间，怡然自得的心情跃然于纸上。

黄嘉善（1549—1624），字惟尚，号梓山，即墨城里人。他生而聪敏，熟读诗文经书，又深得伯父黄作孚之教导，有着深厚的古文化修养。明万历四年（1576），黄嘉善中举人，翌年中进士。他历任叶县令、大同知府、陕西布政司参政、宁夏巡抚、陕西三边总督等职。万历三十九年（1611），黄嘉善总督陕西三边军务期间击退来犯的敌军，史称"三边大捷"，擢兵部尚书加太子太保衔，成一代名臣。为表彰黄嘉善及其家族的累世功绩，万历皇帝敕建"四世一品"坊，今此坊业已复建于即墨古城内。黄嘉善文武兼备，有《抚夏奏议》《总督奏议》《大司马奏议》《见山楼诗草》等著述。

黄七世祖太保公行乐图
（局部）

黄七世祖太保公黄嘉善画像

明
绢本
中堂
长270厘米
宽116厘米
国家二级文物

这是一幅工笔写实人物画，表现的是即墨黄氏七世祖太保公黄嘉善，无款跋。人物身着红官衣，头戴官帽，浓眉长须，宽袍广袖，双手抄入袖中，腰着玉带，脚穿朝靴，端坐于铺有虎皮的圈椅之上。胸前的补子制作精良，用色大胆活泼，武官补子用单兽，从大襟袍上的补子立兽麒麟，不难看出黄嘉善为一品武官。整幅作品构图饱满、画风严谨，人物刻画细腻。画工工整，不失神韵，线条流畅，色彩浓丽，人物雍容大气，神态坚定自然。画中人物栩栩如生，画家笔下的黄嘉善，眉宇舒朗，目光睿智，飘动的胡须，无不表现出这位一品武官的自信与威严。

黄七世祖母江夫人画像

明

绢本

中堂

长255厘米

宽115.5厘米

国家二级文物

黄宗昌画像

明
绢本
立轴
长280厘米
宽110厘米
国家三级文物

黄宗昌（1588—1646），字长倩，号鹤岭，即墨人。明天启二年（1622）进士，授雄县（今属雄安新区）令，到任后立即将境内横行不法的宦官魏忠贤党羽全部正法。后调任清苑（今属河北）县令。时京城附近各县官吏纷纷为魏忠贤建造生祠，唯独清苑不建。崇祯时，官授御史，上《纠矫伪疏》，弹劾魏忠贤余孽黄克缵、范济世等61人；上《纠无行词臣疏》，弹劾周延儒等多人。后因受排挤而被降职，回乡闲居。崇祯十五年（1642），即墨遭清兵围困，黄宗昌变卖家产作军饷，率众护城。交战中，次子黄基被清兵射死，他忍痛指挥士民继续战斗，使即墨城得以保全。晚年，他在劳山（今称崂山）筑玉蕊楼隐居，寻幽探奇，吟诗抒怀，著成《劳山志》等文稿数十卷。期间，他还在即墨城内创设准提庵，在劳山东麓之那罗延山始开华严禅院。

太原祖自讚
冠服整肅容貌
和怡無過人處
喫得人話內不加
食外不加衣
為子孫者慎保
守之
官莊南埠太原
祖隴之水朝宗
馬山向此拱名官
鄉賢存此遺塚
姪克承春秋
敬奉
于監相百城

太原公杨良臣画像

明

绢本

中堂

　　长233厘米

　　宽115厘米

国家二级文物

杨良臣（1461—1528），字顺卿，号南庄，即墨人。明弘治十一年（1498）中举，授山西太平县（今属山西襄汾）县令。后补山西泽州黎城（今属山西长治）知县。嘉靖二年（1523），当地贼寇陈迁等聚众作乱，占据青羊山，扰乱百姓。潞、泽二州六县官兵进剿，因山势险峻，久攻无果。杨良臣单骑进入山寨，宣威德、讲利害，众悉受抚。明世宗闻其忠勇，褒曰"忠勤可嘉"，并赐白银二十五两。迁太原府通判，卒于任上。有《南庄遗诗》等著述传世。

蓝五世祖母徐夫人画像

明
绢本
中堂
长330厘米
宽146厘米
国家二级文物

御史奉敕图轴

明

绢本

中堂

　长282厘米

　宽108厘米

国家二级文物

蓝田（1477—1555），字玉甫，号北泉，蓝章长子。少时聪颖，日诵数千言，为文宏肆奇拔，七岁即能赋诗。明嘉靖二年（1523）癸未科进士，授河南道监察御史。曾七次上疏，历数恶吏罪状，因而声震一时。嘉靖四年（1525）巡按陕西。修其父政，民谣曰："一按一抚，一子一父。虏不犯边，民得安堵。"后遭人陷害，夺官入狱，不久经友人营救获释，从此不再为官。归家后，讲学于"可止轩"，数游崂山，以诗酒自娱。嘉靖三十四年（1555）正月，卒于家。有《蓝侍御集》《北泉集》《东归唱和》《白斋表话》等著述传世。

蓝田静坐图 ◯

明
绢本
中堂
长280厘米
宽114厘米
国家三级文物

北泉忠静冠服像（上）

明

姜隐　绘

绢本

中堂

　　长172厘米

　　宽103厘米

国家二级文物

蓝田行乐图（下）

明

姜隐　绘

绢本

中堂

　　长284厘米

　　宽113厘米

国家二级文物

姜隐（生卒不详），字周佐，山东黄县（今山东龙口）人，明代著名画家。他擅长人物画，形象生动，笔墨秀润峭利，工笔写意俱佳。明韩昂《续图绘宝见》和顾炳《画谱》均载有其佳作。在《画谱》中，姜隐排在唐寅之后，位列第二，足见其影响力之大。明刘少师为姜隐所绘《补衲图》作跋，发出"构景萧寂，寄神凝逸，尝一脔有余味矣"之赞赏。其《文石甘蕉图》《芭蕉美人图》等画作均深孚好评。他与即墨蓝氏素有交往，所绘蓝田诸像亦称佳作。

蓝氏灰衣像

明
绢本
中堂
长330厘米
宽126厘米
国家二级文物

蓝田夫人像

明

绢本

中堂

　　长225厘米

　　宽121.5厘米

国家二级文物

蓝再茂行乐图（左）

明
绢本
立轴
长235厘米
宽71.5厘米
国家三级文物

蓝润行乐图（右）

明
绢本
立轴
长238厘米
宽73厘米
国家三级文物

奉
天承運
皇帝制曰廣學校以儲
材實資設教任師儒
而造士尤貴和衷爾
山東青州府高苑縣
儒學訓導藍中珪共
襄樂育克佐甄陶訓
諭諸生人品每期其
整飭導揚雅化文風
常勉以振興茲覃
恩授爾為修職佐郎
錫之敕命於戡賚啓
迪以無懸嘉賢能而
用勸欽茲寵命勵乃
官方

乾隆五十五年正月初一日
敕命
之寶

儒学训导蓝中珪像

清

绢本

中堂

长169厘米

宽76厘米

国家三级文物

胡从宾像

明
绢本
中堂
长290厘米
宽136厘米
国家二级文物

胡从宾（生卒不详），字应荐，即墨人。明隆庆元年（1567）举人，授伊阳（今河南汝阳）知县，后任宛平（今属北京）知县。因慕崂山九水风光，遂在崂山乌衣巷村构筑别墅居之。乌衣巷村建于明永乐年间，原名老鸹巷，胡从宾居此后，便附会晋朝王、谢等族在南京居住的乌衣巷，更村名为乌衣巷。明万历年间，即墨文人周如锦作《胡京兆乌衣巷诗》云："山中何得乌衣巷，曾有乌衣隐此间。不是逢萌挂冠人，定缘房凤作州还。二劳归属神仙窟，万壑森如虎豹关。风气最宜京兆老，可知须鬓未能斑。"诗中胡京兆即胡从宾，旧时京城知县称京兆。

配童子图信札

明

纸本

立轴

长137厘米

宽36厘米

国家二级文物

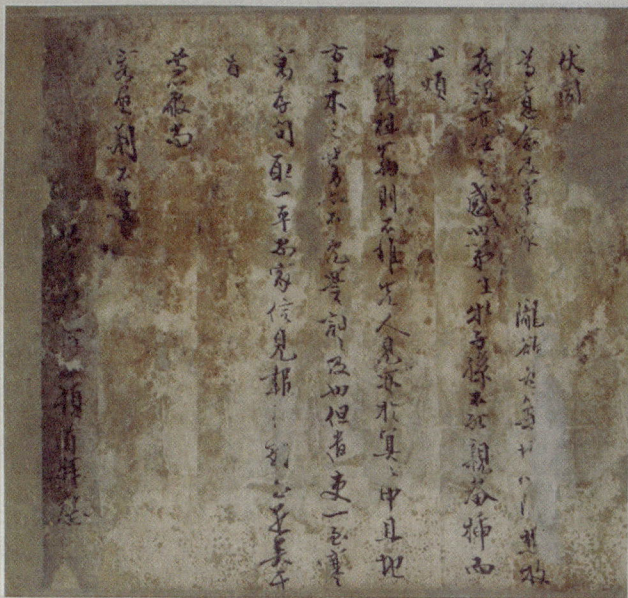

古器图（上）

明

蓝田　绘

绢　本

横幅

长195厘米

宽58厘米

国家二级文物

水蒲孤屿图（下）

明

蓝田

纸　本

立　轴

长146厘米

宽47厘米

国家二级文物

鹰

明

仇英 绘

绢本

立轴

　长200

　宽55厘米

国家三级文物

仇英（1498—1552），字实父，号十洲，原籍江苏太仓，后移居吴县（今属苏州），明代绘画大师。仇英出身寒门，幼年失学，曾习漆工，后拜师周臣，走上绘画艺术之路。他博取众长，集前人之大成而锤炼出自己独特的艺术风格，所绘山水、花卉、界画、人物及仕女等无不精妙传神，既工设色，又善水墨和白描，可自如运用多种笔法来表现不同的对象。时人将其与周臣、唐寅并称为"院派三大家"；后人则将其与沈周、文徵明、唐寅并称为"明四家"。

钟馗图

明

朱本 绘

纸本

中堂

长270厘米

宽143厘米

国家三级文物

布袋和尚图
清
纸本
条幅
　长100厘米
　宽53.5厘米

五福大来

清

李鸿章 书

纸本

立轴

长137厘米

宽53.5厘米

李鸿章（1823—1901），本名章铜，字渐甫、子黻，号少荃（一作少泉），晚年自号仪叟，别号省心，安徽合肥人，世称李中堂，晚清著名政治家、外交家、军事家。道光二十七年（1847）进士，早年随业师曾国藩镇压太平天国运动与捻军起义，并受命组建淮军，因战功擢升至直隶总督，兼北洋通商大臣，累加至文华殿大学士，封一等肃毅伯。

同治壬申羊冬玉月

五福大来

李鸿章

浮句會應緣竹鶴

著書不復窺園窗

朱戶春畫閑鳥白

葛道衣

滌生曾國藩

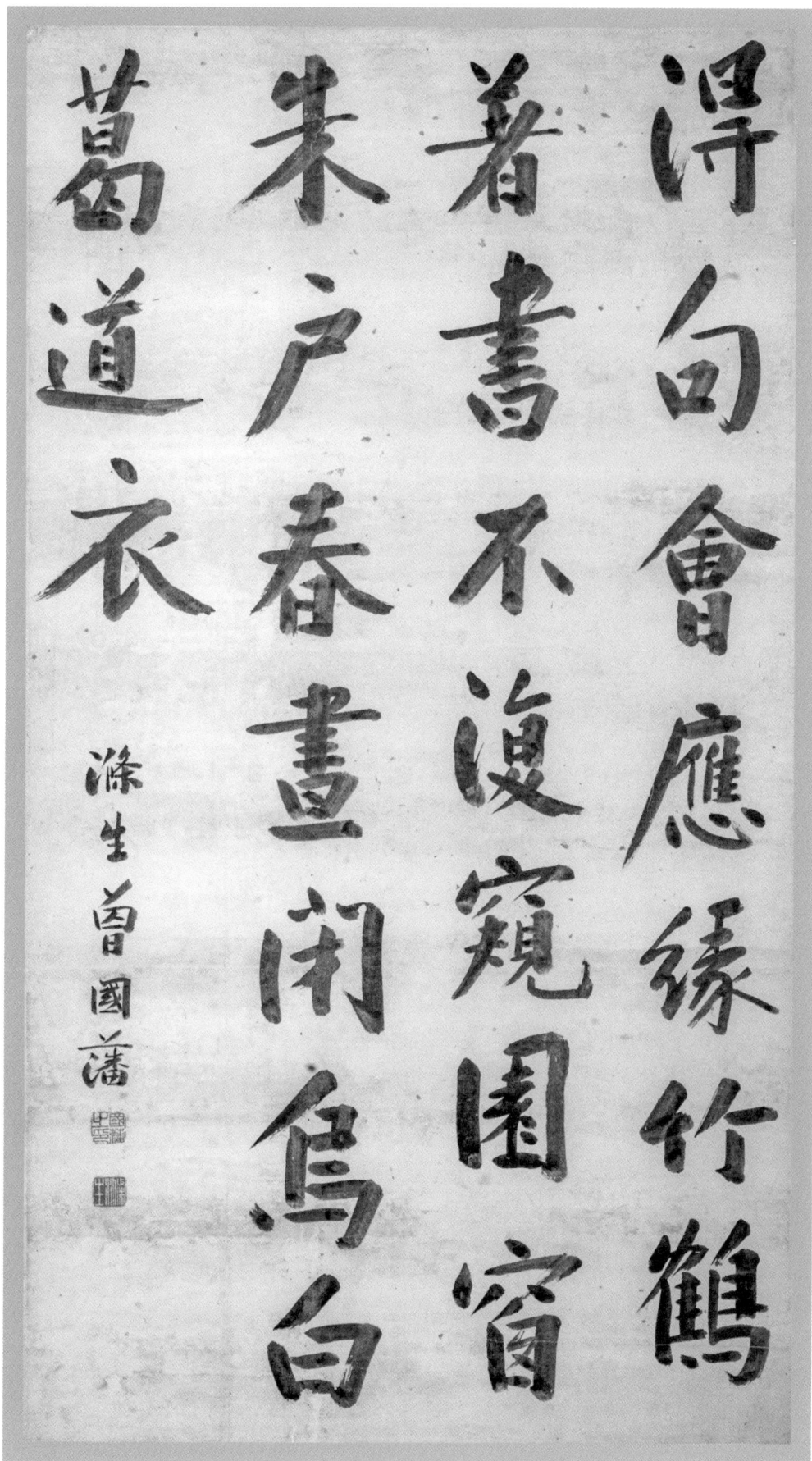

"得句会应"中堂

清

曾国藩 书

纸本

中堂

长110厘米

宽60厘米

曾国藩（1811—1872），字伯涵，号涤生，晚清政治家、思想家、军事家。道光进士，曾任内阁学士、礼部侍郎。太平天国进军湖南时，任帮办团练大臣，组建湘军。他主张引进西方先进技术，同治元年（1862年）在安庆设内军械所，这是近代中国"师夷长技以制夷"的一次尝试。

樵夫图

清
纸本
立轴

抚萧尺木崇峦杂树图

清

苍山居士 绘

纸本

条幅

　　长210厘米

　　宽60厘米

书蔡氏杂钞

清

曹蕴鑑　书

纸　本

中　堂

长205厘米

宽66.5厘米

国家三级文物

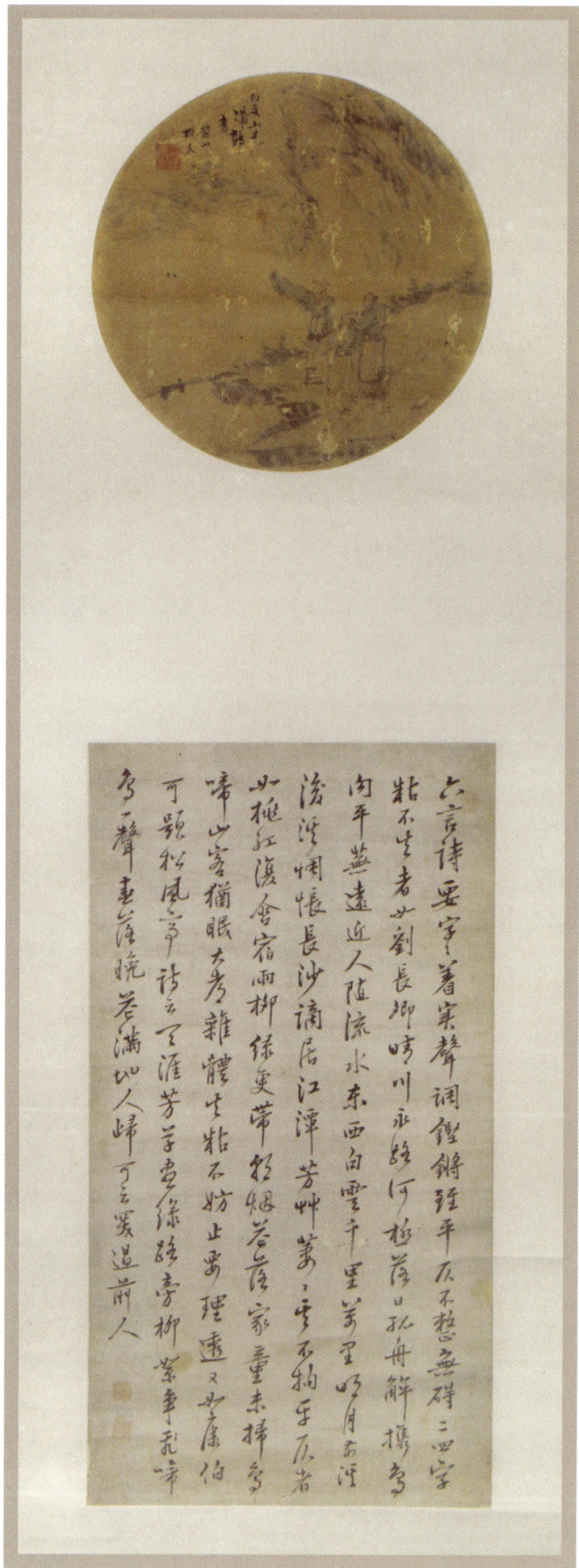

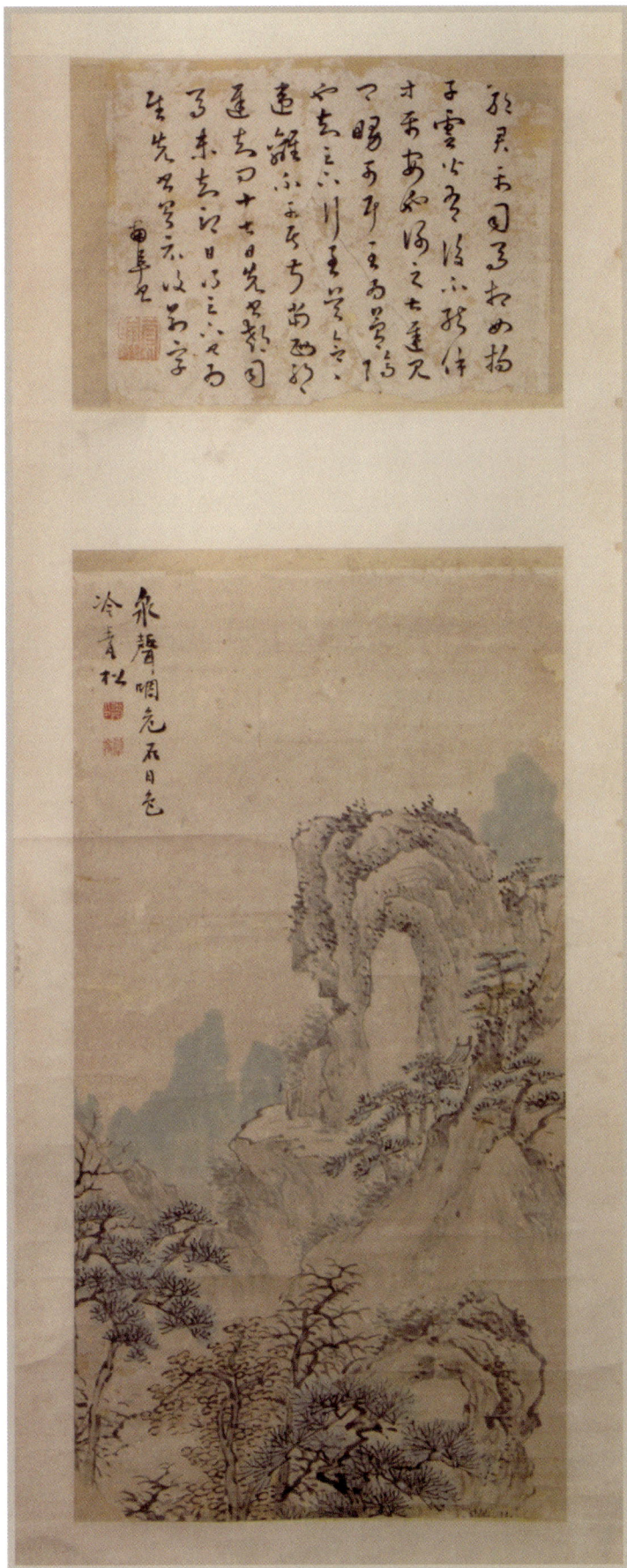

高凤翰题段璘
泉声月色图

清

段璘 绘

高凤翰 题

纸本

条幅

　　长167厘米

　　宽45.6厘米

国家三级文物

高凤翰（1683—1749），字西园，号南村，自号南阜山人，山东胶州人，清代著名画家、书法家和篆刻家，"扬州八怪"之一。曾任安徽歙县县丞，去官后流寓扬州。擅山水、花卉，其画兼具宋人雄浑之神与元人静逸之气。55岁左右，改用左手绘画，顿成"左臂巨擘"。秦祖永《桐荫论画》对其画作有"离奇超妙，脱尽笔墨畦径，法备趣足，虽不规规于法，而实不离于法"之评。

山水图（左）

清

王云虬　绘

纸　本

立　轴

长195厘米

宽53厘米

国家三级文物

冬日牧牛图（右）

清

中明道人　绘

纸　本

立　轴

长145厘米

宽36厘米

国家三级文物

老渔翁一钓竿，孤靠山崖傍水湾，扁舟往来无牵绊，俺乃板桥道人是也。

板桥郑燮

三羊图

清

段琨　绘

郑板桥　题

纸本

条幅

　长168厘米

　宽57厘米

国家三级文物

段琨（1735—1799），字琴山，号守朴，清代画家，即墨磨市村人。他师法扬州八怪黄慎、边寿民，善于摹写动物形态，别具一格。

郑板桥（1693—1766），名燮，号板桥，人称板桥先生，江苏兴化人，清代著名书画家、文学家。乾隆元年（1736）进士，曾任山东范县、潍县县令。后客居扬州，以卖画为生，为"扬州八怪"代表人物。一生只画兰、竹、石，自称"四时不谢之兰，百节长青之竹，万古不败之石，千秋不变之人"。著有《郑板桥集》。

人物四条屏

清

段琨 绘

纸本

四条屏

长140厘米

宽40厘米

国家三级文物

高凤翰题画诗三幅

清
书
高凤翰
纸本
行草
条幅
长118.9厘米
宽33厘米
国家三级文物

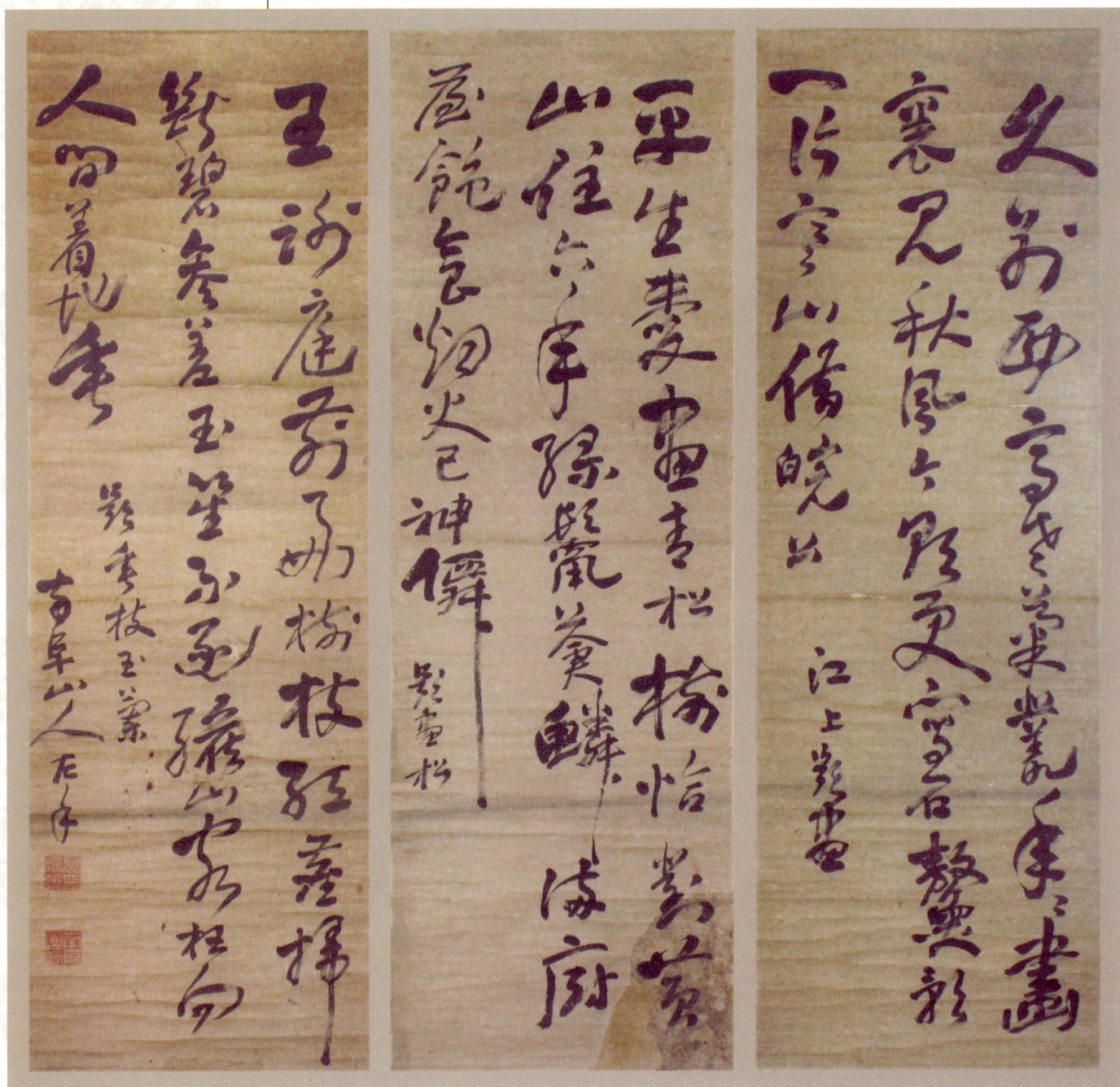

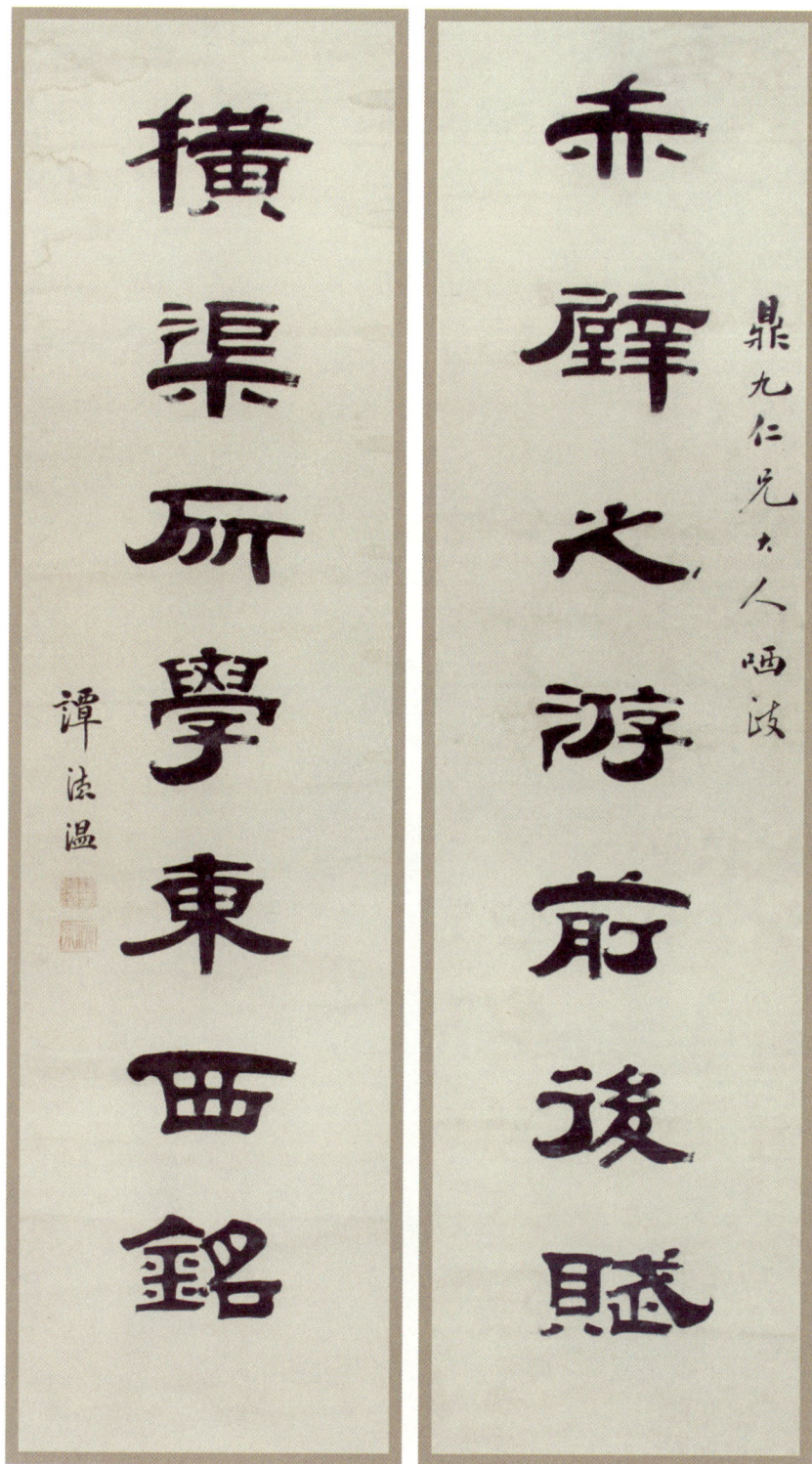

横渠所学东西铭

赤壁之游前后赋

鼎九仁兄大人哂政

谭德温

"赤壁横渠"七言联
清
谭德温　书
纸本
隶书
中堂
　长150厘米
　宽34厘米
国家三级文物

143

福寿二星并曜图

清　绘

石玉之　绘

纸本

屏条

长148厘米

宽46厘米

国家三级文物

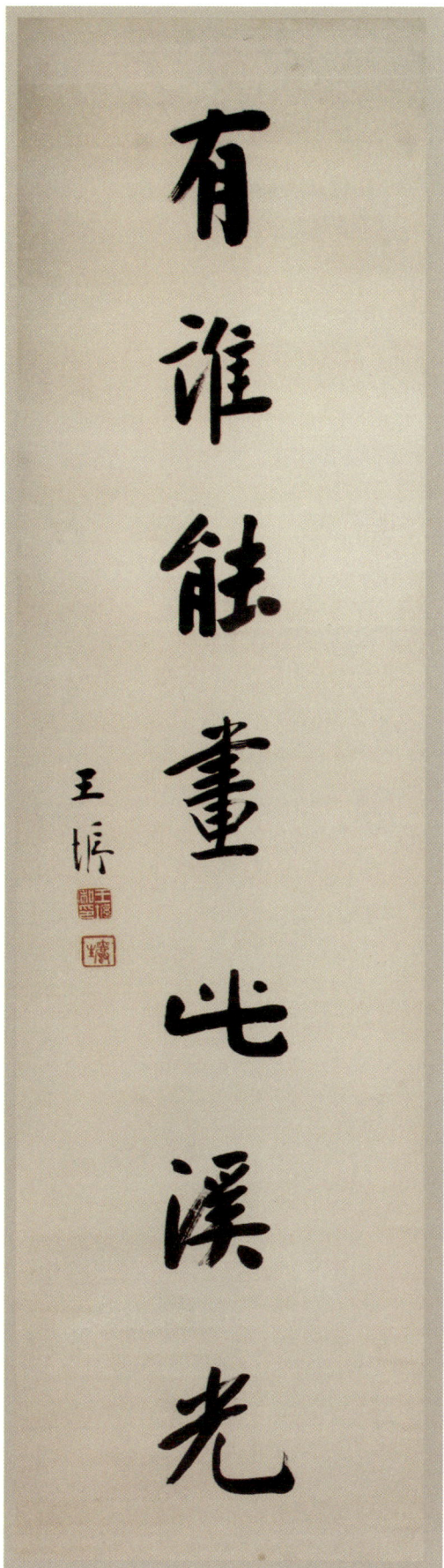

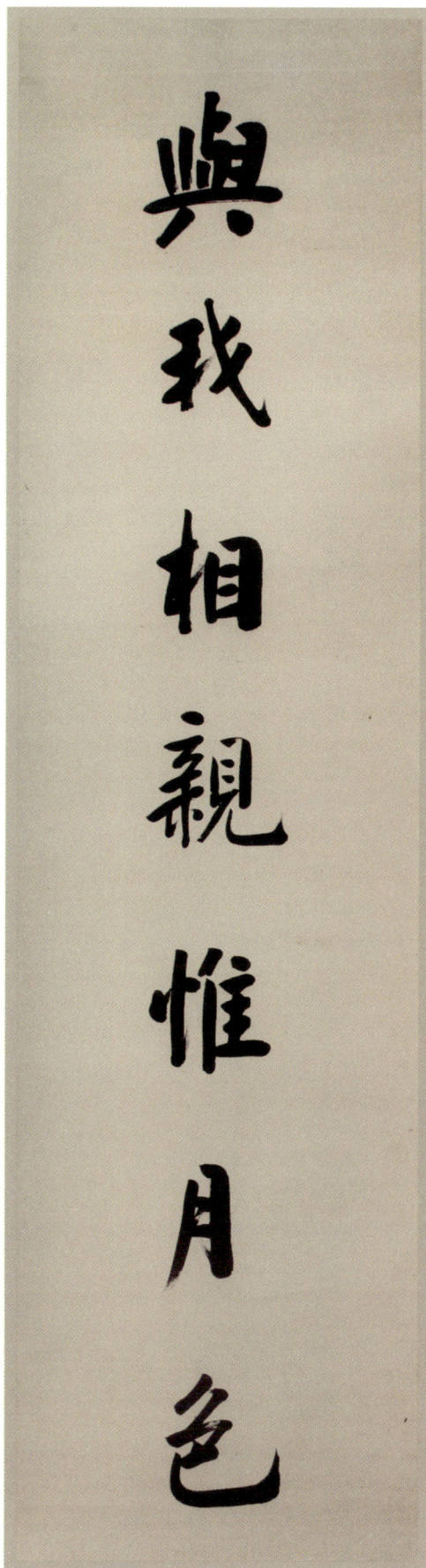

"与我有谁"七言联

清

王垿 书

纸本

楷书

楹联

长136厘米

宽35厘米

国家三级文物

王垿（1857—1933），山东莱阳人，著名书法家。光绪十五年（1889年）己丑科进士，官至法部侍郎。1912年清室退位后，避居青岛。

有谁能画此溪光

与我相亲惟月色

王垿

王塝真书四屏条
（缺一）

清
王塝　书
纸本
楷书
条幅
长159厘米
宽37.5厘米
国家三级文物

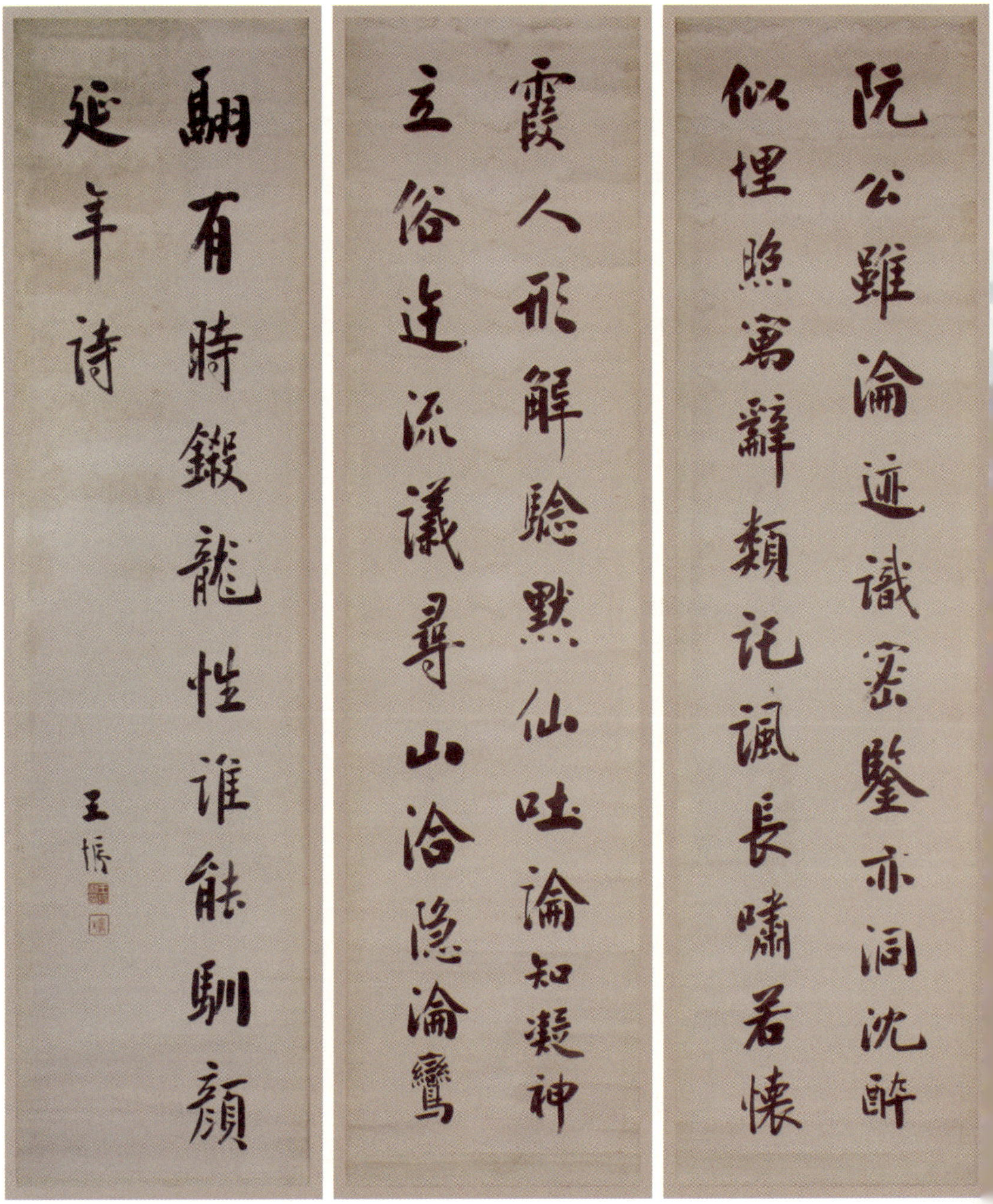

阮公雖淪迹識密鑒亦洞沈醉
似埋照寓辭類託諷長嘯若懷

霞人飛解聽默仙吐論知凝神
立俗迓流議尋山洽隱淪鸞

翩有時鍛龍性誰能馴顏
延年詩

王塝

王埁书四屏条

清

王埁　书

纸本

楷书

条幅

　长159厘米

　宽37.5厘米

国家三级文物

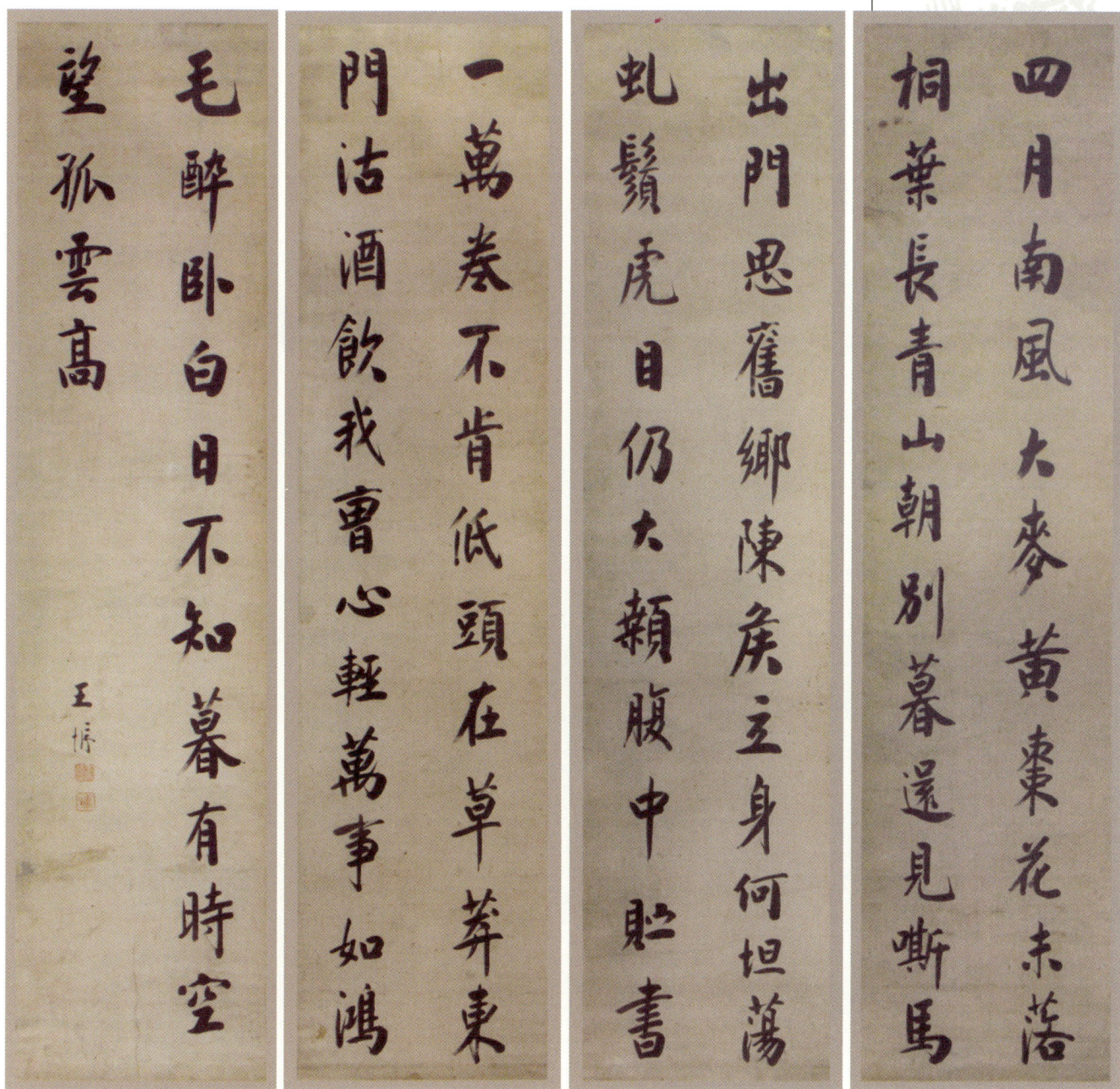

四月南風大麥黃棗花未落
桐葉長青山朝別暮還見嘶馬

出門思舊鄉陳庾立身何坦蕩
虯鬚虎目仍大賴腹中貯書

一萬卷不肯低頭在草莽東
門沽酒飲我曹心輕萬事如鴻

毛醉臥白日不知暮有時空
望孤雲高

王埁

书陆放翁游山西村句

清

纪鲁　书

纸本

草书

屏条

长37厘米

宽28厘米

国家三级文物

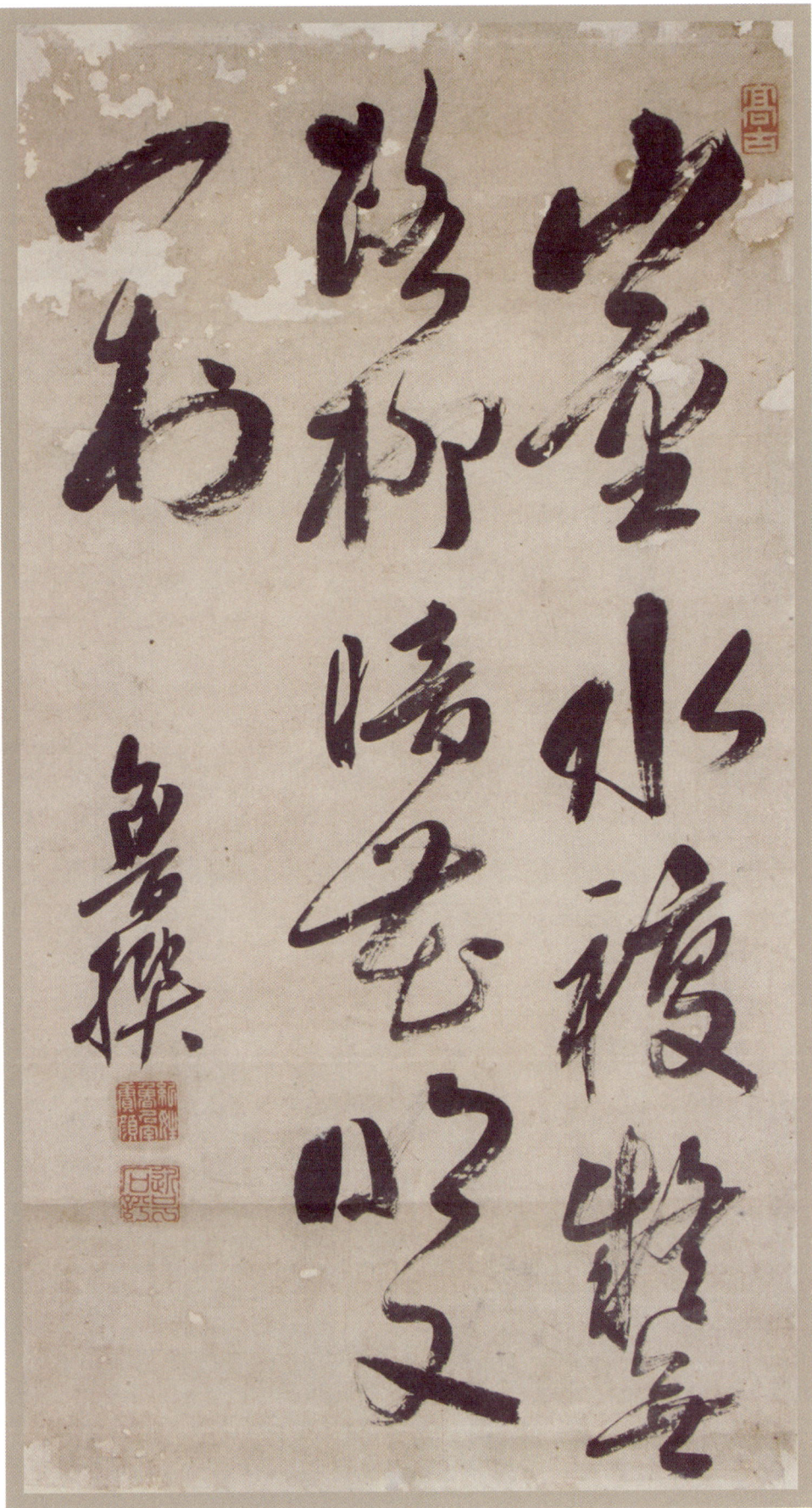

福字

清

法若真 书

纸本

立轴

长193厘米

宽62厘米

国家二级文物

法若真（1613—1691），字汉儒，号黄山、黄石，胶州人，清代著名书法、画家。善作山水画，大幅作品汪洋恣肆，变幻神奇，别有风骨。小幅扇面雄健清俊，不拘一格，风趣横生。书法上，师魏晋钟王神韵，行书有"鸾停鹤峙"之势，草书"巨幅大笔，气势魂魄"。

枭宪公遗像

清

纸本

立轴

长195厘米

宽71.5厘米

国家三级文物

枭宪公遗像

故開新館集琳琅

欲共幽人洗筆硯

王墀

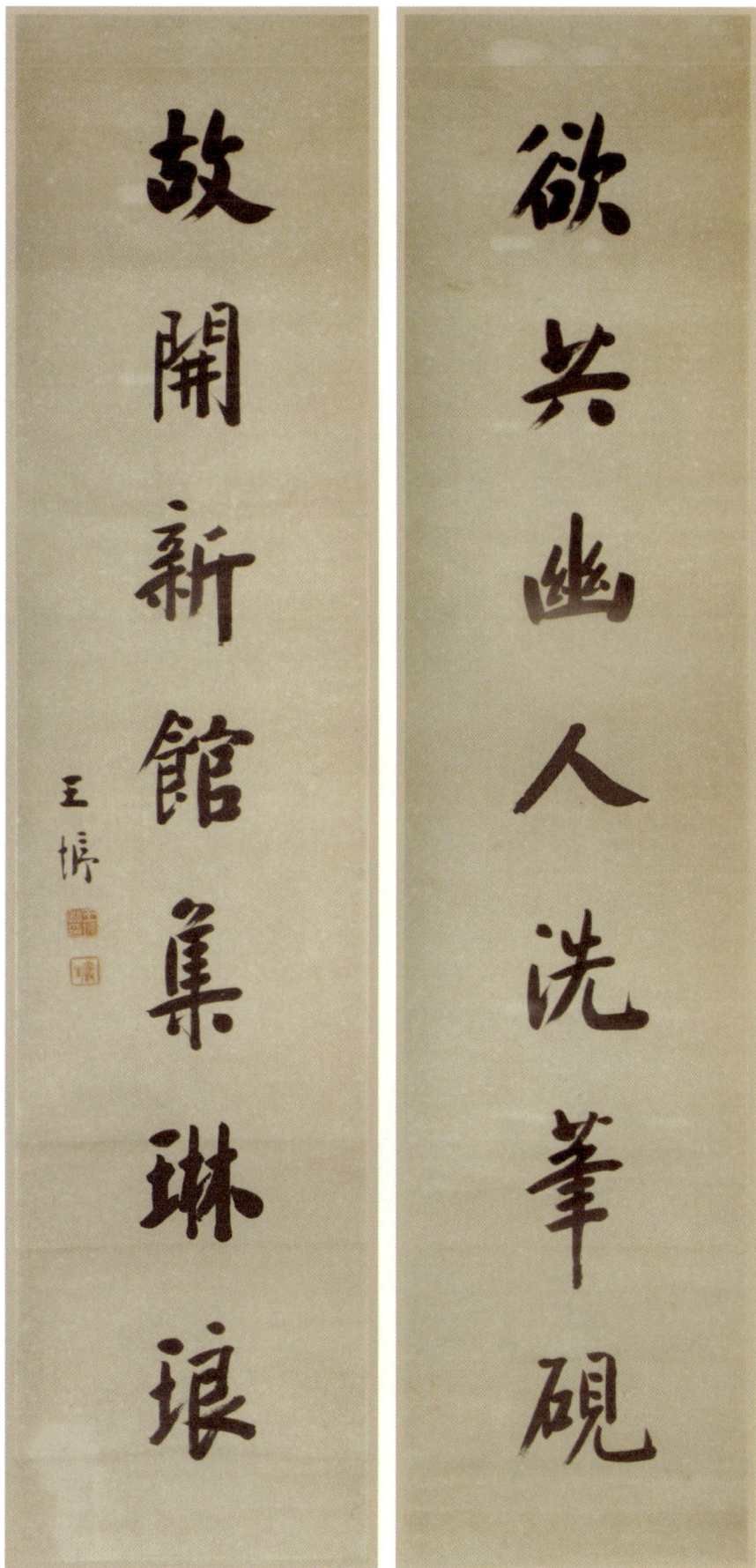

"欲共故开"七言联
清
王墀　书
纸本
行楷
楹联
　长148厘米
　宽32.5厘米
国家三级文物

"名书卫道"五言联

民国
刘廷琛　书
纸本
行书
楹联
长147厘米
宽35.5厘米
国家三级文物

刘廷琛（1867—1932），字幼云，晚号潜楼老人，江西九江人，光绪二十年（1894）进士，书法家，曾任京师大学堂（北京大学前身）总监督。1912年清室退位后，避居青岛。此联作于1929年。

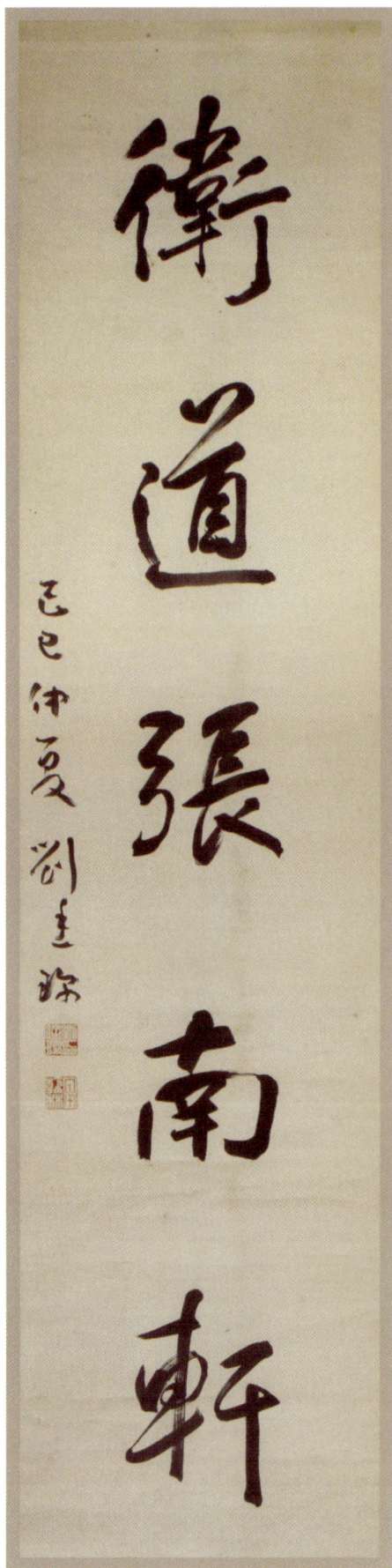

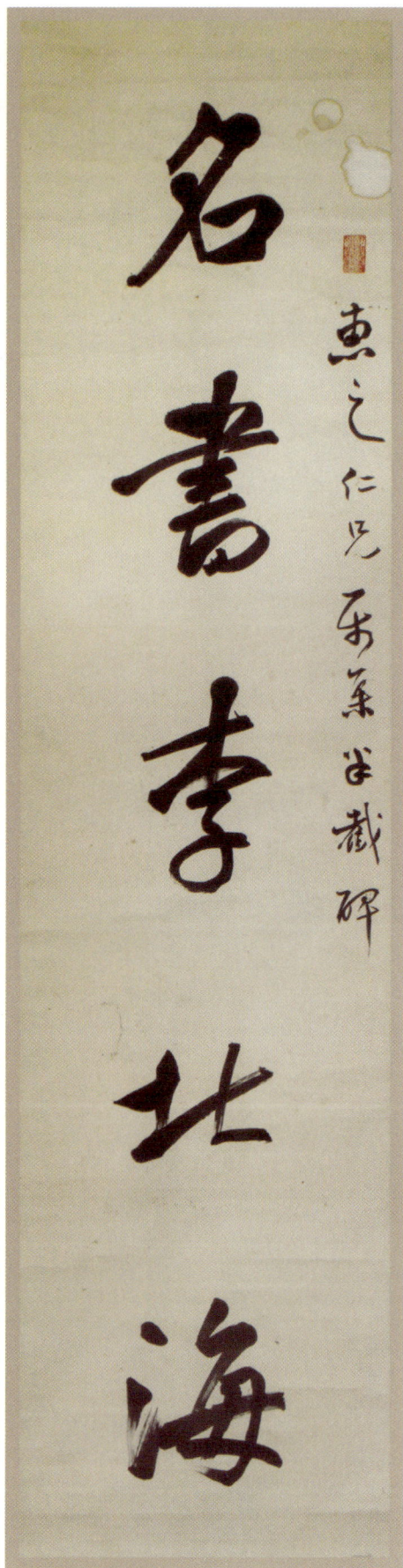

名書李北海

衛道張南軒

高世发前声

量力守故辙

"量力高世"五言联

清

刘廷琛 书

纸本

行书

楹联

　长153厘米

　宽36厘米

国家三级文物

鹫岭遗风佛卷

清

绫本

行书

长卷

长447厘米

宽24厘米

国家三级文物

鹫岭遗风

临济正宗

临济正宗佛卷

清

天渠济老僧　书

纸本

行书

长卷

长320厘米

宽28厘米

国家三级文物

墨龙图

清

石玉之　绘

纸　本

中　堂

长178厘米

宽55厘米

国家三级文物

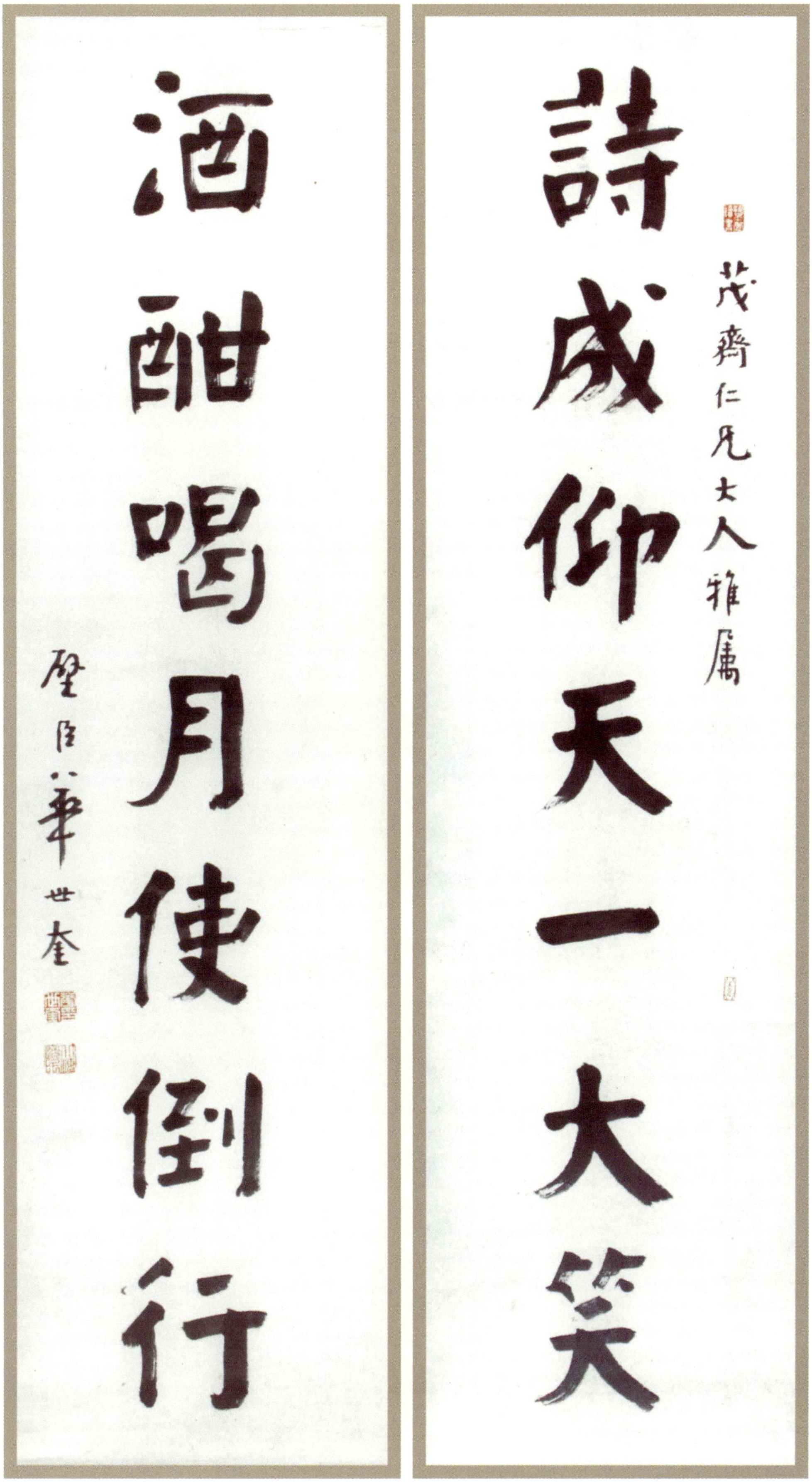

"诗成酒酣"七言联

清—民国

华世奎　书

纸本

楷书

对联

　长167厘米

　宽42厘米

国家三级文物

华世奎（1863—1942），字启臣，号璧臣、思闇、北海逸民，江苏无锡人，出生于天津，著名书法家。晚年避居天津，位列近代天津四大书法家之首。其书法走笔取颜字之骨，气魄雄伟，骨力开张，苍劲挺拔。

诗成仰天一大笑

茂齐仁兄大人雅属

酒酣唱月使倒行

璧臣　华世奎

华世奎书四屏条

清—民国
华世奎 书
纸本
楷书
条幅
长100厘米
宽37厘米
国家三级文物

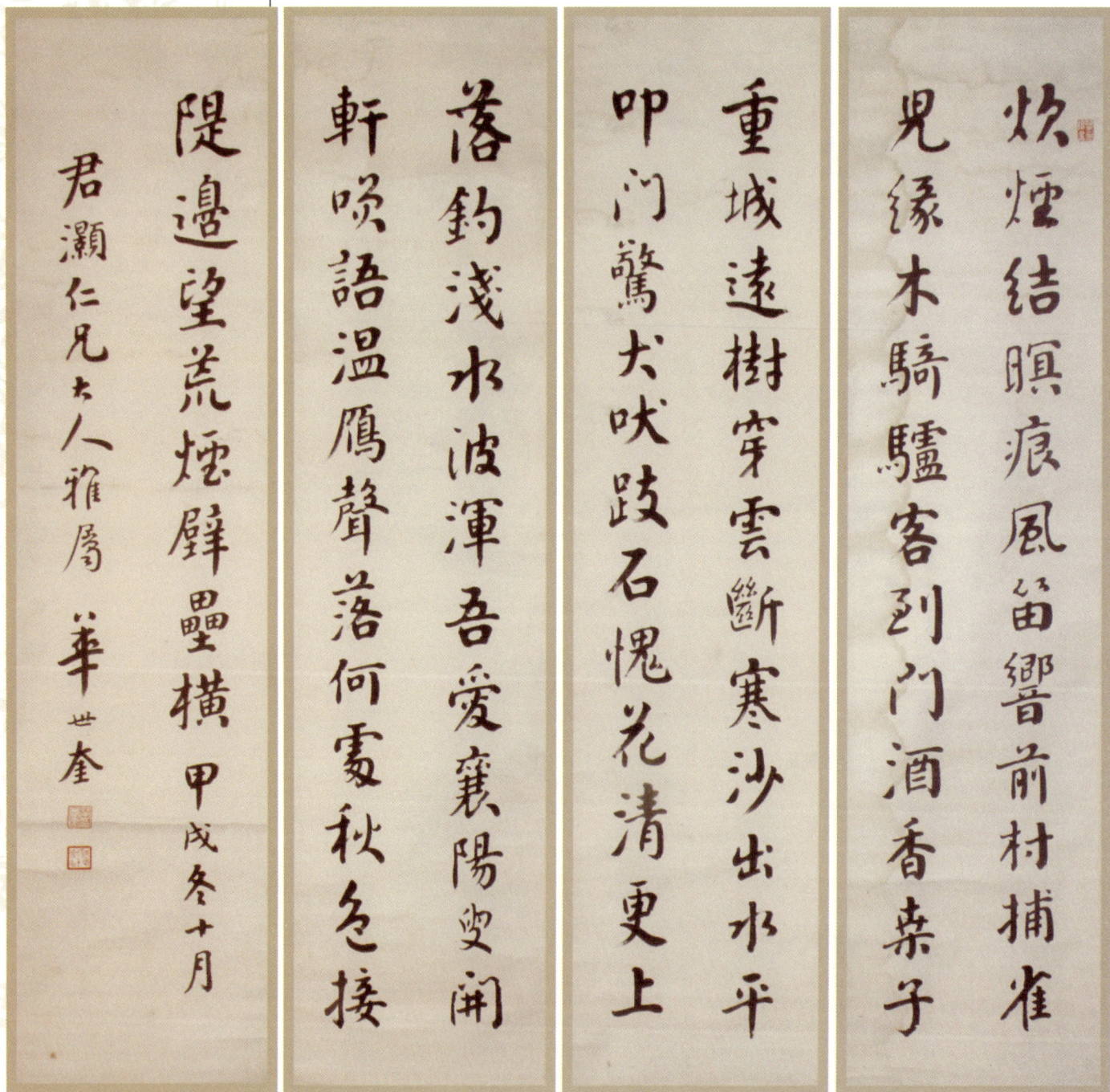

炊煙結暝痕風笛響前村捕雀

兒緣木騎驢客到門酒香桌子

重城遠樹穿雲斷寒沙出水平

叩門驚犬吠跂石愧花清更上

落釣淺水波渾吾愛襄陽變開

軒唉語溫鷹聲落何憂秋危接

隄邊望荒煙壁壘橫 甲戌冬十月

君瀬仁兄大人雅屬 華世奎

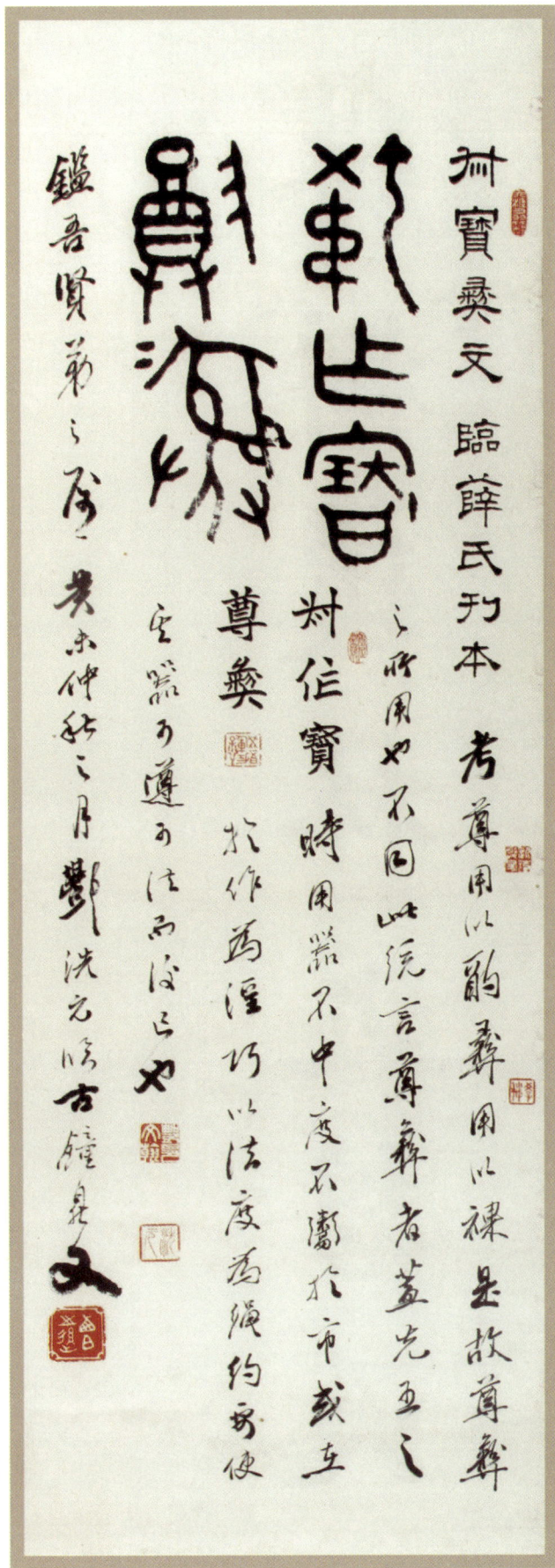

书古钟鼎文

民国
邓洗元 书
纸本
立轴
国家三级文物

"锦堂珠树"七言联

民国
汪洵 书
绢本
对联
长155厘米
宽37.5厘米
国家三级文物

汪洵（？—1915），字子渊，原名学瀚，字渊若，阳湖（今属江苏常州）人。光绪十八年（1892）进士，授翰林院编修。其书法摹颜真卿，得其神骨，又参以众帖而变化之，工力甚深，兼精篆隶，古朴大气。

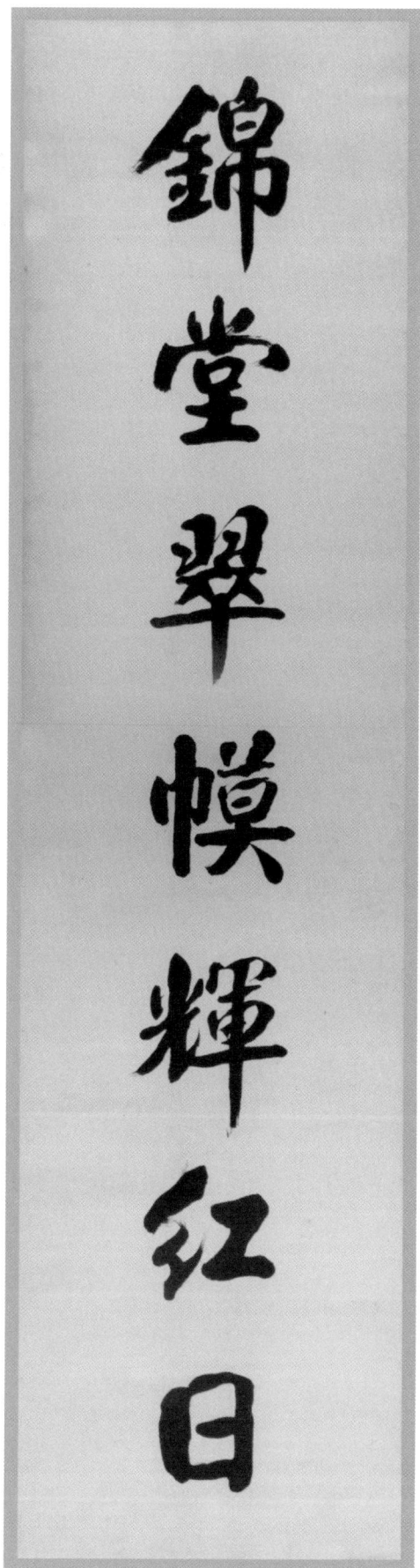

珠樹瓊林近碧天

渊若汪洵

錦堂翠幢輝紅日

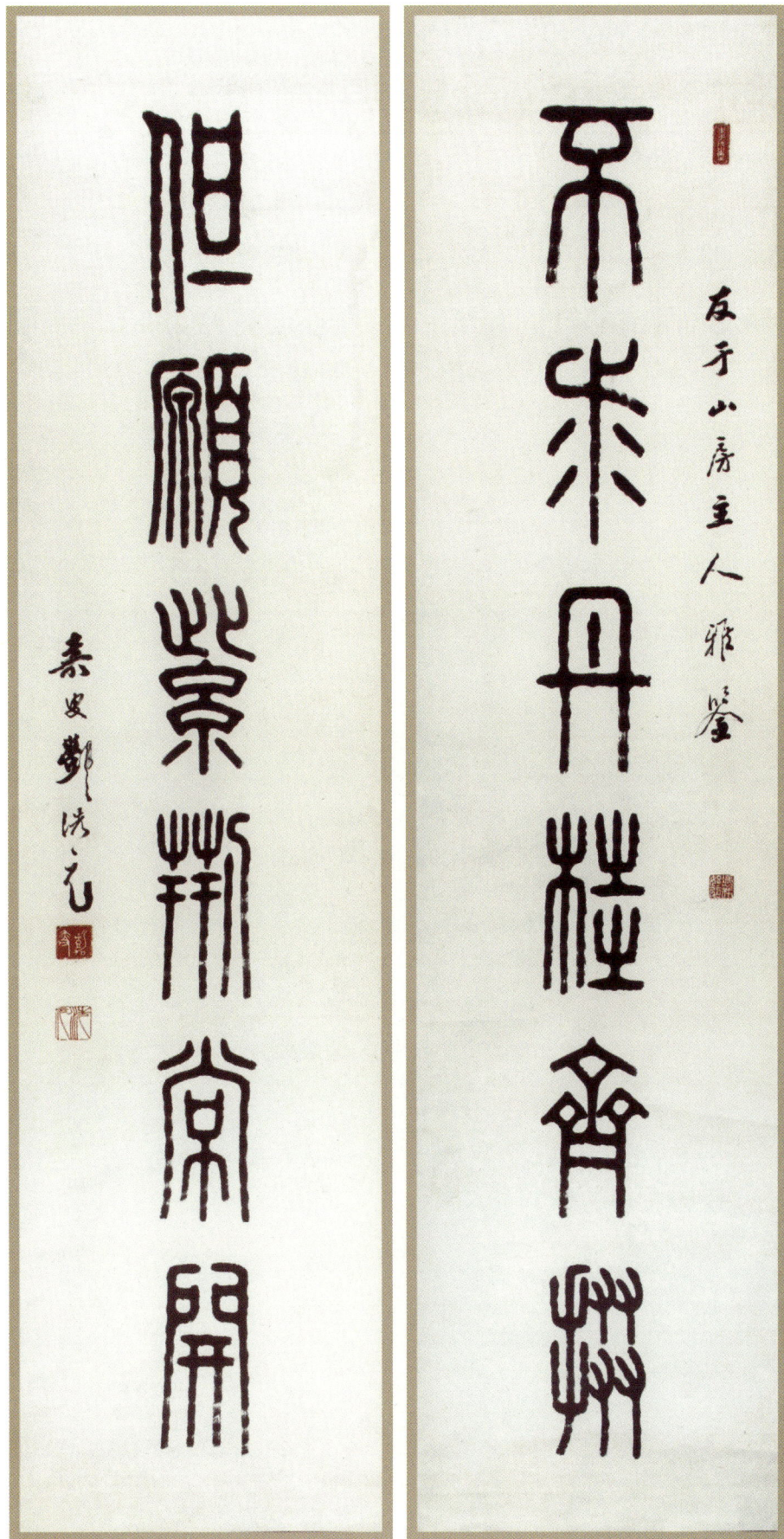

"不求但愿"六言联
民国
邓洗元　书
纸本
篆书
对联
　长178厘米
　宽40.5厘米
国家三级文物

福寿图

民 国

竹苍　绘

纸　本

立　轴

长155厘米

宽53厘米

国家三级文物

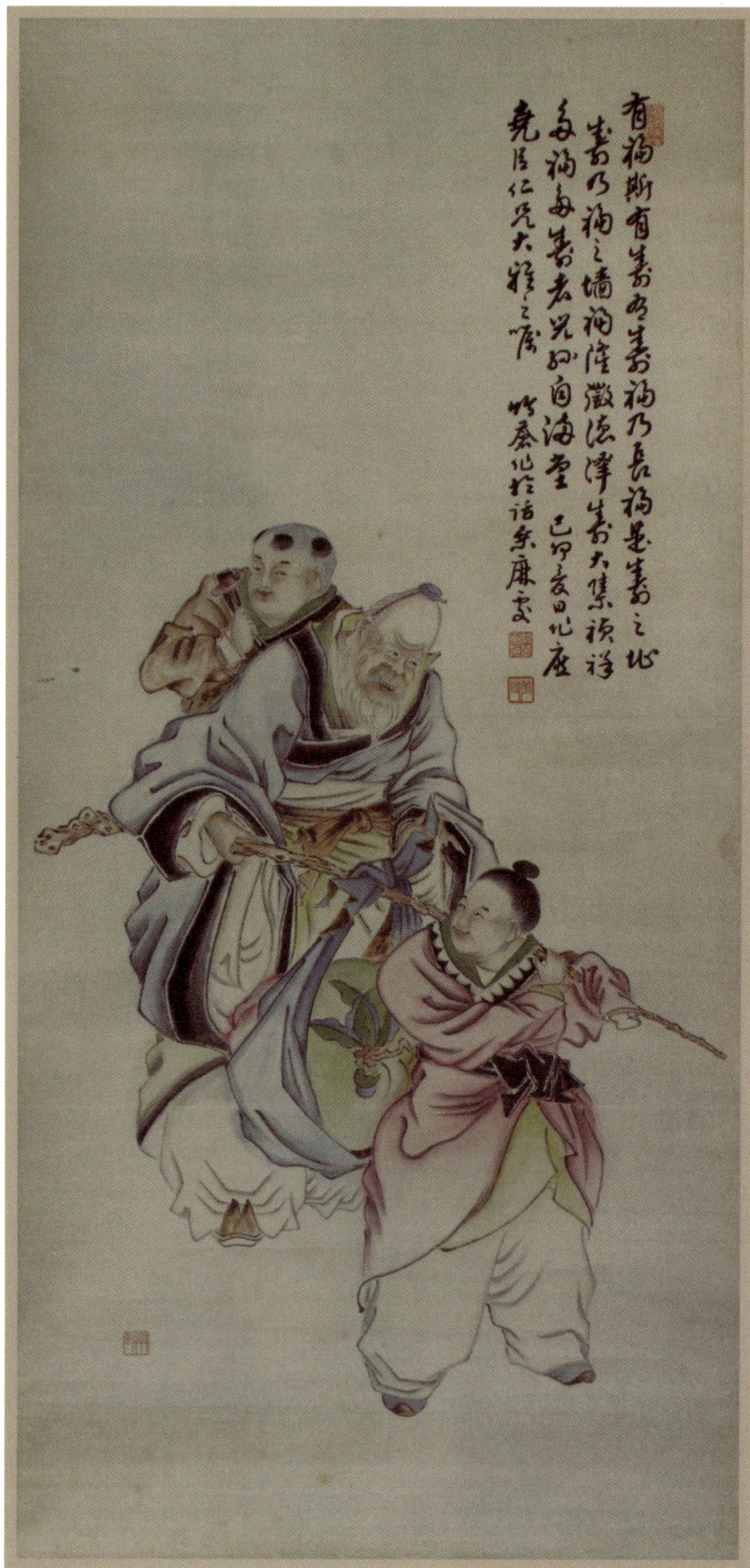

有福斯有寿而寿乃长福是寿之地

寿乃福之墙福隆隆寿绵绵寿绵绵大集祯祥

每福每寿兄弟自海壑

尧居仁兄大雅之嘱　竹苍仙拾话录康文

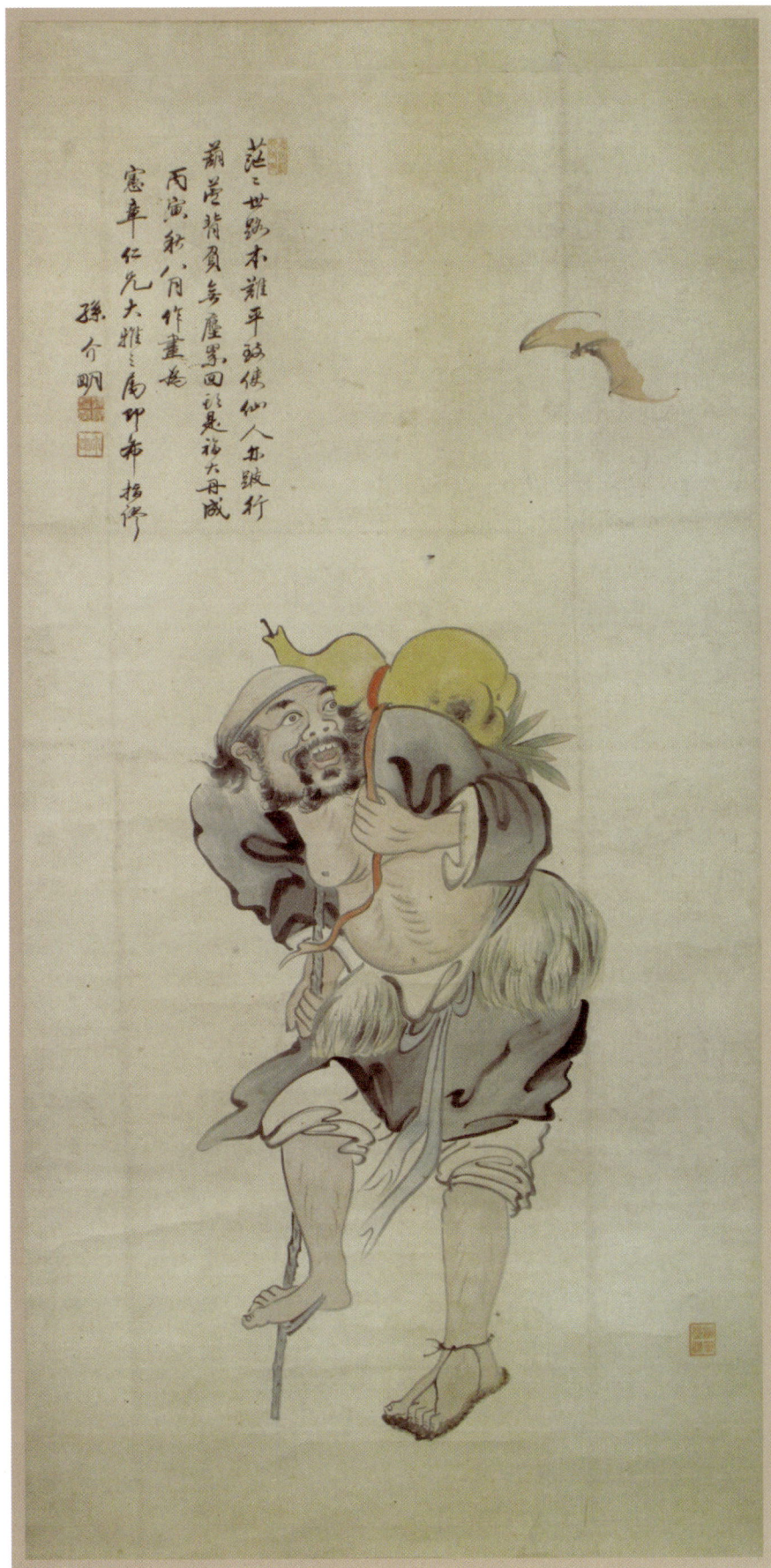

仙人跛行图

民国

孙介民 绘

纸本

立轴

　　长201厘米

　　宽72厘米

国家三级文物

封侯图

民国
江桂磬 绘
绢本
立轴
长170厘米
宽53厘米
国家三级文物

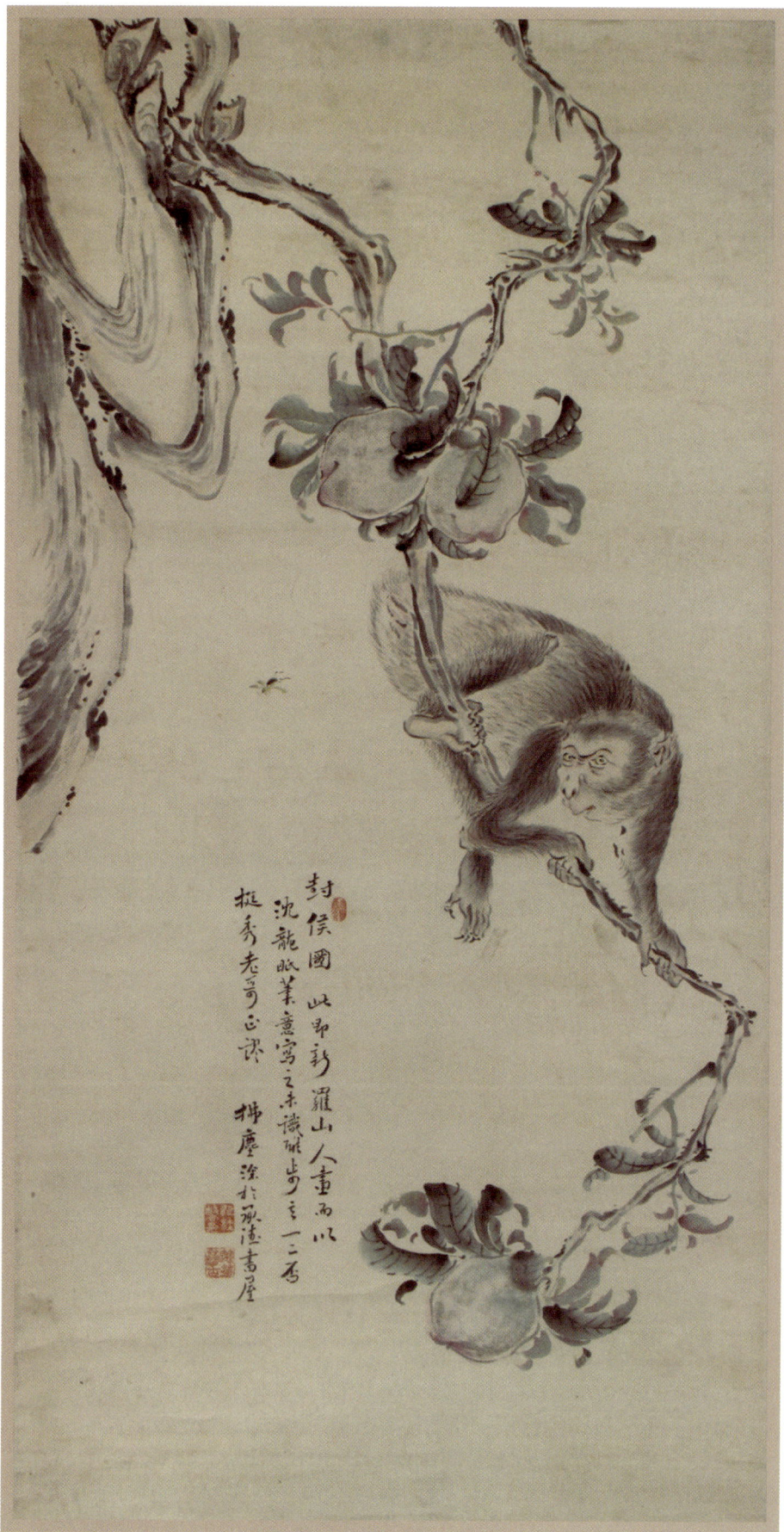

葡萄图

民国

闫静山 绘

纸本

长200厘米

宽67厘米

国家三级文物

松猿观瀑图

民国

张大千　绘

纸本

立轴

长200厘米

宽55厘米

国家三级文物

张大千（1899—1983），四川内江人，祖籍广东番禺，著名画家、书法家。他在山水画方面卓有成就，画风工写结合，重彩、水墨融为一体，尤擅长泼墨与泼彩，开创了新的艺术风格。因其诗、书、画与齐白石、溥心畬齐名，故有"南张北齐"和"南张北溥"之说。

翠微山色图

民国

韩少婴　绘

绢本

立轴

长201厘米

宽37厘米

国家三级文物

韩少婴（1911—1989），原名韩云平，胶州人。师从匡师傅、瞿世玮、齐白石、王梦白、吴镜汀、徐燕荪等大家。1933年毕业于北平美术学院中国画系。

钟馗图

民国

张伏山　绘

纸本

立轴

长212

宽63厘米

国家三级文物

张伏山（1910—1987），名存恒，号横河老人，即墨人，著名画家。师从关友声、李苦禅、俞剑华等大家，精于国画，尤擅指墨画，所绘《东崂揽胜图》为一代名作。著有《樗散庐诗词题跋草稿》。

人物山水图

民国

王日曜　绘

纸本

立轴

　　长54厘米

　　高180厘米

国家三级文物

齐白石画轴

现代

齐白石　绘

纸本

立轴

长195厘米

宽40厘米

国家二级文物

齐白石（1864—1957），原名纯芝，字渭青，号兰亭，后易名璜，字萍生，号白石、白石翁等，湖南湘潭人，著名画家、书法篆刻家。擅花鸟、虫鱼、山水、人物，笔墨雄浑滋润，意境淳厚朴实。兼工书法与篆刻，亦自成一家。所作鱼虾虫蟹，天趣横生。代表作有《蛙声十里出山泉》《墨虾》《牧牛图》《松柏高立图·篆书四言联》等，另有《借山吟馆诗草》《白石诗草》《白石老人自述》等著述传世。

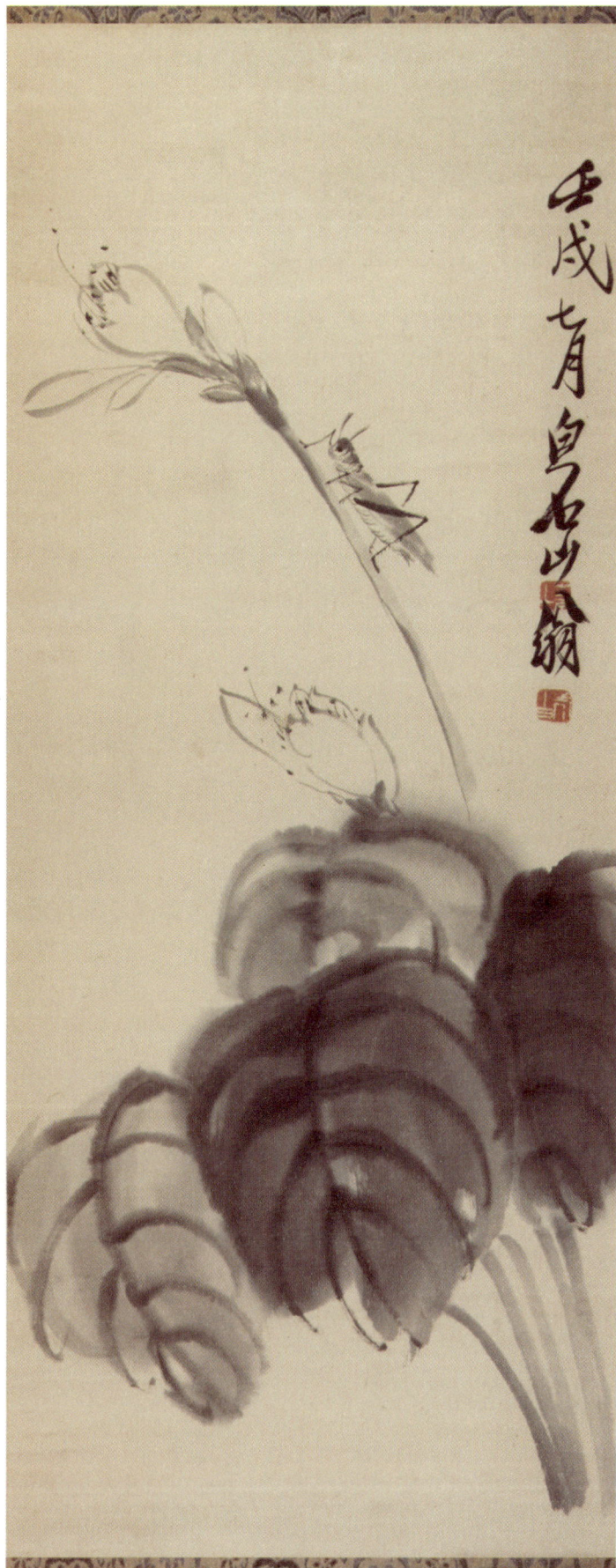

文献典籍是博物馆的重要藏品类型之一，包括图书、手稿、拓本及相关档案资料等。回溯历史，文献典籍承载着国家的制度、法典和记忆。《孟子·告子下》言："诸侯之地方百里；不百里，不足以守宗庙之典籍。"汉代赵岐注曰："谓先祖常籍法度之文也。"简言之，典籍就是关于先祖法度的文字记载，后来泛指各种有代表意义的图书。在古代，往往称富于文化底蕴的地方为"文献名邦"。

　　即墨博物馆藏有较为丰富的古今文献典籍，其中尤以明朝著名音乐理论家王邦直所撰《律吕正声》六十卷最具代表性，承载着中国音乐律学的辉煌成就。

律吕正声卷一

律吕图解

明即墨王邦直子鱼甫著

明即墨黄作孚汝从甫校

以嘉量可以平衡度则本於司马光所定兼累之以

上党之黍符之以三体淳化之钱而度无不定矣以

以周鬴为法衡以汉制为法其容受录两亦皆参之

以秬黍而量衡无不定矣草野微臣耕农之暇颇湛

书史爱律吕之失传伤诸儒之傅会故不惮劳苦竭

力研穷幾二十年乃敢会众说而折衷之分为六十

庶千载之谬可革而往圣之绝学有可朱以为大乐之助

当宁董命儒臣更加详考儆有不能自已辄不自量欲献之

万历丙戌夏四月十有八日即墨王邦直谨叙

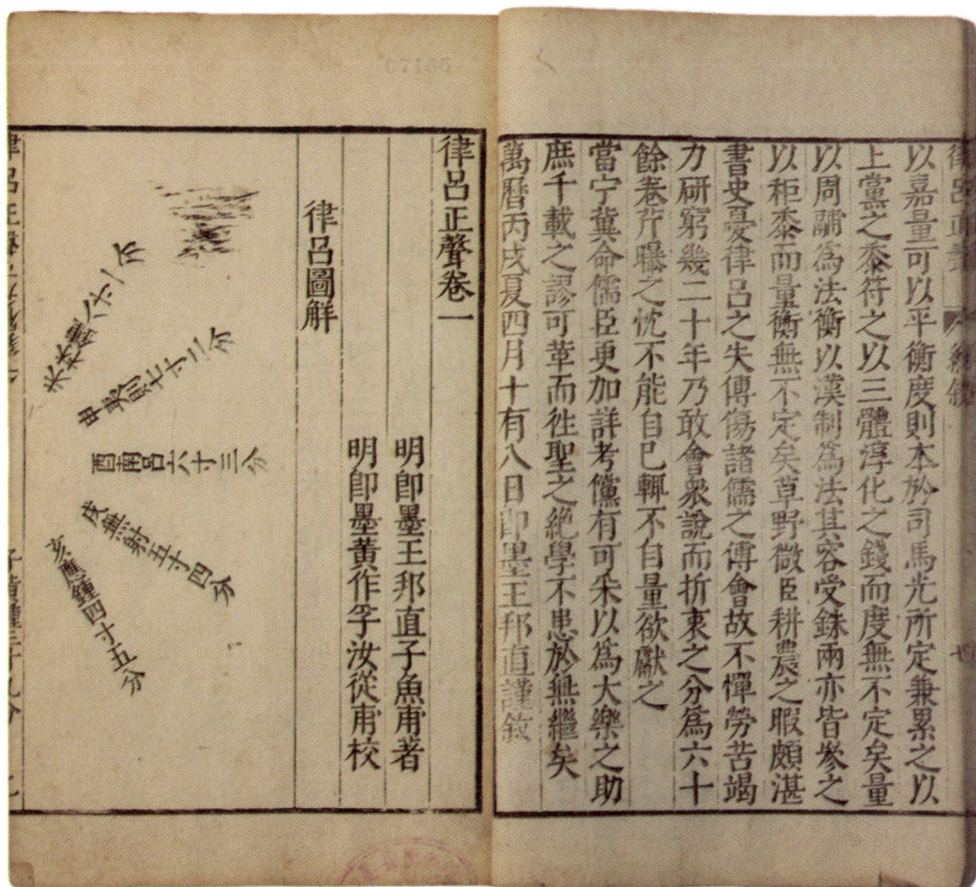

《律吕正声》六十卷

明

王邦直　著

刻本

　长27.5厘米

　宽17厘米

国家二级文物

王邦直（1513—1600），字子鱼，号东溟，即墨人。汉谏大夫王吉后裔。明代著名音律学家，被誉为音乐界的孔子，在世界上首创了十二平均律。所著《律吕正声》为中国音乐理论史上划时代的名著，全书30万字，内有《李维桢序》《林增志序》和《律吕总叙》。正文60卷，分为律政关系、律历关系、律吕新说等8个部分。该书论述了乐的由来和作用，介绍了自伏羲、神农、黄帝以来的中国音乐发展史，对十二律的具体意义和制度做了重点阐释。

《三子合刻》十三卷

明

闵齐伋 校

刻本

长27.1厘米

宽17.5厘米

国家三级文物

闵齐伋（1580—?），字及武，号遇五，又作寓五，浙江乌程（今属浙江湖州）人，明代刻书家。他自幼刻苦读书，好作诗文，后专以刻书为事。明万历四十四年（1616）主持采用朱、墨两色套印《春秋左传》，获得成功。后又改为五色套印，先后刻印经、史、子、集诸作及多部戏曲、小说。其印刷技艺日臻完美，名声大振，与著名刻书著作家凌蒙初齐名。著有《六书通》。

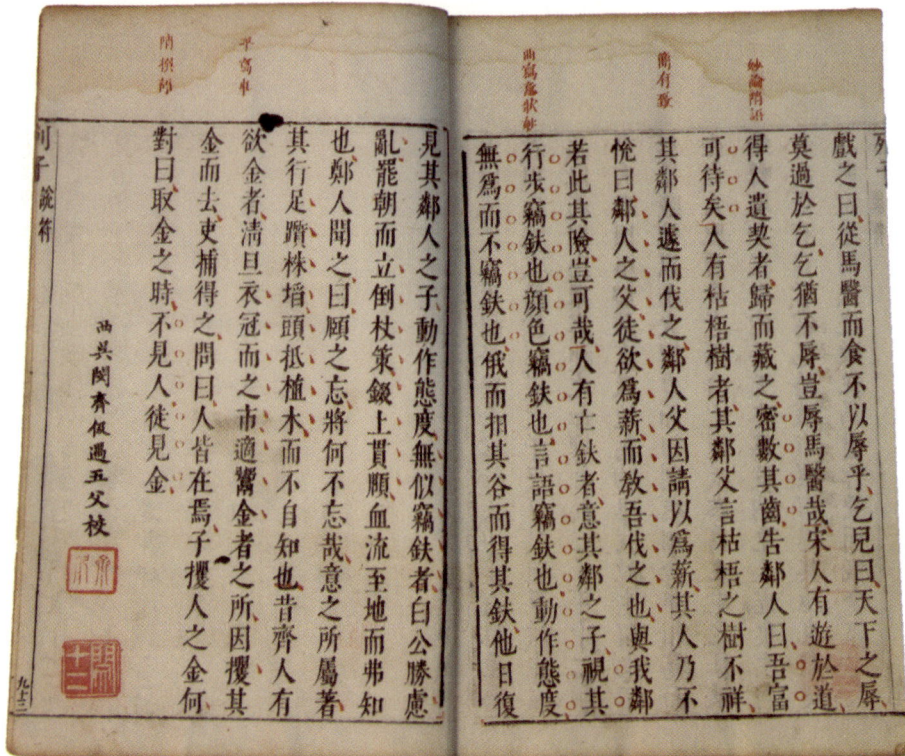

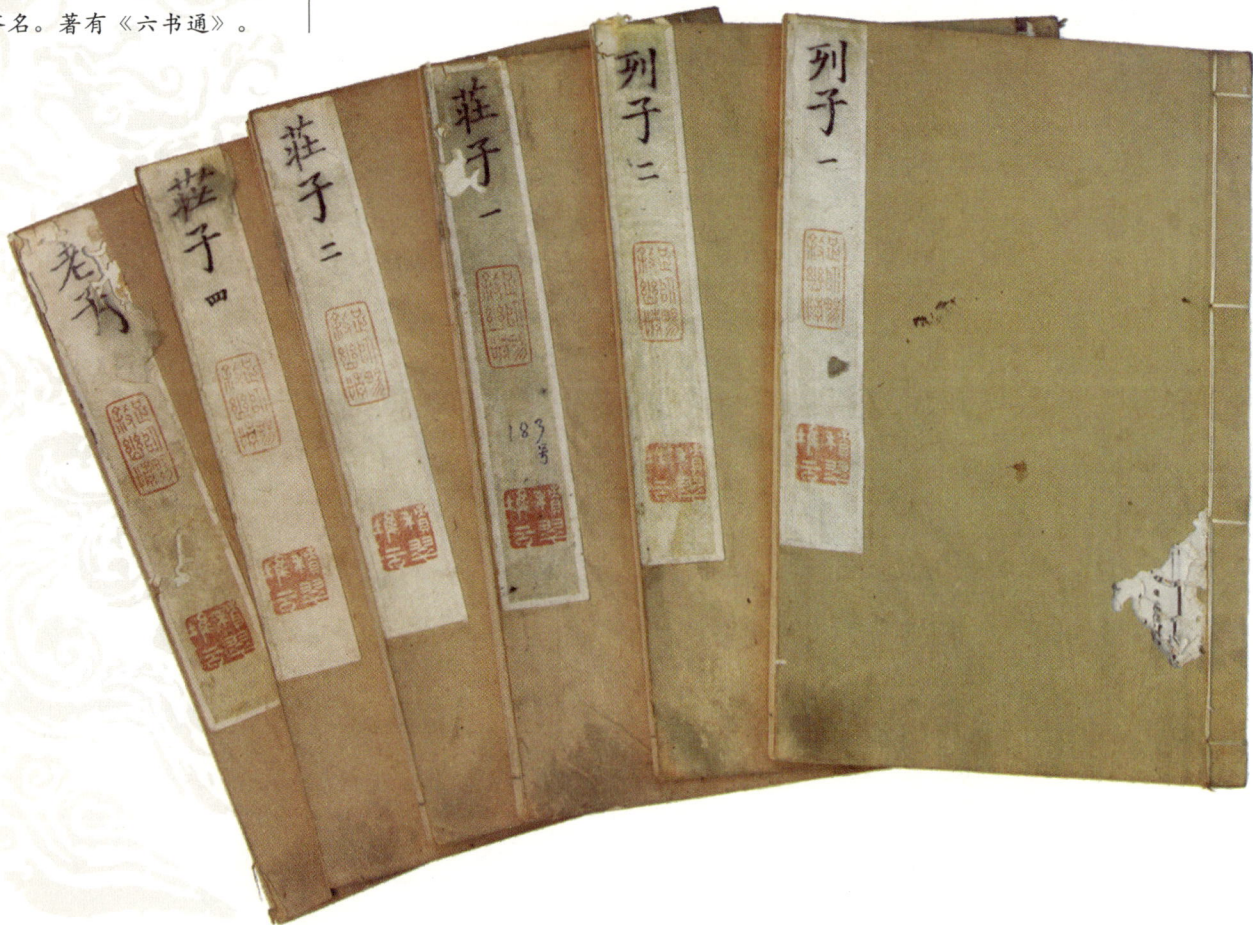

大都子畏詩文不足以盡子畏
矣余嘗未治其人而今治其文
不同時是亦當寫治生帖子者
名亦不專以文名余篤吳令雖
吳人有唐子畏者才子也以文
序唐子畏集

袁中郎先生批評

唐伯虎全集

內附畫譜紀事 百城樓藏板

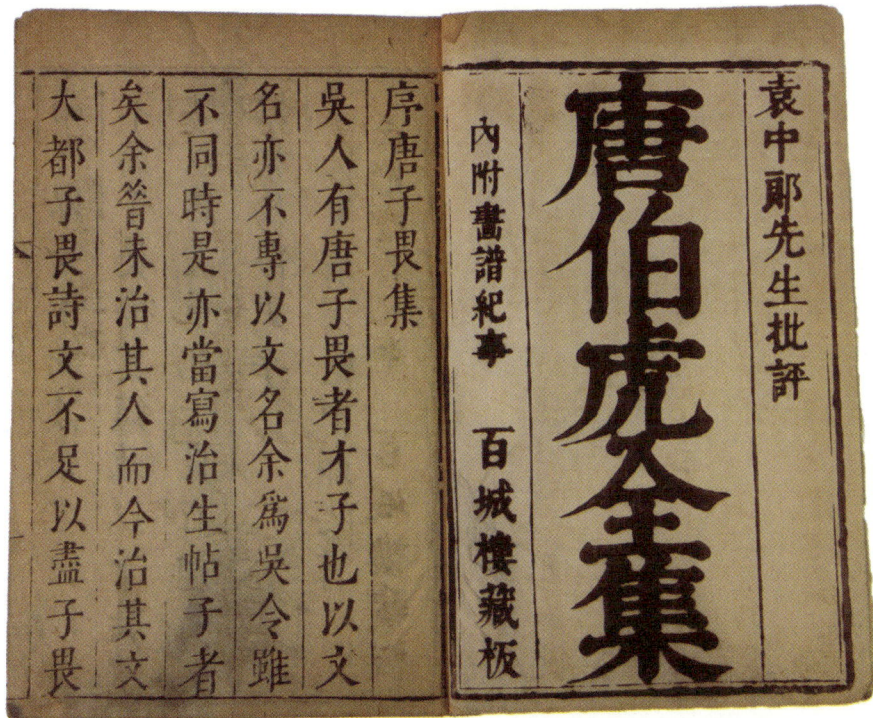

《唐伯虎全集》四卷

明

唐寅 著

袁宏道 批评

刻本

　　长23厘米

　　宽15厘米

国家三级文物

唐寅（1470－1524），字伯虎，号六如居士，南直隶苏州府吴县（今江苏省苏州市吴中区）人，明代著名画家、书法家、诗人。成化二十一年（1485），考中苏州府试第一名（府案首），入府学读书。弘治十一年（1498），考中应天府（今南京）乡试第一名（解元），入京参加会试。弘治十二年（1499），卷入徐经科场舞弊案，坐罪入狱，贬为浙藩小吏。从此，丧失科场进取心，游荡江湖，纵情诗画，终成一代名画家。

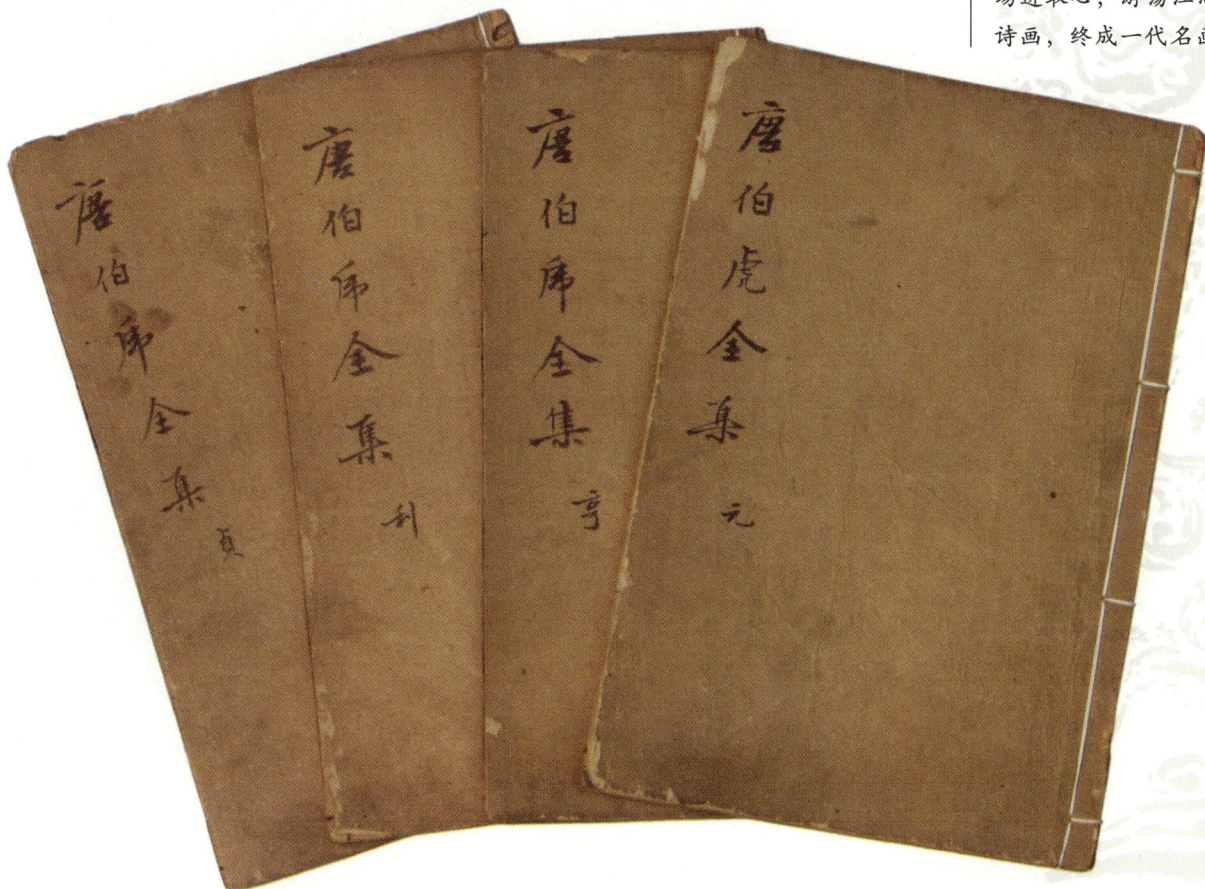

初拓《淳化阁法帖》

明
拓本
长36厘米
宽26.5厘米
国家三级文物

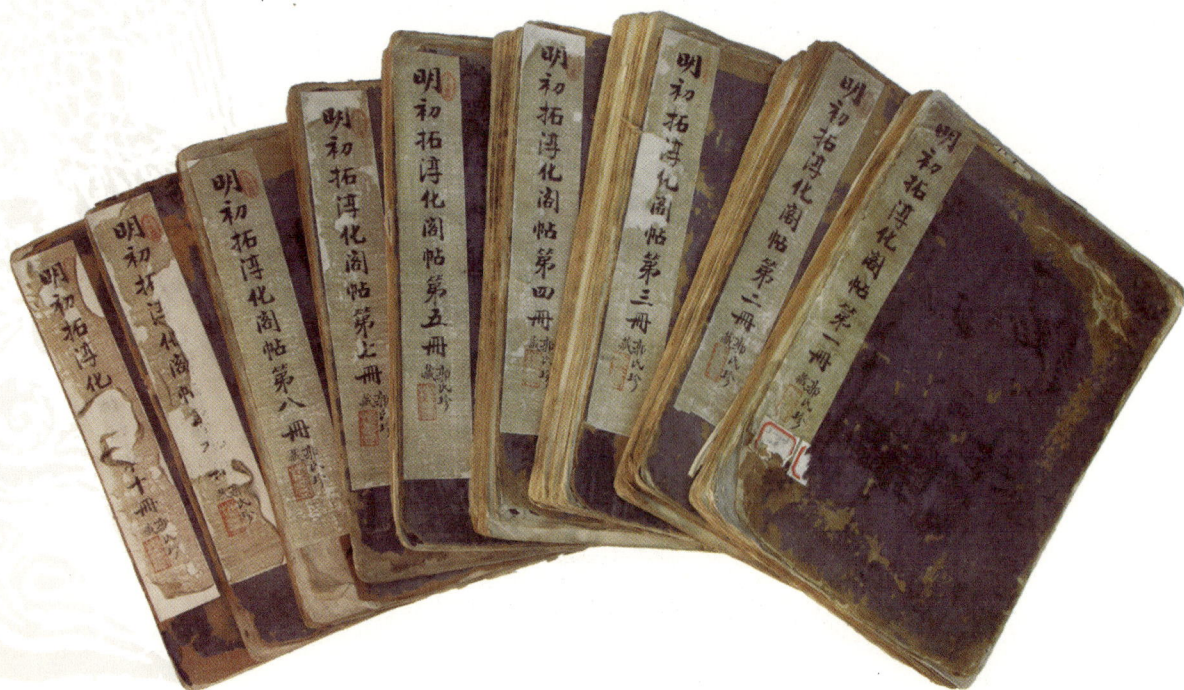

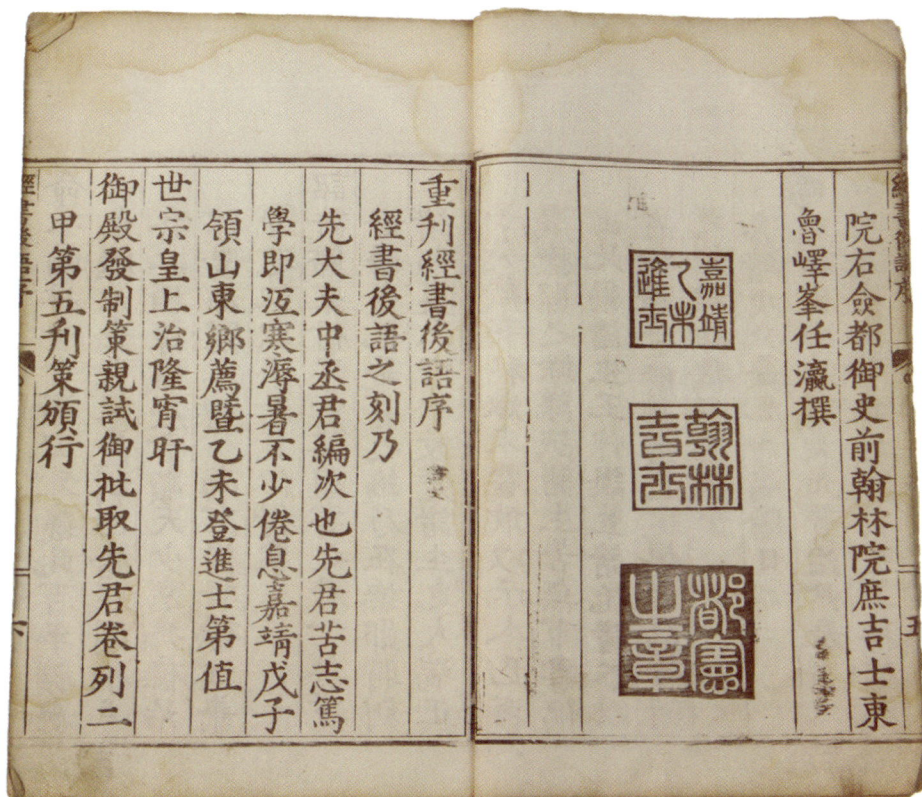

《经书后语》三卷

明

任瀛 编

刻本

　　长28厘米

　　宽18厘米

国家三级文物

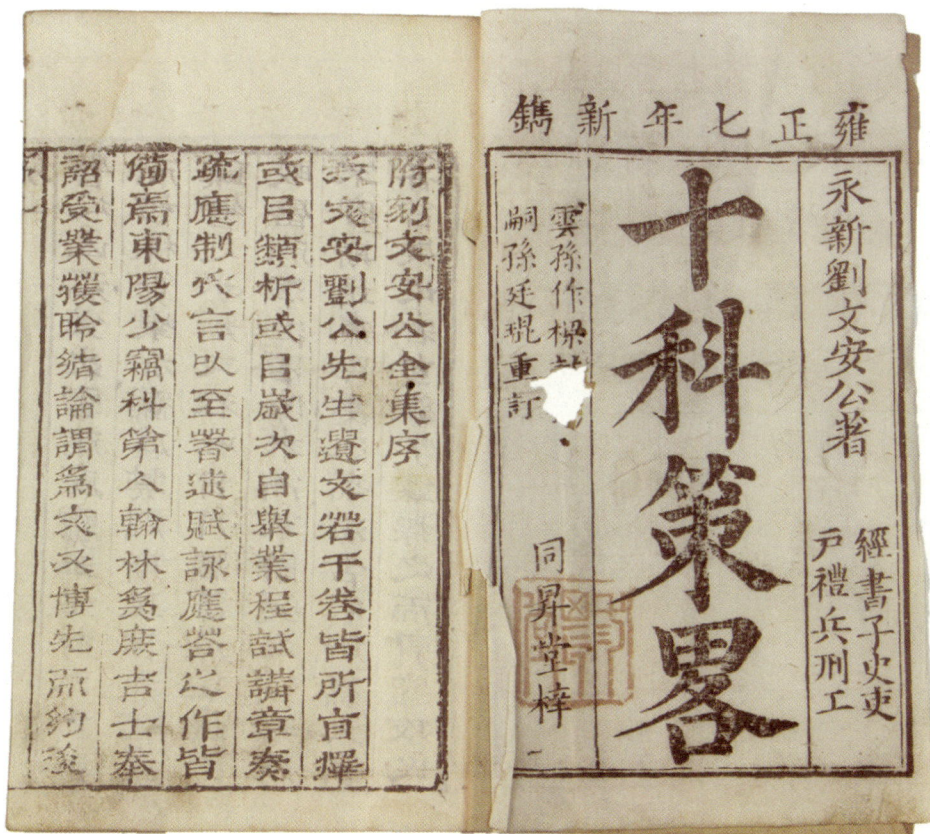

《十科策略笺释》十卷

清

刘定之 著

刻本

　　长22.8厘米

　　宽15厘米

国家三级文物

刘定之（1409－1469），字主静，号呆斋，江西永新人。明朝大臣、文学家。正统元年（1436），登进士第。成化四年（1468），迁礼部左侍郎，屡次谏言时政。钱皇后去世后，他与同僚彭时、商辂等据理力争，最终使其得以祔葬裕陵。成化五年（1469）去世，年六十一，获赠礼部尚书，谥号"文安"。

《春秋胡氏传》三十卷

清

（宋）胡安国　撰

林尧叟　音注

刻本

长27厘米

宽17.5厘米

国家三级文物

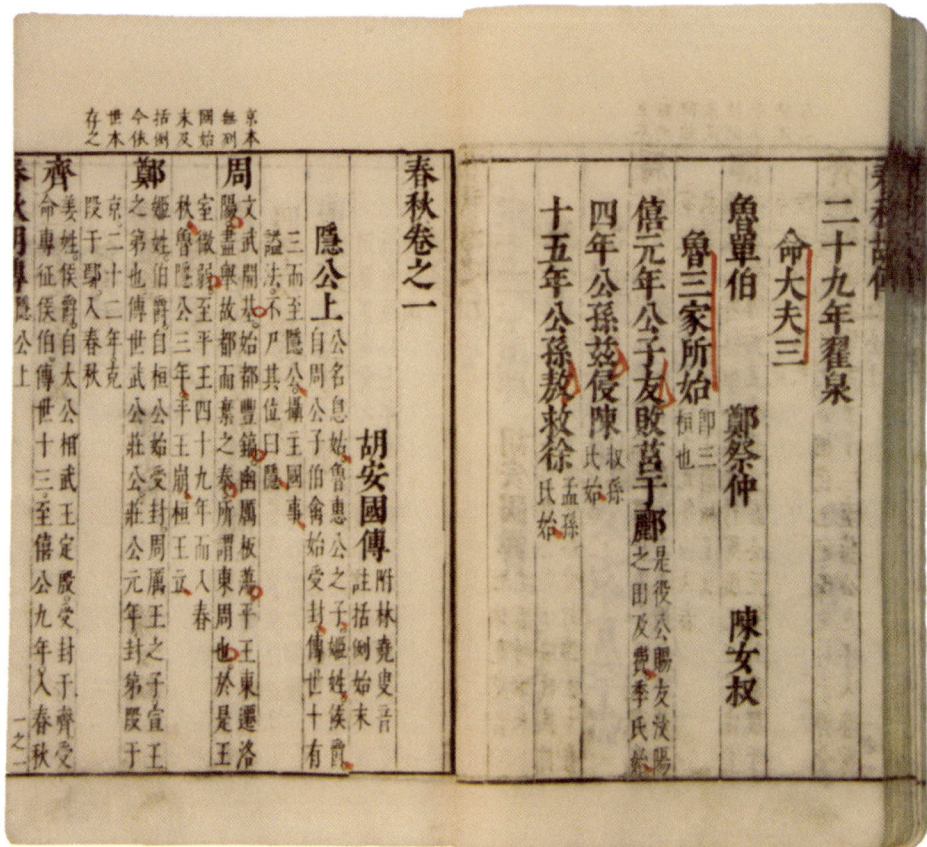

《五经旁训》三卷

清

（明）陈仁锡　校订

刻本

长26.3厘米

宽16.2厘米

国家三级文物

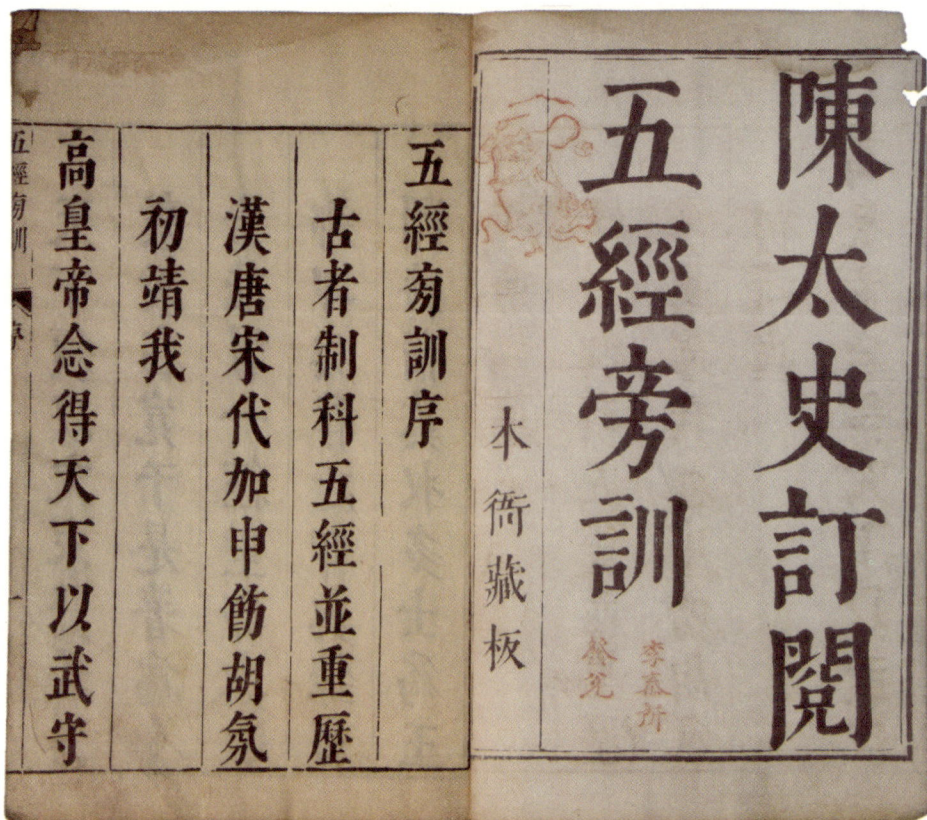

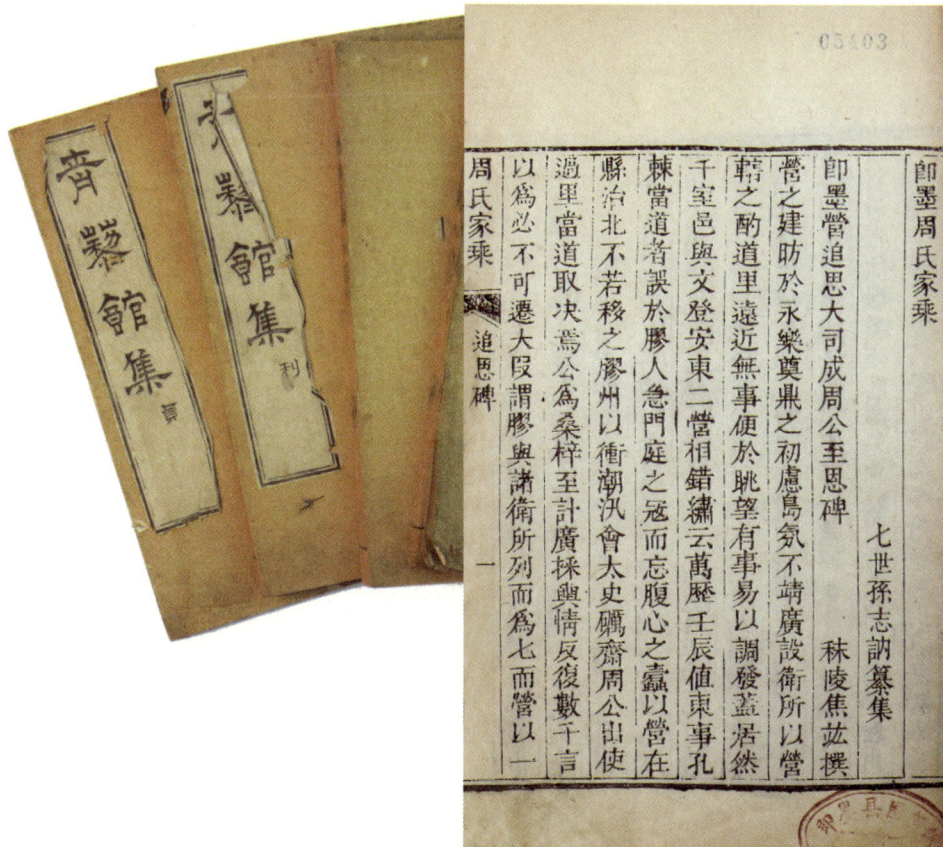

周氏家乘

即墨周氏家乘　　　　　　　　七世孙志讷纂集

追恩碑　　　　　　　　　　　秣陵焦竑撰

即墨营追思大司成周公至恩碑

营之建防於永乐奠鼎之初虑岛氛不靖设卫所以营
辖之酌道里远近无事便於眺望有事易以调发盖居然
千室邑与文登安东二营相错绣云万历壬辰值东事孔
棘当道者误於胶人急门庭之寇而忘腹心之蠹以营在
县治北不若移之胶州以衝潮汐会太史碼斋周公出使
过里当道取决焉公为桑梓至计广采舆情反复数千言
以为必不可迁大叚谓胶与诸镇所列而为七而营以一

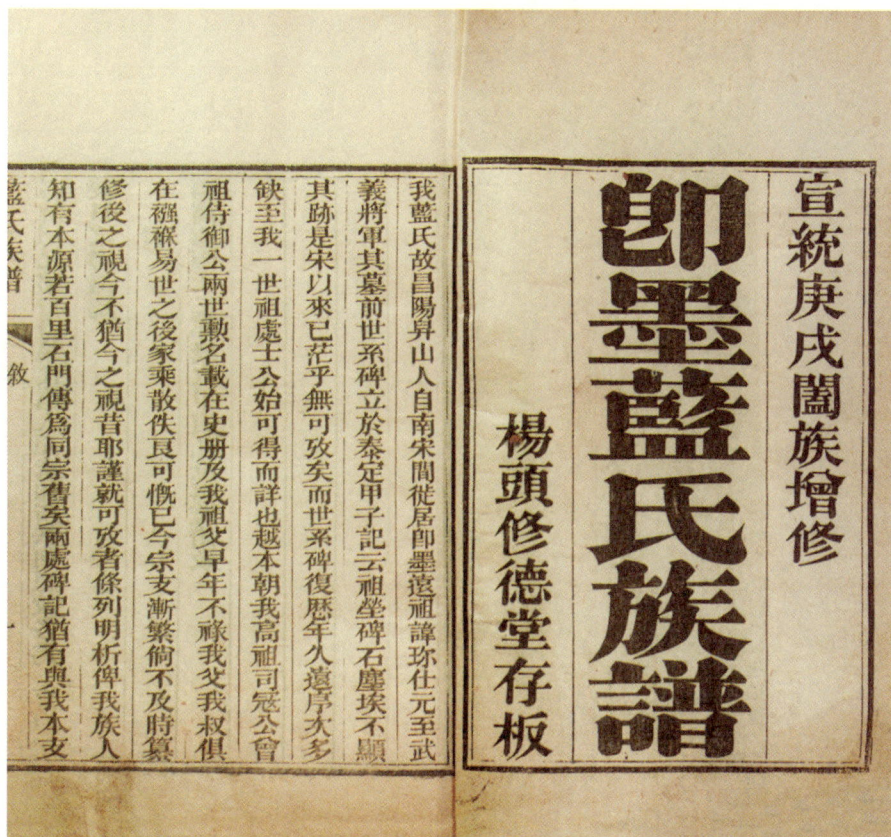

蓝氏族谱　　叙

宣统庚戌闿族增修
即墨蓝氏族谱
杨头修德堂存板

我蓝氏故昌阳舁山人自南宋间徙居即墨远祖讳琛仕元至武
义将军其墓前世系碑立於泰定甲子记云祖茔碑石尘埃不顯
其跡是宋以来已茫乎无可攷矣而世系碑复历年久远厚次多
缺至我一世祖处士公始可得而详也越本朝我高祖司冦公会
祖侍御公两世勋名载在史册及我祖父早年不祿我父我叔俱
在襁褓易世之後家乘散佚民可慨已今宗支渐繁倘不及时纂
修後之视昔犹今之视昔耶谨就可攷者条列明晰俾我族人
知有本原若百里石门传爲同崇旧茔两处碑记犹有与我本支

《即墨周氏家乘》
清
周志讷　纂修
刻本
　长25厘米
　宽16厘米

《即墨蓝氏族谱》
清
刻本
　长25.5厘米
　宽16厘米

《日知录》三十二卷

清

顾炎武 著

刻本

长26.8厘米

宽16.9厘米

国家三级文物

顾炎武（1613—1682），本名顾绛，字宁人，人称亭林先生，南直隶昆山（今江苏省昆山市）人。明末清著名思想家、史地学家和音韵学家。著有《日知录》《天下郡国利病书》《肇域志》《音学五书》《韵补正》《金石文字记》《亭林诗集》等。

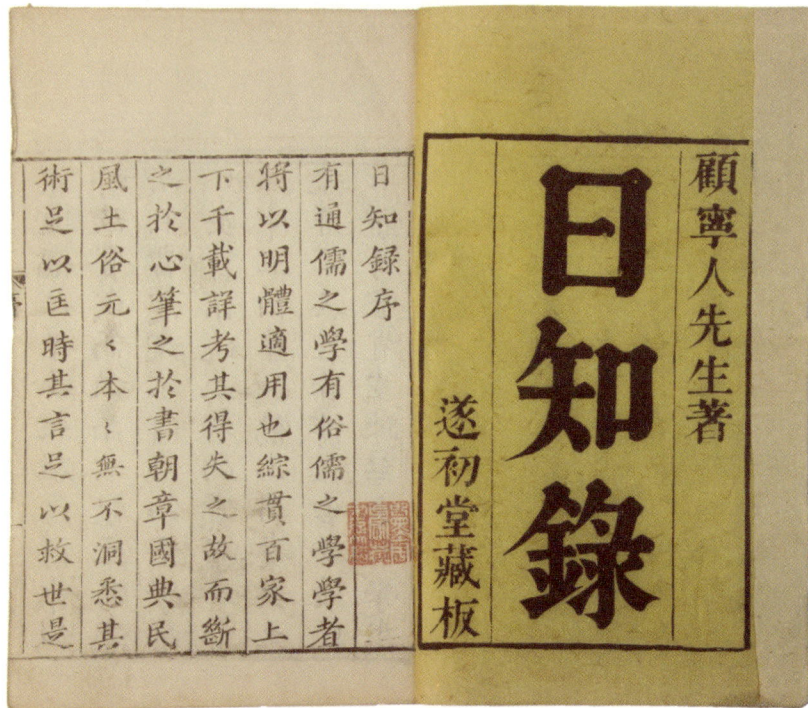

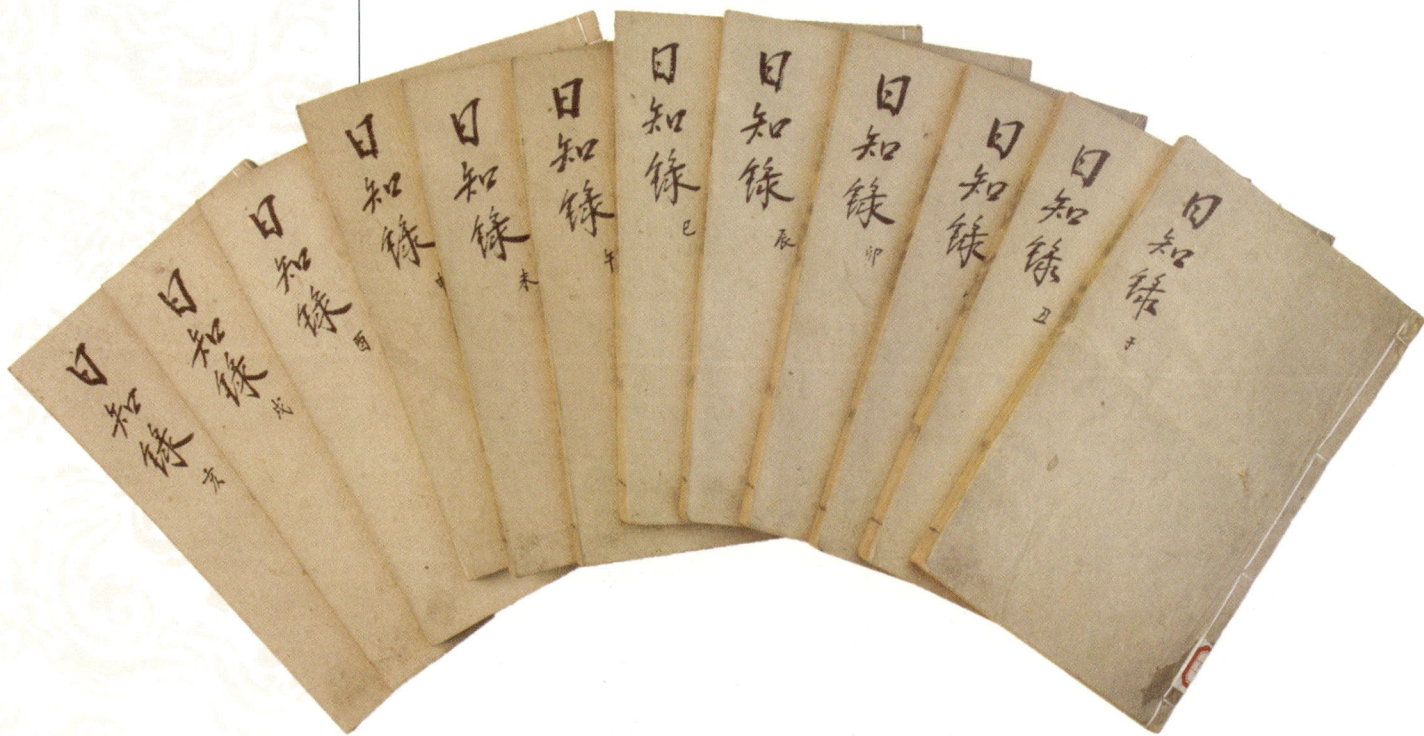

第九编 造像

何谓"造像"？泛义上，造像指的是用黏土、石、木、金属、玉石等材料雕塑而成的形象。按材质分，有泥塑、木刻、石雕、玉雕、金铜、陶瓷及脱胎漆器等形式；按雕刻所呈现的主体形象分，包括儒家造像、佛教造像、道教造像、神话造像、动物造像、民俗造像及现实人物造像等类别。汉时，中国造像艺术形成雄浑粗犷的风格。三国之际，曹植在其《宝刀赋》吟出"规圆景以定环，撼神思而造象"一语，言明造像之奥秘，是一种技艺法度，亦是一种神思运化。南北朝时期，佛教造像日趋繁盛，以莫高窟、云冈石窟、麦积山石窟和龙门石窟为代表的石窟造像精美绝伦。唐宋时期，中国造像艺术已臻于美轮美奂之境。明清时期，造像艺术更见普遍，融入社会生活的方方面面。

183

石菩萨像

明

高60厘米

国家三级文物

石佛像

清

高43厘米

国家三级文物

石菩萨像

清

高43厘米

国家三级文物

鎏金铜菩萨像 ●

清

高43.5厘米

国家三级文物

鎏金铜菩萨像

鎏金铜菩萨像

清

高32厘米

国家三级文物

铜菩萨像 ●

清
高32厘米
国家三级文物

瓷观音像

清

通高17.5厘米

国家三级文物

鎏金铜关公像 ○

清

高25.5厘米

国家三级文物

博观

走进即墨博物馆 ②

建馆实录暨馆藏文物研究

毛洪东 张文勃 姜保国 编著

中国海洋大学

CHINA OCEAN UNIVERSITY

·青岛·

图书在版编目（CIP）数据

博观：走进即墨博物馆.②，建馆实录暨馆藏文物
研究/ 毛洪东，张文勃，姜保国编著. — 青岛：中国
海洋大学出版社，2023.9
ISBN 978-7-5670-3627-7

Ⅰ.①博… Ⅱ.①毛…②张…③姜…Ⅲ.①博物馆
－介绍－即墨 Ⅳ.①G269.275.24

中国国家版本馆CIP数据核字（2023）第182429号

BOGUAN —— ZOUJIN JIMO BOWUGUAN②JIANGUAN SHILU JI GUANCANG WENWU YANJIU
博观——走进即墨博物馆② 建馆实录暨馆藏文物研究

出版发行	中国海洋大学出版社
社　　址	青岛市香港东路23号　　邮政编码　266071
网　　址	http://pub.ouc.edu.cn
出 版 人	刘文菁
责任编辑	张跃飞
电　　话	0532-85901984
电子信箱	flyleap@126.com
印　　制	青岛新华印刷有限公司
版　　次	2023年9月第1版
印　　次	2023年9月第1次印刷
成品尺寸	210 mm×285 mm
印　　张	8
字　　数	196千
印　　数	1~2 000册
定　　价	238.00元（全两册）
订购电话	0532-82032573（传真）

发现印刷质量问题，请致电0532-87872799，由印刷厂负责调换。

《博观——走进即墨博物馆》编委会

主　　任：兰　杰

副 主 任：曲维伟　迟超勋　庄万德　方秀刚　于江水

主　　编：毛洪东　张文勃　姜保国

副 主 编：陈海波　韩　璐　王灵光

执行主编：巩升起

撰　　稿：毛洪东　姜保国

编　　委：（按姓氏笔画排序）

　　　　　马亚坤　王新夏　王晓静　尹惠清　孙　艳　孙玉坤　孙吉艳

　　　　　孙婷婷　刘婧宇　朱春玲　李彦霖　陈洪坤　时朋本　郝建龙

　　　　　栾　杰　夏春红　高峻岭　提文凤　魏　晋

插　　图：刘宗林

摄　　影：矫昊楠　张志瑞　吕晓东

装帧设计：朱春玲　段　闯　孙瑞祥

特约审校：金　雨　万泽娟　杨明海

目 录

第一编

建馆实录及相关问题的探索

即墨博物馆新馆建设侧记

○ 张文勃 毛洪东

博物馆是一个城市的文化坐标，是历史文化的缩影，是城市文明的殿堂，是衡量一个城市经济、社会和文化发展的重要标志，在潜移默化中提升着一座城市的文化品位和精神气质。

一、青岛市即墨区博物馆简介

1949年10月，即墨县文物管理工作组成立。1951年12月，即墨县文物管理工作组撤销，全县的文物工作由即墨县文化馆负责。1977年5月，文物工作移由即墨县图书馆承担，设专职干部2人。1984年3月17日，即墨县博物馆成立。1989年即墨撤县设市，即墨县博物馆改称即墨市博物馆。1990年12月，在即墨市博物馆设置即墨市文物保护管理委员会办公室。1999年，即墨市博物馆馆址由中山街145号迁至坐落于立法街29号的即墨县衙旧址。2012年，即墨市博物馆新馆在山东省即墨经济开发区开工建设。2017年7月18日，即墨撤市设区，即墨市博物馆改称青岛市即墨区博物馆（以下简称即墨博物馆）。

原即墨市博物馆（位于即墨古城内即墨县衙旧址）

即墨博物馆拥有馆藏文物2.5万余件（套）。其中，国家一级文物21件（套）、二级文物50件（套）、三级文物1 559件（套）。类别包括古籍字画、钱币玉器、石器化石、陶瓷器、青铜器、玺印符牌、书房文玩等，收藏了自中生代（距今约2.5亿~约6 500万年）至20世纪的各级各类文物。其中，北宋金银书《妙法莲华经》被誉为"国之瑰宝"和"稀世珍品"，是我国北宋时期绘画、书法的代表作，也是研究中国美术史、宗教史、造纸技术及丝织工艺的珍贵资料；汉代诸国侯金印为汉印之精品，对于我们研究汉印凿刻技术、书法艺术乃至中国文字的字体演变都具有重要的价值，为我们研究汉代用印制度和官职提供了实物资料。此外，博物馆还藏有上万册古籍。

二、新馆的基本情况

即墨博物馆新馆坐落于山东省即墨经济开发区市民文化中心3号楼内，是市民文化中心的一个重要组成部分。市民文化中心3号楼为一栋地下一层、地上五层的圆形建筑，其中地下一层和地上一、二层为博物馆，包括基本陈列厅、专题展厅、临时展厅、多功能报告厅、观众服务中心、综合监控中心、接待室、综合办公区、纪念品销售中心、观众休息空间等。

即墨博物馆共有三个常设展览。其一是基本陈列"千年商都 泉海即墨——即墨历史文化陈列"，其二是专题陈列"北宋金银书《妙法莲华经》陈列"，其三是专题陈列"馆藏书画陈列"。其中，"千年商都 泉海即墨——即墨历史文化陈列"作为即墨博物馆的基本陈列，深入挖掘历史文化资源，整合今即墨辖域和曾经存在的即墨历史地区范畴内的文化主题与文化现象，构建大视野中博古通今的即墨历史文化体系，昭显"海上青岛，根在即墨"的历史主题。"北宋金银书《妙法莲华经》陈列"是即墨博物馆极具特色的专题陈列，以国宝《妙法莲华经卷》为核心，合理融入相关佛教文化内容，形成对青岛地区佛教文化的全面展示。"馆藏书画陈列"是即墨博物馆的另一个有特色的专题陈列，对馆藏明清时期名人字画进行展示。

青岛市即墨区市民文化中心鸟瞰图

在莒县文旅局举行博物馆建设及"文物天网"工程座谈会

三、新馆建设的经验

根据青岛市即墨区政府的要求，即墨博物馆新馆建设工程实行代建制，由山东省即墨经济开发区管理委员会（下设山东省鑫诚恒业开发建设有限公司）作为工程建设业主单位进行建设。山东省即墨经济开发区管理委员会作为工程建设业主单位，负责项目立项、手续报批、资金筹措、工程招标、工程全过程把控及工程验收等工作。区文旅局派出专人常驻山东省即墨经济开发区管理委员会，负责方案把关及确认、招投标过程中各类专业技术参数及评分标准制定等事宜。双方通力合作，充分发挥各自的人才资源优势，推动了博物馆新馆建设工程的顺利开展。其间，有成功的经验，亦有失败的教训。现将有关经验总结如下，以供后人借鉴。

（一）高起点定位，高标准建设，打造特色精品工程

即墨历史悠久，文化底蕴深厚，春秋战国时期就是齐国通商名衢，秦代置县，汉初成为胶东政治、经济、文化中心，隋朝建新城于现址，已有1400多年建城史。1898年，德国强租胶州湾，把青岛从即墨分割出去，历史上先有即墨后有青岛，因此即墨是青岛的文化根脉。即墨博物馆新馆的建设可以说是青岛地区文物事业的大事。面对挑战和机遇，即墨博物馆深感使命关荣，责任重大，必须以更开阔视野、更长远眼光，高标准、高质量、高水平推进各项工作，以高度的责任感、使命感担当起这一历史重任。为此，山东省即墨经济开发区管理委员会和区文旅局的主要领导、分管领导先后带队，专程前往烟台、威海、日照等地的博物馆考察，学习他们在博物馆建设方面的先进经验，用于指导即墨博物馆新馆的工程建设。

（二）绿色环保，节能减排，建设绿色博物馆

"绿色环保"和"可持续发展"的理念已经成为当前社会的普遍共识，2015年国际博物馆协会将本年度国际博物馆日的主题定为"致力于社会可持续发展的博物馆"。2012年，即墨博物馆在规划建设之初，就将"绿色环保""可持续发展"的理念贯穿整个工程建设设计及施工，积极转变观念，加大资金投入，大力推进绿色博物馆建设。即墨博物馆项目所选灯具、电脑等日常用品均为高效节能型号；空调系统也采用高能效设备和系统，并设置能量回收装置，以节约能源。

同时，合理利用水资源，给水、排水都经过合理地规划设计，以充分节约水资源；设置雨水回渗、集蓄与利用系统，将收集的雨水用于绿化浇灌。通过以上种种措施以节约资源，实现资源的循环利用。在能源选择方面，尽量使用绿色清洁能源，比如在楼顶预留了太阳能光伏发电设备空间。此外，即墨博物馆项目还采用了建筑节材设计，可再循环材料使用重量占所用建筑材料总重量的10％以上。2015年，即墨博物馆项目入选我国第一批绿色建筑设计评价标识项目榜单。

（三）谋划接地气，突出本土特色，高质量撰写展陈大纲

在展陈大纲的撰写上，我们曾经有过两个截然相反的计划。一是聘请国内知名专家进行创作，二是聘请本土学者进行创作。经与顾问团队、上级文物部门和有经验的兄弟单位多次对接，反复研究，认为国内知名专家虽然所站的高度以及对展陈手段的把握上有较高的水准，但是存在一个明显的不足——对本地历史和文物缺乏深入的了解，而这恰恰是做好一个文本大纲的前提和基础。最终我们决定采取第二套方案，聘请一位了解青岛历史且有着展览策划经验的专家进行展陈大纲的撰写工作，至于最新展陈手段的运用则可以聘请专家顾问进行。为确保展陈大纲的质量，突出本土特色，我们先后组织了10余次专家评审会，邀请国内外以及本地的专家学者对展陈大纲进行论证提炼，总结出了"一阵风、一座城、一卷经"三个展陈重点，讲述"一群人"在即墨这片热土上围绕着这三个重点发生的故事。根据专家学者的意见，十易其稿，最终完成了展陈大纲，通过了省文物局的审核。

（四）借智、融智，充分发挥专家团队的作用

通过借鉴兄弟单位在新馆建设过程中的成功经验，我们聘请了专业的团队，为即墨博物馆新馆建设提供顾问服务，包括展厅功能布局及动线策划、展陈设计方案的优化及评审、布展及艺术品设计指导、招标文件及各类技术参数的制定、竣工验收等方面的专业服务。通过借智、融智，充分利用专家团队的智力为博物馆建设服务，有效解决了博物馆建设专业人才不足的问题；且在工程建设过程中培养了人才，锻炼了队伍，为即墨博物馆的长远发展奠定了基础。

在青岛市博物馆考察库房建设

（五）以观众为中心，让文物活起来，讲述文物背后的故事

习近平总书记强调，一个博物馆就是一所大学校，要让文物说话，让历史说话，让文化说话。这就要求我们在进行展览策划时将观众作为中心，认真研究把握观众的心理需求，在设计展陈之前，要准确定位观众，从而可以根据观众需求精心设计，保证达到最佳的效果。为此，我们积极与文史部门对接，将即墨的历史进行浓缩提炼，整理了东夷文明、朱毛建城、即墨刀币、一鸣惊人、田单破燕、田横殉节、悬羊击鼓、王阳去妇、弹冠相庆、东床快婿、童恢训虎、郑玄讲经、墨城东迁、太宗挂甲、深涧摸钱、海防重镇、金口古港、蓝田门楼、四世一品、七品立门、清廉忠魂、泽周壮武、公车上书、即墨柳腔等20余个与即墨历史有关的历史事件和脍炙人口的典故，在陈列展览布置过程中采用讲故事的手法用文物将这些典故进行生动有趣的表达，做到知识性和趣味性的统一，通过讲述文物背后的故事，以达到宣传教育的目的。

（六）主动参与工程招标，积极建言献策

博物馆建设专业性强、涉及面广，是一项复杂的系统工程，有其内在的客观规律。要想做好博物馆建设工作，必须在尊重其内在客观规律的基础上，结合本地区实际，充分发挥文物部门、建设单位、监理部门和施工企业等多方的主观能动性。为建设好即墨博物馆，在工程建设之初，不仅有分管领导主抓此项工作，同时派出三名工作人员常驻山东省即墨经济开发区，负责新馆建设有关问题的对接与协调，积极为工程建言献策。

1.文物库房门招标

保障文物安全是博物馆工作的重中之重，而库房建设质量的好坏直接关系到此项工作，因此可以说库房是博物馆的心脏。为确保文物安全，我们积极与青岛市公安局科技处及安防专家进行对接，认真研究图纸，进行实地勘察，并推动召开了专门的论证会。安防专家经对工程现场的勘察和切合实际情况的讨论，提出了更换文物库房门的建议。在安防专家建议的基础上，博物馆建

即墨博物馆展陈设计方案专家评审会

设顾问在实地考察现场和综合考量安防专家建议的基础上，提出了库房门设置方案：重点防护库房门应采用C级防水文物库房门；一般文物库房门可采用A级防水文物库房门；与消防有关的库房门，可采用防水消防疏散门，要求当有火灾发生时，由门内向外消防开门。在通过了专家论证的基础上，建设单位按规定要求原设计单位进行了设计变更。之后，我们积极对接专家顾问进行库房门技术参数、招标门槛及评标办法的制定。为确保产品及库房门安装工程质量，我们对投标人的资质要求包括：①投标人须具有省级安全技术防范行业资质等级一级证书；②投标人必须具备相关产品的独立生产能力，其产品须具有公安部安全与警用电子产品质量检测中心或公安部安全防范产品质量监督检验中心出具的独立的《文物库房门检验报告》；③投标人具有近三年以来至少一项国家二级及以上博物馆库房门项目的有效业绩，且合同金额达100万元以上，并提供该项目的供货合同、施工验收报告等有效证明文件原件。此外，须提供博物馆等级证明（证明文件须加盖博物馆公章，且不能为复印件）。

2. 安防工程招标

为做好博物馆安防工程建设及后期工程验收工作，我们专程前往青岛市公安局对接博物馆安防工程有关事宜，并及时将对接情况以正式函件的形式告知建设单位。根据即墨博物馆的安防等级，即墨博物馆安防工程的设计施工资质要求为安全技术防范设计施工一级资质；工程完工后市公安局将按照《安全防范系统验收规则》（GA 308—2001）和《安全防范视频监控联网系统信息传输、交换、控制技术要求》（GB 28181—2011T）的相关规定进行验收。为此我们对投标人提出了如下要求：①投标人应具有工商行政主管部门核发的有效法人营业执照（提供副本原件），不具备法人资格的分公司不得参与本项目投标，投标文件的单位盖章必须使用其法人公章，分支机构盖章无效；②投标人应具有安全技术防范工程设计施工等级确认登记证壹级以上资质（后因该资质已不再办理而取消）；③投标人应至少完成过一项博物馆/银　行/金库安防工程业绩（提供合同原件或中标通知原件），尽量选择有相关施工经验的公司负责该项工程；④投标人拟承担本项目的项目负责人应具备二级及以上建造师注册证书，注册专业应为机电工程专业或通信与广电工程，其注册证书（含临时执业证书）上所记载的聘用单位必须为该投标单位（提供注册建造师证书原件）；⑤本项目要与青岛市公安局即墨分局实现报警联动，一键报警；⑥本项目不接受联合体投标。

3. 展陈工程招标

陈列展览是博物馆开展各项工作的基础，从根本上决定了一个博物馆的成败。由于专业性较强，陈列展览设计方案及后期施工一般由专业的博物馆展陈设计施工企业承担。通常来说，为落实文化主题、设计理念，保证展陈效果，使之达到最佳效果，陈列展览的形式设计方案、施工图深化及后期施工工作最好由一家公司承担。因此，展陈工程采取在全国范围内公开招标的方式进行，选取有实力、有专业资质、业绩优秀的公司承担此项工作。

招标工作有严格的流程，由专业的招标代理公司依法、依规负责实施具体工作。为确保投标单位的实力，我们采取措施提高门槛，建议投标单位需具有博物馆、纪念馆及大型文化展览工程设计和施工经验，近三年承担过一定级别以上或者工程造价千万元以上的博物馆展览设计与施工工程的业绩；所承担过的项目中须获得过国家文物局主办的"全国博物馆十大陈列展览精品奖"。同时，为保证展陈公司的能力，避免挂靠现象，需对公司的业绩进行实地考察，在考察业绩时，一要考察该公司业绩的真实性，是否由该公司全部负责，还是仅仅是其中的某一部分，所做的工程质量到底如何；二要考察该公司与甲方合作得如何，因为甲乙双方的利益关注点是不同的，矛盾冲突是必然的，因此乙方的服务品质尤为重要。同时，在招投标时为了调动参与公司的设计积极性，应该规定合理数额的设计补偿费，并规定对于获得补偿费的方案，我方可以使用其创意。最后，由评标委员会综合考虑陈列展览形式设计方案、陈列展览工程造价和日后运营维护成本等方面最终确定中标单位，其中方案优劣是主要的评标因素。

材料选型

北宋金银书《妙法莲华经》专题陈列厅

（七）全程参与工程建设，发现问题及时反馈建设单位

博物馆建设是一项专业性强、涉及面广的系统工程，为确保工程质量，我们全程参与工程建设，发现问题及时反馈建设单位。例如库房安防工程施工过程中，我们在认真研究图纸的基础上进行实地考察，了解监控布置情况，发现问题并提出如下建议：①在库房内摄像机配备补光灯和紧急对讲设备，选用低照度宽动态枪型摄像机；②设置周界防护设施，通往博物馆库房的货梯、博物馆库区内的通风口及空调管道需增加物理安全防护；③减少摄影室、修复室、除菌室等功能间摄像机。通过以上措施，优化了方案，节约了成本，最终顺利通过了公安部门组织的专家评审。在雨季来临的关键节点，冒雨前往施工现场，实地查看大门、窗户、侧门、通往室外的楼梯以及通往地下停车场的汽车坡道外的水流方向，针对实际情况，建设单位为侧门和通往室外的楼梯架设了雨棚，避免了雨水侵入。

（八）提前谋划、早做安排，统筹考虑后期运行事宜

即墨博物馆建筑面积约1万平方米，作为国家三级博物馆和公益性文化事业单位，在使用功能、设备配置和运行机制方面都有着自身的特点，为了更好地发挥博物馆的文物收藏、保护研究和社会宣传教育的作用，保证开馆后博物馆设备的正常运行和业务活动的顺利开展，在建设尚未完成前我们就积极与财政部门对接，提前对试运行期间的开办、运行费用等工作进行谋划，将博物馆库房仓储设备购置费、新馆搬迁及办公服务设备购置费、安保物业费、新增公共服务人员工资、日常运行经费（包括电费、取暖费、电梯维保、空调系统维护、消防维保、水费、日常综合维护等费用）纳入下一年财政预算，确保博物馆的正常运行。

即墨博物馆新馆的建设得益于青岛市即墨区委、区政府的正确领导，得益于山东省即墨经济开发区管理委员会和山东省鑫诚恒业开发建设有限公司的大力支持和积极筹建，得益于广大专家学者以及工程建设者的辛勤付出。开馆既是一个终点，又是一个新的起点。我们将秉承科学严谨的态度，积极提升管理服务水平，以争创国家二级博物馆为目标，努力将即墨博物馆打造成为展示即墨历史文化、丰富群众文化生活的新阵地。

"即墨历史文化陈列"内容概要

○ 张文勃 毛洪东

一、前言

即墨东濒黄海，南屏崂山，西与胶州、西北与平度相连，北与莱西毗连，东北与莱阳相衔。

早在大汶口文化时期，先祖们就在此繁衍生息，东夷文化影响深远，璀璨文明代代相承，绵延至今。春秋战国时期，即墨为齐国东方名城，可与齐之国都临淄并夸殷盛。即墨刀币广为流传，即墨经济之繁荣，由此可见一斑。汉为胶东政治、经济、文化中心，胶东王刘彻（后来的汉武帝）及康王刘寄封地所在。隋代重置即墨县，建县城于今址，兼有原壮武、不其、皋虞三县故地。明清时期，商贸发达，文化繁荣，卫所守其海疆，为海防、商贸名城。数千年来，虽隶属关系转移无常，然城垣相叠，文化厚积；即墨三大夫、田单、田横、王成、王吉、王骏、童恢、蓝田、黄嘉善、周如砥、杨良臣、郭琇、李毓昌等数不尽的先贤，生于斯、长于斯，留下丰厚的文化积淀。

"即墨历史文化陈列"分为五个单元，依次为"史前与三代即墨——东夷文化的旷古足音""齐置即墨——彪炳史册的千秋名城""隋复即墨——即墨历史的重启与延续""明清纪事——千年商都的再度辉煌""民族壮歌——历史风云中的近现代即墨"，为广大观众展开了一幅极富即墨特色的历史画卷。在这里，我们欣赏先人创造的文物，倾听千古传诵的故事，读懂"千年商都，泉海即墨"的发展足迹。

前言暨「千年商都 泉海即墨」主题墙

二、史前与三代即墨——东夷文化的旷古足音

东夷文化是华夏文明的重要源头之一，即墨北阡遗址是海洋性东夷文化的发祥地之一。

夏商和西周时期，即墨是东方诸夷的统治范围。《尚书·禹贡》记载，夏王朝时期，在泰山以东至海有嵎夷、莱夷等少数民族。商代甲骨卜辞对于商朝东方的夷人，写作"𠂤方"，像人侧立之形，释为"人方"。西周金文才正式出现了"东夷"的称谓，周公、周成王曾东征东夷。山东地区是东夷文化的起源地，也是夏、商、周时期东方诸夷的核心地区。东夷文化在与中原文化不断地交锋、碰撞中逐渐融合成为华夏文化。

（一）远古动植物化石

即墨境内发现有大量动植物化石，说明在人类出现前，这里就是草木丰茂、动植物种类丰富的宜居之地。即墨目前已发现的古生物化石主要集中在"范戈庄古生物化石区"。它位于大信镇范戈庄村北的流浩河流域，西至范戈庄村，东至流浩河上游的隋家疃一带。这里，大部分化石出土于距地表6米以下，据推断其地质年代应为新生代。另外，马山、移风店镇和金口镇也有木化石出土，在马山还发现了海洋生物化石，显现出远古即墨兼具海陆之利的地域特色。

马山石林

（二）北阡遗址

北阡遗址的年代可追溯至六七千年以上，遗址内出土了距今7 000多年前北辛文化的文物标本，是目前青岛地区已发现的最早有人类居住的地区之一。北阡遗址出土了几十万件各种贝壳和大量的石器、陶器、骨角器与蚌器。在出土的石器中，磨石、磨盘、磨棒占相当大的比例，大量

北阡遗址考古发掘现场

北阡遗址场景复原

的磨石当与遗址中出土的数量众多的骨角器与蚌器的加工有关，反映了当时的采集与捕捞生产生活方式和社会经济形态。北阡遗址的发掘提取了许多极为重要的考古信息，对进一步揭示胶东半岛贝丘遗址的文化面貌、海岸线的变迁等课题，都具有重要的意义。

发掘时间：2007年、2009年、2011年、2013年。

地址：即墨区金口镇北阡村北50米处。

新石器时代文物

红陶背壶

白陶纺轮

黑陶尊

黑陶单耳杯

黑石锛

（三）东夷与华夏关系

东夷文化是华夏文化的重要来源之一，是中国古代文明中最古老、最辉煌的组成部分之一。所谓夷，是夏商周时期中原地区的居民对海岱地区东方居民的称谓。华夷之辨自此开始，在历史上持续了2 000多年。

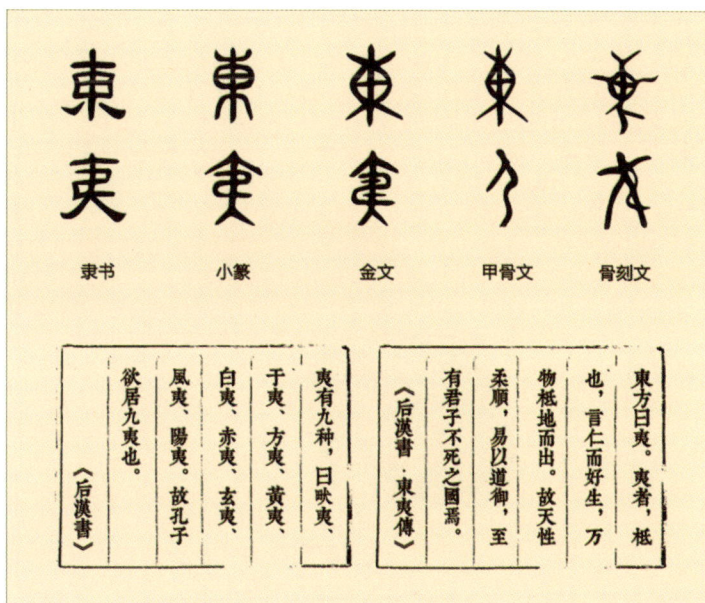

隶书　小篆　金文　甲骨文　骨刻文

欲居九夷也。凤夷、阳夷。故孔子白夷、赤夷、玄夷、于夷、方夷、黄夷、夷有九种，曰畎夷、《后汉书》

有君子不死之国焉。柔顺，易以道御，至物柢地而出。故天性也，言仁而好生，万东方曰夷。夷者，柢《后汉书·东夷传》

"东夷"字体演变及《后汉书》对东夷的记载

夏贝币

三代文物与礼仪之美

双夔龙纹玉璜（春秋）

夏商周时期，玉器之光变得绚烂。随着青铜铸造业的发展繁荣，中国进入了"青铜时代"，青铜金属主要用以制作兵器、礼器以及青铜冶炼自身作业的工具。而在平民的日常生活中，石器、陶器仍然占有重要地位。

青铜剑（战国）

西周时期，礼仪佩剑仅是贵族专利。春秋之际，礼制弱化，佩剑范围扩大，是故《史记正义》有云："春秋官吏各得带剑"。晋朝始代之以木。

镏金铜带钩（周）

中国为礼仪之邦，服饰的文化内涵占有无可替代的地位，《左传·定公十年》疏："中国有礼仪之大，故称夏；有章服之美，谓之华。"夏商周时期是中国服饰由原始社会以巫术象征过渡到以政治伦理为基础的王权象征的重要历史时期。镏金铜带钩是服饰的一部分，从可以了解到夏商周时期的礼乐制度、阶级关系方面的信息。

三、齐始置之即墨——彪炳史册的千秋名城

齐国自姜太公立国后,逐渐崛起,版图不断向山东半岛扩展。齐灵公十五年(周灵王五年,前567年),齐侯灭莱,始置即墨,齐大夫朱毛于今平度古岘镇大朱毛村一带建即墨城。齐威王十年(周显王二十二年,前347年),即墨大夫将即墨治理得日渐强盛,被齐威王封之万家,即墨之名始彰闻天下。据《即墨县志》记载:"嗣是,田单破燕,田横入海, 王吉、王骏之高风,童恢、薛宣之政绩……史册所载,蔚然美备。"

(一)即墨建制(朱毛建城)

姜太公封齐之初,东南尚有纪、莒、莱、夷等国长期与齐国并存,随后长期处于征伐中。齐灵公十五年(周灵王五年,前567年),齐灭莱,始置即墨。齐大夫朱毛在今平度古岘镇大朱毛村一带建即墨城,因此民间最初把即墨城称为朱毛城。

朱毛建城

即墨故城遗址

即墨刀币

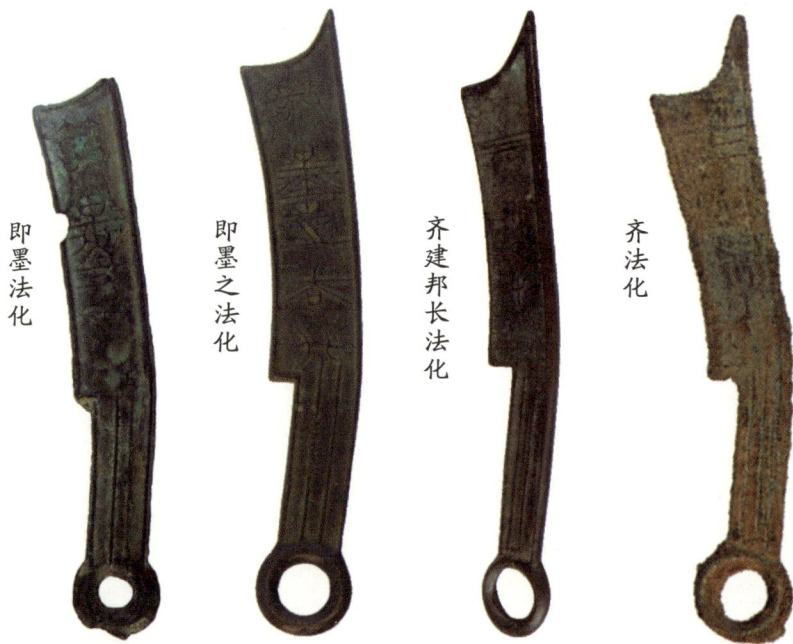

即墨法化

即墨之法化

齐建邦长法化

齐法化

　　齐灭莱统一胶东半岛后，即墨成为通都大邑，为齐之下都。即墨自古擅渔盐之利，经济发达。即墨刀币正是这一段辉煌历史的写照和见证。当时，即墨为齐国除国都临淄外唯一拥有铸币权的城邑，足见其地位之显赫。

即墨刀币图解

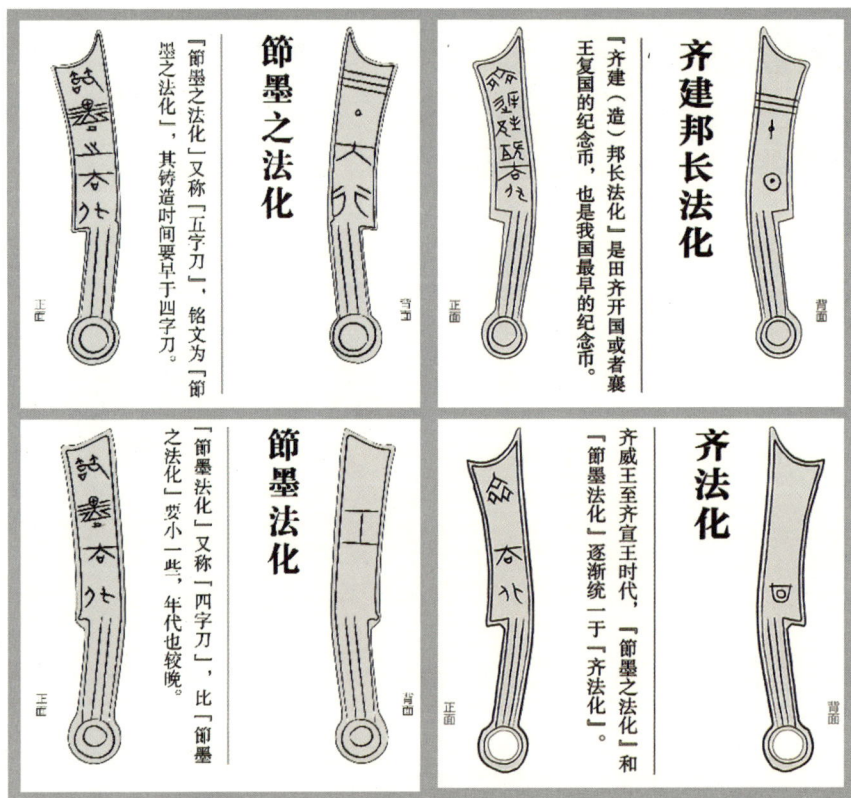

節墨之法化

「節墨之法化」又称「五字刀」，铭文为「節墨之法化」，其铸造时间要早于四字刀。

齐建邦长法化

「齐建（造）邦长法化」是田齐开国或者襄王复国的纪念币，也是我国最早的纪念币。

節墨法化

「節墨法化」又称「四字刀」，比「節墨之法化」要小一些，年代也较晚。

齐法化

齐威王至齐宣王时代，「節墨法化」和「節墨之法化」逐渐统一于「齐法化」。

即墨大夫塑像

（二）即墨大夫

即墨大夫是齐置即墨邑的行政长官。齐威王时，即墨大夫治即墨，政绩卓著，使即墨地方田野广拓，百姓生活富裕，社会秩序安宁。由于即墨大夫为人刚正不阿，不去贿赂齐威王身边弄权施威的贪官污吏，所以经常遭受谗言诋毁。齐威王十年（周显王二十二年，前347年），齐威王大力整顿吏治，派员在全国调查了解地方官治理情况，澄清了是非。一日，齐威王上朝理政，嘉奖了即墨大夫，封之万家，齐威王语之曰："子居即墨，田野辟，民人给，东方以宁"；并烹了弄虚作假、求誉害民的阿大夫，痛斥了那些弄权的受贿者。从此，齐国国威大振，即墨之名遂彰显天下，昭诸史书。据《说苑》记载，齐威王时的即墨大夫为田种首。另外，史籍中提到的即墨大夫还有两位，姓名均无考。其一抗击燕军，战死于即墨城下；其一在齐国末年死谏齐王聚兵抗秦。旧时，即墨建有九贤祠，即墨大夫列九贤之首。

齐威王即位之初，不理朝政，致使吏治腐败，土地荒废，国防松弛，屡遭侵扰。有识之士忧之，时在稷下学宫讲学的淳于髡觌见，以隐语问："国中有大鸟，止于王庭，三年不飞不鸣，王知此鸟何也？"齐威王答："此鸟不飞则已，一飞冲天；不鸣则已，一鸣惊人！"从此，齐威王励精图治，重振国威。

一鸣惊人

（三）田单破燕

齐为东方大国，向南击败楚国，占领淮泗之地，向西攻秦灭宋，国力达到巅峰，这引起了其他六国的恐惧。齐湣王四十年（周赧王三十一年，前284年），在燕国推动下，五国（燕、秦、赵、魏、韩）伐齐，于济西大败齐军，燕军长驱直入，攻陷临淄，齐地几乎皆属燕，独莒、即墨两城久攻不下。齐襄王五年（周赧王三十六年，前279年），燕昭王去世，燕惠王继位。即墨守将田单利用反间计，使乐毅失去了燕惠王的信任，而被庸将骑劫代替。田单派人向燕军诈降，使其放松了戒备，并于夜间将千余头火牛从城中放出，冲向燕军营盘。齐军尾随火牛进攻，燕军大乱，溃不成军，主将骑劫被杀死于乱军之中。齐国军民乘胜追击，一举收复失地。田单破燕是中国古代战争史上出奇制胜的著名战例。《史记·田单列传》中，太史公赞曰："兵以正合，以奇胜。善之者出奇无穷。奇正还相生，如环之无端。夫始如处女，适人开户；后如脱兔，适不及距：其田单之谓邪！"

田单破燕

（四）秦汉风云

秦统一中国后，改分封制为郡县制，置即墨县，属齐郡。

秦二世继位后，天下大乱，群雄并起，逐鹿中原。齐国旧贵族田氏兄弟田儋、田市、田荣、田广、田横等亦率众举义，重建齐国，即墨复属齐。汉高帝元年（前206年），项羽划将原齐国划分为齐、胶东、济北三国，史称"三齐"。封田都为齐王，都临淄；田安为济北王，都博阳；田市为胶东王，都即墨。项羽分封遭到了拥有强大势力却不得封王的田荣的反对，因而项羽刚刚返回彭城，田荣就扣留田市，不准其赴胶东就国。田市因怕违背项羽之命，不顾田荣反对，趁机逃到胶东就国。对此田荣十分恼火，亲自带兵追至即墨城，将田市杀掉，胶东国亦随之被废。

汉高帝五年（前202年），田齐为刘邦所灭，建立统一的汉朝。刘邦一统天下，原齐国贵族田横不肯称臣于汉，率500名门客逃往即墨东部海岛（即今田横岛）。刘邦派人招抚，田横被迫

田横殉节

西行觐见。然田横终究还是羞于向刘邦称臣，遂在偃师首阳山自刎，二门客亦殉于墓侧。闻讯后，海岛上的500名门客亦全部自杀殉节。

西汉时期实行"郡国并行制"，把原秦代的胶东郡分为胶东国和东莱郡，胶东国辖即墨、昌武、下密、壮武、郁秩、挺、观阳、邹卢8县。即墨为胶东国"国都"，成为胶东国的政治、经济、文化中心。汉文帝前元十六年（前164年），刘雄渠被立为胶东王。后因参加"七国之乱"兵败被杀，胶东国被废除。汉景帝时期，恢复胶东国，先后封刘彻和刘寄为胶东王。自刘寄受封胶东王，共传六代，计157年。刘寄享国28年；子哀王刘贤继王位，享国14年；子代王刘通平继王位，享国24年；子顷王刘音继王位，享国54年；子共王刘授继王位，享国14年；子刘殷继王位，享国23年。新莽始建国元年（公元9年），胶东王刘殷降为公，翌年废。

东汉政权建立后，进一步加强中央集权，对地方的统治依然采取郡国并行制。光武帝建武十三年（37年），追随刘秀屡立战功的贾复受封胶东侯，食即墨、下密、壮武、郁秩、挺、观阳六县。贾复死后，其子贾忠继承胶东侯位。贾忠死后，其子贾敏继之。章帝建初元年（76年），贾敏遭诬告，除国。后章帝念及贾复为开国功臣，因而更封贾复之子贾邯为胶东侯，封贾邯之弟贾宗为即墨侯，各食邑一县。贾宗死后，其子、孙均继承侯位。即墨侯国何时被除，史无记载。

秦汉时期，即墨城既是即墨的县治，又是胶东王国的国都。即墨成为山东半岛的政治、经济与文化中心，进入其辉煌发展的阶段。

（五）琅琊王氏与汉谏议大夫王吉

琅琊王氏是中国古代顶级门阀士族，素有"华夏首望"之誉称。王氏始祖为东周灵王太子晋（王子乔）。19世孙王元为避战争灾祸来到皋虞，成为琅琊王氏的始迁祖。

王元后裔王吉，字子阳，琅琊皋虞（治今青岛市即墨区温泉街道西皋虞村）人，为西汉著名经学家。少年好学，以孝廉补授若卢县右丞，后升任云阳县令。汉昭帝时，举贤良充任昌邑王中尉。汉宣帝时，王吉为博士谏议大夫，史称汉谏议大夫。王吉之子王骏为御史大夫。王吉之

王吉墓群及其出土的青铜编钟

王吉墓群是汉代昌邑王中尉王吉的家族墓地，位于汉皋虞故地——即墨温泉街道西皋虞村。墓群中央曾建有一座王公庙，内祀汉代王吉、王骏、王崇的牌位，久已倾圮。

孙王崇官至大司空，封扶平侯。王吉祖孙三代相续，皆以贤著称于史。王吉家族始居琅琊皋虞，其后裔于东汉时迁徙至临沂都乡南仁里，成为有史可稽的琅琊临沂王氏的始祖。作为汉唐时期名门望族，琅琊王氏肇端于西汉，发展于曹魏西晋，鼎盛于东晋，延续至唐末五代。近700年的历史上，在政治和文化舞台上涌现出了一大批杰出人才，可谓将相之家、书法名门。

从东汉至明清的1700多年间，琅琊王氏人才辈出，先后产生了92位宰相、36位皇后、36位驸马。

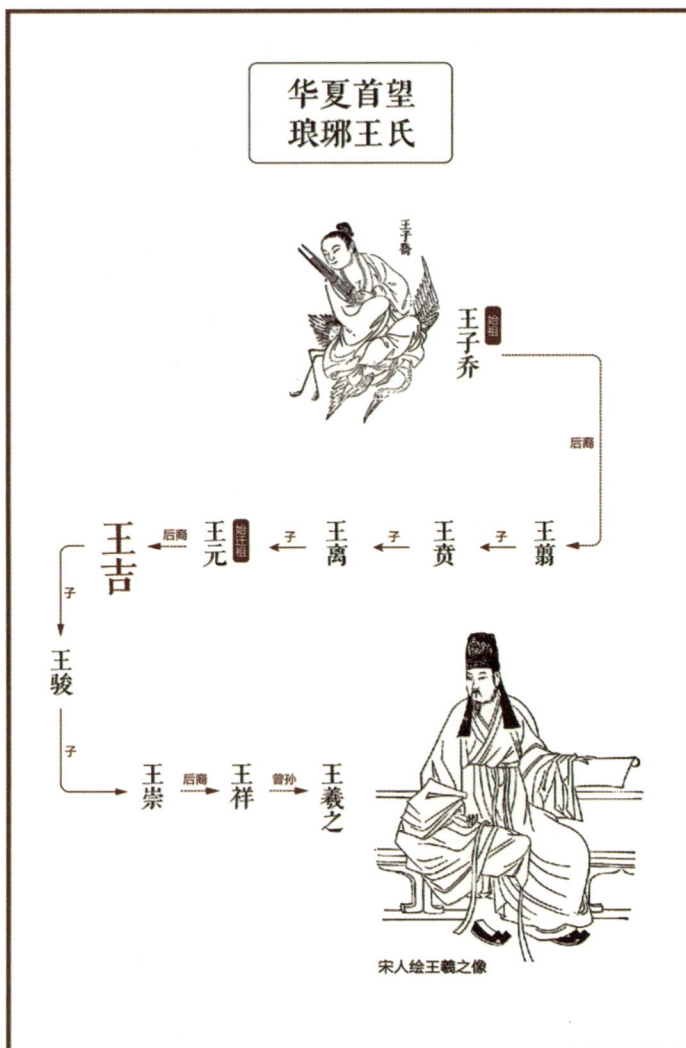

华夏首望琅琊王氏早期谱系图

华夏首望
琅琊王氏

王子乔 始祖

后裔

王翦 — 子 — 王贲 — 子 — 王离 — 子 — 王元 始祖 — 后裔 — 王吉

王吉 — 子 — 王骏 — 子 — 王崇 — 后裔 — 王祥 — 曾孙 — 王羲之

宋人绘王羲之像

太初历图（右）
徐万且像（左）

（六）徐万且与太初历

徐万且，西汉即墨人，中国古代天文历法名家，为《太初历》的创制做出了重要贡献，《汉书·律历志》誉之为"治《太初历》第一"。《太初历》是中国历史上第一部比较完整的历法，将一回归年定为365.2502天，把一朔望月规定为29.53086天；还第一次把二十四节气订入历法，以冬至所在之月为十一月，以正月为岁首，以没有中气的月份为闰月，推算出135个月有23次交食的周期。《太初历》对农业生产有着极为重要的实用价值，自汉武帝太初元年（前104年）至汉章帝元和二年（85年）共实施了189年的时间。

（七）童恢训虎

汉灵帝光和五年（182年），童恢被征入公府，授不其县令。任上，有一农妇状告不其山老虎吃了她的儿子，童恢答应为她伸冤，命人在山中挖下陷阱，果然捕获两只老虎。于是，童恢就设案审训。结果，一虎俯首作认罪状，一虎昂首似鸣冤。童恢判令无罪者当庭开释，食人者立即处死。训虎山，即由此而得名，亦名驯虎山。

童恢训虎图

卷草纹鸡心玉佩

夔龙纹玉觽

双夔龙纹玉璜

郑玄讲经

（八）郑玄讲经

郑玄，字康成，东汉末年经学大师，遍注儒家经典。汉灵帝中平五年（188年），郑玄携门人崔琰等来到不其山下，筑庐讲学，从学弟子达数千人。明正德七年（1512年），即墨县令高允中在原郑玄讲学处建"康成书院"，聘请学者于此授徒讲学。

郑玄讲经处——书院村

（九）王景治河

王景，字仲通，琅琊不其（治今青岛市城阳区，东汉时归即墨县）人。汉初，其先祖王仲自不其东渡至朝鲜半岛北部（汉武帝时，其地设立汉四郡）。王景少时博览群书，精于天文数学。东汉时，自乐浪归来，入汉朝为官。汉明帝时，他与王吴共同主持修治浚仪渠，用"堰流法"进行疏导，消除了水患。其后，他与王吴又共同主持治理黄河，从汉明帝永平十二年（69年）夏天至次年夏天，共组织兵民数十万人开展治黄活动，工程包括疏浚淤塞、开凿山阜、裁弯取直、修筑堤防等，还采取了"十里立一水门，令更相回注"。这些调节黄河水沙的措施，使黄河、汴河得到较为有效的治理。

隋唐即墨古城图

四、隋重置之即墨——即墨历史的重启与延续

三国时期，即墨属魏国。自三国以迄两晋、南北朝，在这种战乱频仍、外族入侵、全国政治经济中心南移的大背景下，即墨失去了昔日的辉煌。北齐天保七年（556年），即墨县被裁撤，位于今平度市古岘镇的即墨故城逐渐沦为废城。

隋文帝开皇十六年（596年），东移现址重置即墨县，兼有原壮武、不其、皋虞三县故地，属莱州管辖。即墨县城为山海形胜之地，右伏马鞍，北主灵峰，二劳拱南，天柱维东，脉出盟旺，运承淮涉，三面环海，地域广博。唐五代时，即墨县属河南道莱州。北宋时，即墨县属京东东路莱州。金改京东东路为山东东路，即墨县属山东东路莱州。元时，山东直属中书省，即墨县属般阳府路。元世祖至元二年（1265年），即墨县再度被裁撤，其地并入掖县、胶水（治在今青岛平度市）。约元顺帝至正九年（1349年），即墨县恢复建制。

即墨县城与墨水河之渊源

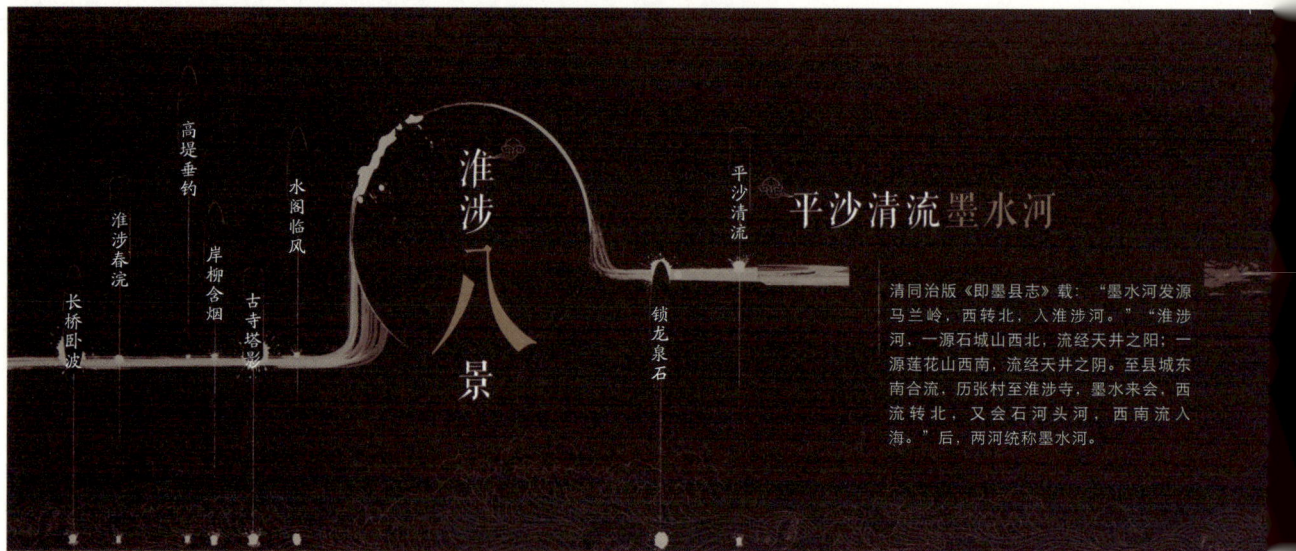

平沙清流墨水河

清同治版《即墨县志》载："墨水河发源马兰岭，西转北，入淮涉河。""淮涉河，一源石城山西北，流经天井之阳；一源莲花山西南，流经天井之阴。至县城东南合流，历张村至淮涉寺，墨水来会，西流转北，又会石河头河，西南流入海。"后，两河统称墨水河。

（一）墨城东迁

隋朝实现大一统后，于隋文帝开皇十六年（596年）重置即墨县，辖域做出了重大调整，兼有原不其、壮武、皋虞三县故地。当时，县城的选址重建乃当务之急，古人极具远见地选择了现址。新即墨城大体居于三县中心地带，东距原皋虞县城（位于今青岛市即墨区温泉街道东皋虞村）20千米，西距原壮武县城（位于今青岛市即墨区蓝村街道古城村）30千米，南距原不其县城（位于今青岛市城阳区朝阳街道）约15千米。即墨县城被淮涉河环绕在内，特将其更名为墨水，以示地脉与文脉之传承。明万历《即墨志》说到即墨的地理形势，有言："其地（即墨）三面滨海，右伏马鞍，北主灵峰，二劳拱其南，天柱维其东，形胜为东方冠。"在历史地理维度上，隋始置之即墨县包含今青岛市市南区、市北区、李沧区、崂山区、城阳区和即墨区的广大区域，东滨黄海，有丁字湾、横门湾、鳌山湾、崂山湾、浮山湾及胶州湾环绕，即墨成为三面环海之地。自隋朝以迄近代，县域保持稳定，直到19世纪末德占胶澳之际，历时1 300余年。

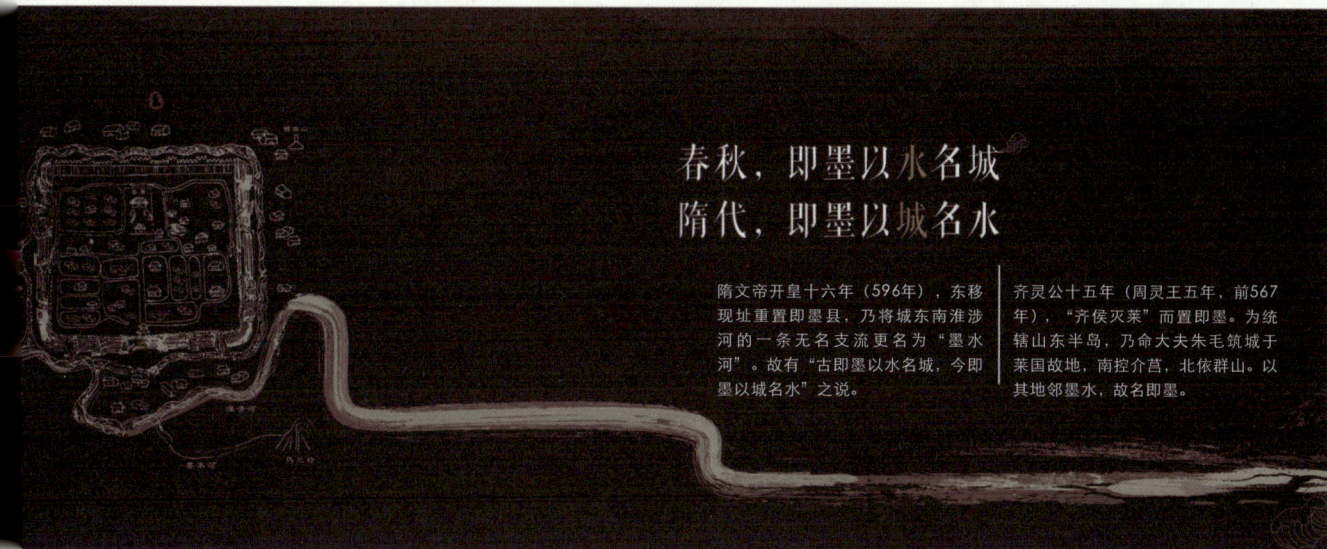

春秋，即墨以水名城
隋代，即墨以城名水

隋文帝开皇十六年（596年），东移现址重置即墨县，乃将城东南淮涉河的一条无名支流更名为"墨水河"。故有"古即墨以水名城，今即墨以城名水"之说。

齐灵公十五年（周灵王五年，前567年），"齐侯灭莱"而置即墨。为统辖山东半岛，乃命大夫朱毛筑城于莱国故地，南控介营，北依群山。以其地邻墨水，故名即墨。

宋铜质即墨县印印谱

宋铜质即墨县印

　　此印为即墨县衙所用之官印，1978年春出土于旧即墨城西门瓮城区域。铜印为方形，印面边长5.5厘米，钮截面为2.7厘米×1.1厘米，重300克。

即墨县衙旧址

　　即墨县衙初置于宋。元顺帝至正十一年（1351年）即墨恢复建制后，县尹董守中重建县衙（知县署）于城中正北。历经元明清以至民国600年间，均为即墨县治所，先后十余次修扩建，形成一个完整的县衙建筑群，中路为县衙主体，大堂—二堂—三堂层次等级分明，布局严整。即墨县衙是山东省现在仅存的一至三堂俱在的老县署，现为山东省级文物保护单位。

唐宋遗珍

白陶圆桶（唐）

铜镜（唐）

铜镜（宋）

四系罐（宋）

（二）道教文化兴盛

宋代，即墨地区经济发达，道教文化兴盛。宋太祖敕封刘若拙为"华盖真人"，敕建太平兴国院（今太平宫）于崂山上苑峰下。刘若拙仙逝后，葬于即墨县城东关之高真宫前。全真教代表人物丘处机、李灵仙、徐复阳等人俱曾在此传法布道。

金元之际，全真道在即墨东境之崂山实现了盛大集结，作为崂山道教体系的内在组成部分，鹤山成为全真道的重要活动基地。

刘若拙墓

鹤山遇真宫

五、明清纪事——千年商都的再度辉煌

明清时期，即墨政治相对稳定，经济亦趋繁荣，古老名县得以重兴复苏。

当其时，士绅阶层崛起，周、黄、蓝、杨、郭等望族人才辈出，或因文笔千古留名，或以忠义青史流芳。蓝章、蓝田父子先后为朝廷御史，皆以刚正敢言著称。杨良臣，为人重孝讲义，为政宽厚爱民，实无愧良臣之称。兵部尚书加太子少保黄嘉善总督三边，功绩卓著，褒赠"四世一品"，诰赐特进光禄大夫、上柱国、太保。名士周如砥曾出任明万历一朝（1573—1620年）的国子监祭酒，史书称其"以文章名天下"，言"天下士多出其门"。郭琇以清正为官出名，是康熙年间（1662—1722年）最负声望的"骨鲠大臣"之一，三疏震动朝野。李毓昌反贪拒腐遭杀害，嘉庆皇帝亲制《悯忠诗》30韵，刻石立于其墓前，以旌其所为。

馆藏朱元璋画像

磁州窑黑釉瓜棱纹小口罐

铜耳环

白釉瓜棱执壶

铜镜

东障墓群M2号墓葬

律吕正声

王邦直，字子鱼，号东溟，即墨人，汉谏大夫王吉的后裔，明朝著名音律学家。明嘉靖年间（1521—1566年），他以通晓经义荐为岁贡，出任北直隶盐山县（今属河北省）县丞，为官耿直廉洁，因上疏举十弊得罪权贵，罢官后，返归故里，潜心研究音乐理论，继往圣之绝学，历20载而著成《律吕正声》60卷。万历年间（1573—1620年），《律吕正声》入国史馆收藏；后载入《明史·艺文志》和《皇明经世文编》，收入《四库全书》；《山东通志》《即墨县志》及王士禛《池北偶谈》等典籍中也均有记载。王邦直在音乐史上享有着崇高地位，所著《律吕正声》主

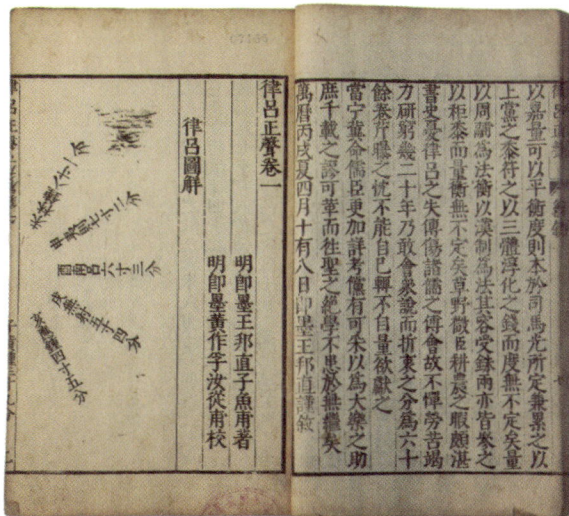

《律吕正声》卷一

要包括律政关系、律历关系和律学体系三个部分，援引浩繁，论说精辟，梳理了我国声律学的发展历史，完善了律吕相应等诸多声乐学说。翰林周如砥尝上其书于史馆，李维桢则以"孔子自卫反鲁，使《雅》《颂》得所"相比衬而誉之。王邦直在世界上最早建立起了完整的律学思想体系，比世界上公认的"十二平均率"创始人朱载堉在《乐律全书》中提到的律学思想早30年以上，比德国音乐家巴赫的律学思想早145年，缘此而隐现的东西方文化对话耐人寻味。《律吕正声》作为世界音乐文化史上的一个经典著作而具有普世性内涵，彪炳中西音乐史。即墨博物馆所藏《律吕正声》为国家二级文物，具有重要的历史文化价值，见证了明清时期即墨文化的传世荣光。

明王邦直撰《律吕正声》

即墨明代卫所分布图

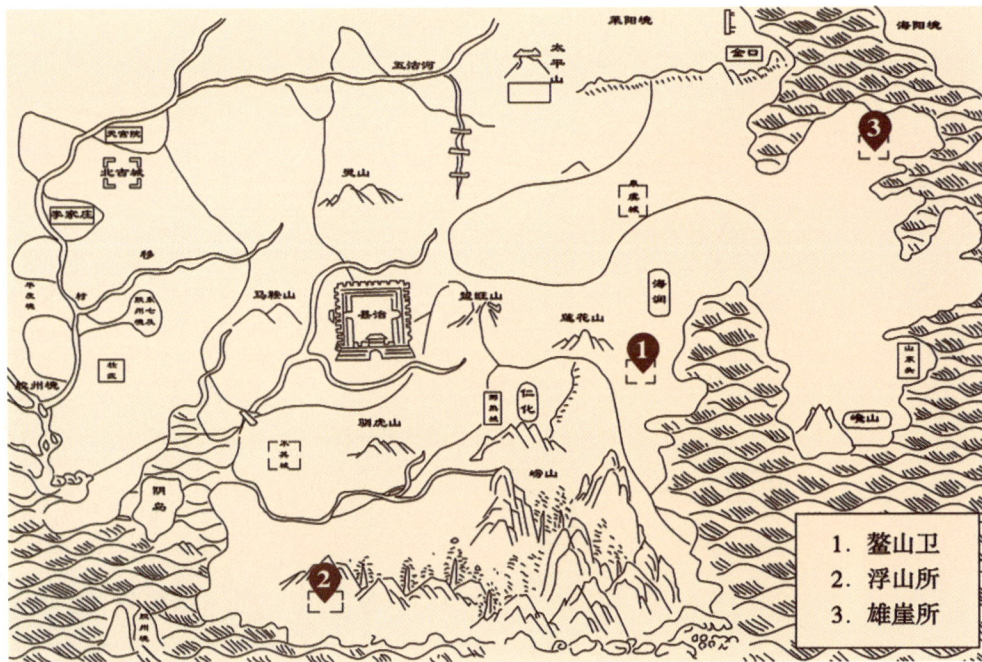

1. 鳌山卫
2. 浮山所
3. 雄崖所

（一）明代卫所

明初，为抵御倭寇而实施卫所制度。明廷在即墨东境设置鳌山卫，下辖雄崖守御千户所（所城位于今青岛市即墨区田横镇雄崖所）和浮山备御千户所（所城位于今青岛市市南区浮山所），即墨由此而成为海防重镇。洪武二十一年（1388年），魏国公徐辉祖派指挥佥事廉高来鳌山卫筑城驻军。大批军户和民户相继移居即墨，之后随着海运港口的开通，即墨地区的经济得到了恢复和发展，逐渐走上繁荣。清雍正十二年（1734年）裁撤卫所，居民及土地并归即墨县。

（二）万历知县——许铤

许铤，号静峰，北直隶武清（今属天津市）人，进士出身。明万历六年（1578年），许铤出任即墨知县。他积极整顿吏治、招募流民，开垦荒田、修筑海堤、发展贸易，上疏整顿军备、发展海上贸易。另外，他还主持编修了即墨历史上的第一部县志《即墨志》。

明万历版《即墨志》关于许铤的记载

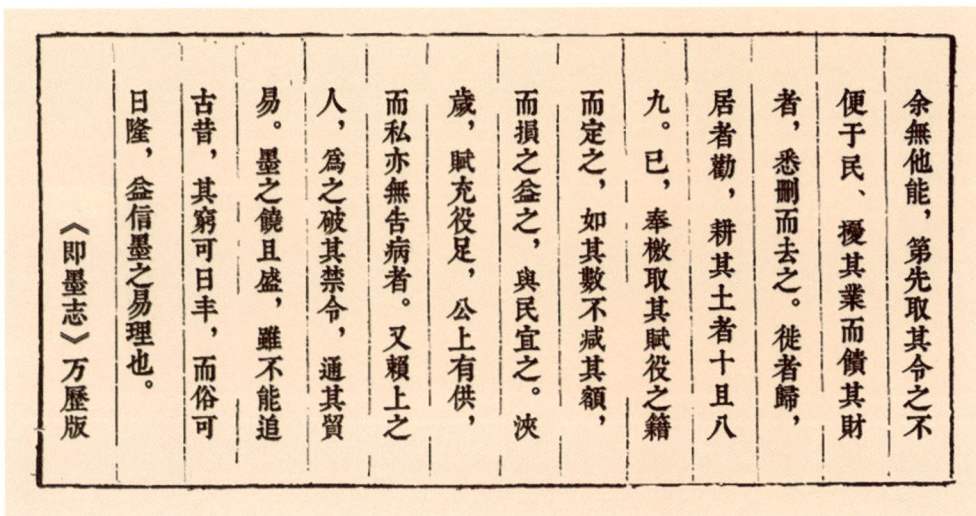

《即墨志》万歷版

余无他能，第先取其令之不便于民、扰其业而馘其财者，悉删而去之。徙者归，居者劝，耕其土者十且八九。已，奉檄取其赋役之籍而定之，如其数不减其额，而损之盆之，与民宜之。浃岁，赋充役足，公上有供，而私亦无告病者。又赖上之人，为之破其禁令，通其贸易。墨之饶且盛，虽不能追古昔，其穷可日丰，而俗可日隆，金信墨之易理也。

金口天后宫

（三）即墨三口

明万历年间（1573—1620年），即墨县令许铤上疏议开三口通商。缘此，海禁渐开，金家口（亦称金口）、女姑口和青岛口出现了较为发达的海上交通贸易，象征着海禁时代王朝之门的相对开启。至清乾隆年间（1736—1796年），金口港出现了通四海、达三江的繁荣景象，南客北旅，往来不暇，每天进出港的船只上百艘，人口超过两万，成为北方著名的通商口岸。当时，南北客商捐资在金口建起了天后宫，至今尚存，为山东境内规模最大的天后宫。

金口古街

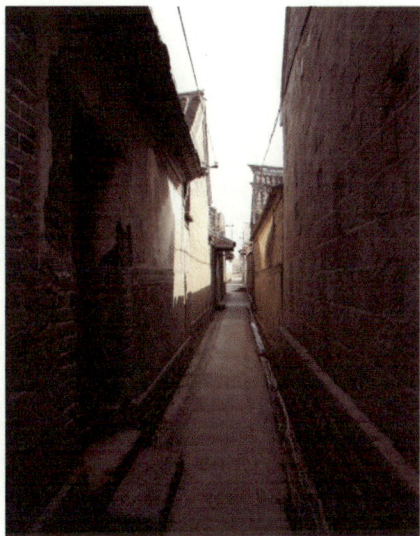

凤凰古街

金口港盛极一时，成为海运与贸易重镇，街市缘此而繁荣。当其时，凤凰村房氏依托毗邻金口商港的优势，经商获得丰厚利润，遂重视文教，捐官买爵，渐成当地名门望族。凤凰村存有大量传统民居，其中不少出自房氏一族。明清两朝，从这里走出的大学生有46名，七品以上的官员有28位。

（四）望族文化

明清时期即墨望族勃兴，周、黄、蓝、杨、郭"五大家族"妇孺皆知。研究即墨明清时期的历史，"五大家族"是一个绕不开的话题，也是即墨人津津乐道的话题。五大家族在明清时期，或以学识扬名宇内，或以官职显名于世，每个家族都有自己的代表人物，而且围绕着这些代表人物又生发出许多脍炙人口、在民间广为流传的故事。五大家族以科宦兴族，为官清廉，青史留名。自隋开科举，至金朝，即墨始出孙仁鉴、孙仁杰两位进士；至明洪武十八年（1385年），即墨又出了侯庸、吕让两位进士；直到明成化二十年（1484年），即墨才有了历史上的第五位进士蓝章。此后，"五大家族"人才辈出，特别是清官廉吏更是不断涌现。明清两朝，即墨共考中进士71人。其中，五大望族即有35人，大小官吏近700人。

即墨文庙

即墨城旧影

1. 周氏家族

明初洪武年间（1368—1398年），周氏家族由河南汝南迁来即墨。明清两朝，周氏家族共出进士16人。周氏家族的代表人物周如砥以文章名天下，官至国子监祭酒，成为明朝最高学府掌门人，遂享有"天下士多出其门"的盛誉。

即墨古城内，立有"恩宠宪臣坊"，以彰显周氏家族的历史荣耀。

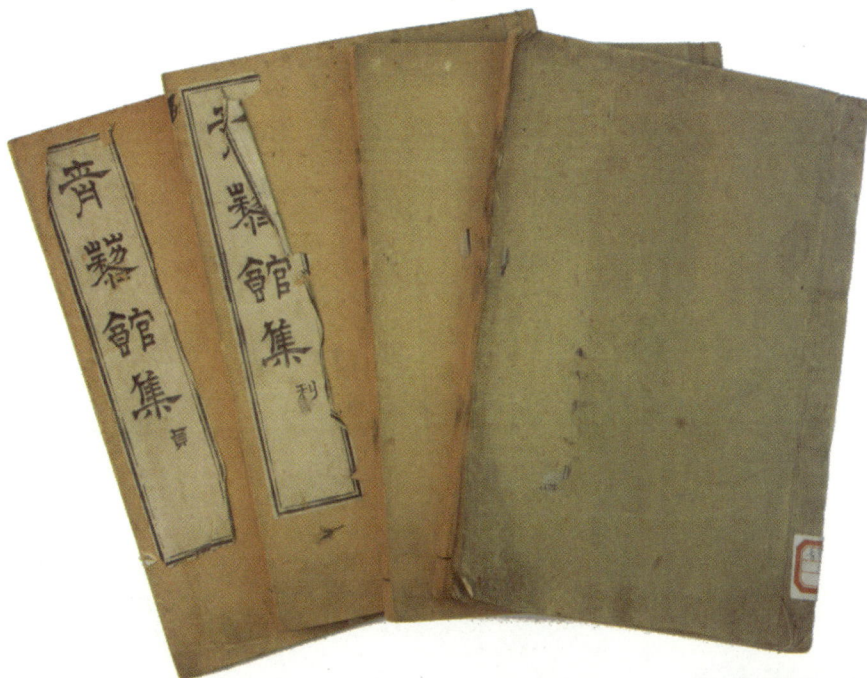

周如砥《青黎馆集》刻本

恩宠宪臣坊

2. 黄氏家族

明永乐年间（1403—1424年），黄氏家族由青州迁来即墨安居。从明嘉靖年间（1521—1566年）到清光绪二十九年（1903年）的300多年中，即墨黄氏共出了8名进士，其中包括敢与奸相严嵩对着干的黄作孚、兵部尚书黄嘉善、铁面御史黄宗昌和"黄培文字狱案"的主角黄培。

即墨古城内，立有"四世一品坊"，以彰显黄氏家族的历史荣耀。

明绢本黄宗昌画像立轴

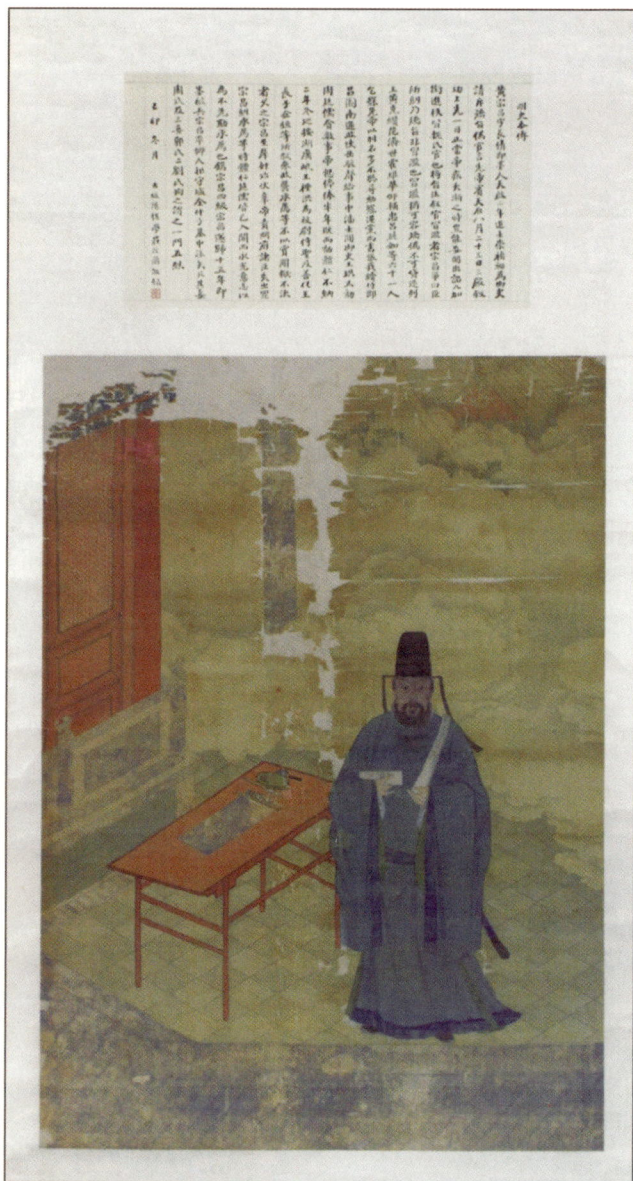

四世一品坊

3. 蓝氏家族

南宋咸淳年间（1265—1274年），蓝氏家族由昌阳（今山东莱阳）迁来即墨。明清两朝，蓝氏家族共出5位进士和9位举人。尤其值得称道的是，蓝氏家族有上百人入仕，无一人贪腐，缘此而尊享清正廉洁之口碑。蓝氏家族的代表人物首推蓝章、蓝田父子，两人皆为御史，皆为谏言铮臣。蓝章曾任陕西巡抚，蓝田曾任陕西巡按。当时，陕西地区曾广泛传有这样一条民谣："一按一抚，一子一父，虏不犯边，民得安堵。"

即墨古城内，立有"父子御史坊"，以彰显蓝氏家族的历史荣耀。

明绢本蓝章画像中堂

父子御史坊

4.杨氏家族

宋神宗年间（1067—1085年），杨氏家族由浙江秀水迁居即墨。从明初到清末的400余年中，即墨杨氏共出过5名进士和12名举人，成为声名显赫的官宦世家，留下了杨良臣单骑抚"寇"、杨盐不媚上官、杨遇吉乞兵解围即墨城等佳话。

即墨古城内，立有"世步青云坊"，以彰显杨氏家族的历史荣耀。

明绢本杨太原公（良臣）像中堂

世步青云坊

5. 郭氏家族

明永乐（1403—1424年）初年，郭氏家族由青州枣园迁来即墨。历史上，郭氏家族最耀眼的莫过于郭琇，他于清康熙年间写下震惊天下的"三大疏"——《参河臣疏》《纠大臣疏》《参近臣疏》，弹劾朝中权贵，一时声震朝野，连升五级，官至湖广总督。虽曾两次被贬，却青史留名。"直道难行，不其然哉？"《清史稿》留下这样的感叹。

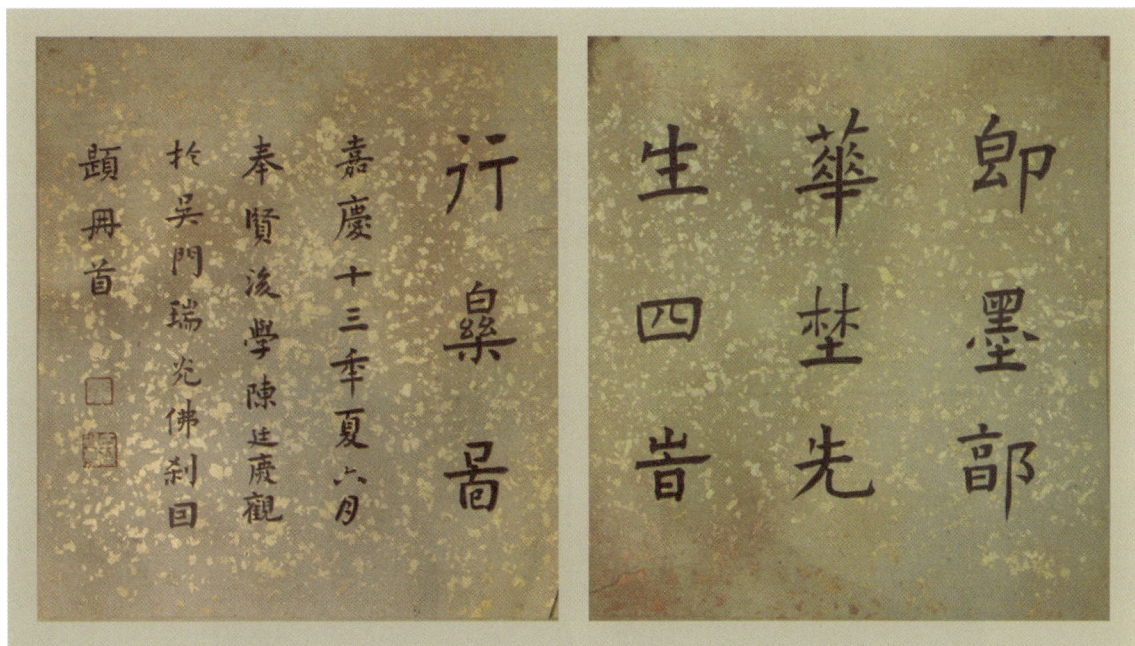

清绢本郭琇《四时行乐图》册页题跋

七品立门

传郭琇出生时，天降大雨，当时正路过郭家的即墨县令和县丞在郭琇家门楼下暂避。郭琇生下来后，他的奶奶出来挂令枝子，县官随口赞道："这孩子出生时候，两个七品官为他护门，将来一定不低于七品官。"郭琇奶奶以为品越少官级越小，谦虚地说："别说七品，有一品也好啊！"后来，郭琇官至左都御史，正是从一品大员。

泽周壮武

　　天井山龙王庙前的龙池内，存有自明朝以来僧人、道士以及大小官吏敬年制的"龙牌"多面。传说每遇天旱，只要取出其中任意一面，设坛求雨，必然灵验。相传清光绪十年（1884年），北京地区大旱，慈禧命人前往即墨天井山取龙牌求雨，果真灵验。光绪帝敕封天井山龙王为"九江王"，慈禧亲笔题写匾额"泽周壮武"悬挂于龙王庙内。

龙牌

天井山龙王庙

六、民族壮歌——历史风云中的近现代即墨

晚清风雨飘摇，西方列强用坚船利炮打开了中国的大门，蚕食中国的土地，中国文化受到了西方文化的剧烈冲击，中华民族面临空前的民族危机，中国历史陷入了"三千年未有之变局"。1897年11月14日，德国远东舰队在青岛口登陆。1898年3月，随着中德《胶澳租借条约》的签署，原属即墨县的青岛沦为德国殖民地，开始了近代化与城市化的进程。

中国共产党诞生以后，工人运动星火燎原。在抗日战争和解放战争时期，即墨人民前仆后继，英勇奋斗，谱写了一曲曲气贯长虹的民族壮歌。

（一）晚清风云

胶州湾为天然良港，海防要冲，其东岸及北岸区域原属即墨县辖地，青岛口即坐落其间。1891年，清廷派登州镇总兵章高元率清兵四营驻防青岛。德国对胶州湾垂涎已久，早先地理地质学家李希霍芬考察中国，谋定胶州湾。1896年8月，德远东舰队司令梯尔匹茨来胶州湾窥探。1897年2月，河海工程专家弗朗裘斯来山东，对胶州湾的形势、面积、水土性质、风俗民情及资源等进行调查，制订了详尽的开发计划，上报德皇威廉二世，为占领胶澳做好了充分准备。

青岛口

位于青岛口东北岸的清总兵衙门

1. 德占胶澳

1897年11月4日，德国以"巨野教案"为借口占领青岛，其远东舰队在栈桥登陆，随后迅速占领了总兵衙门、炮台和兵营等战略要地，迫使清军退至四方村。腐败的清政府面对德国大兵压境，一味退让，未做抵抗，不到半个月时间，德军即占领了胶澳地区。1898年3月，德国迫使清政府签订了《胶澳租界条约》，将即墨南部的仁化乡及胶州湾沿海一带划为胶澳租界。从此，原属即墨县的胶澳地区沦为德国殖民地。1914年第一次世界大战期间，胶澳地区又为日本占领。至1922年，中国政府收回青岛，置胶澳商埠。

从信号山眺望青岛湾

中德《胶澳租借条约》

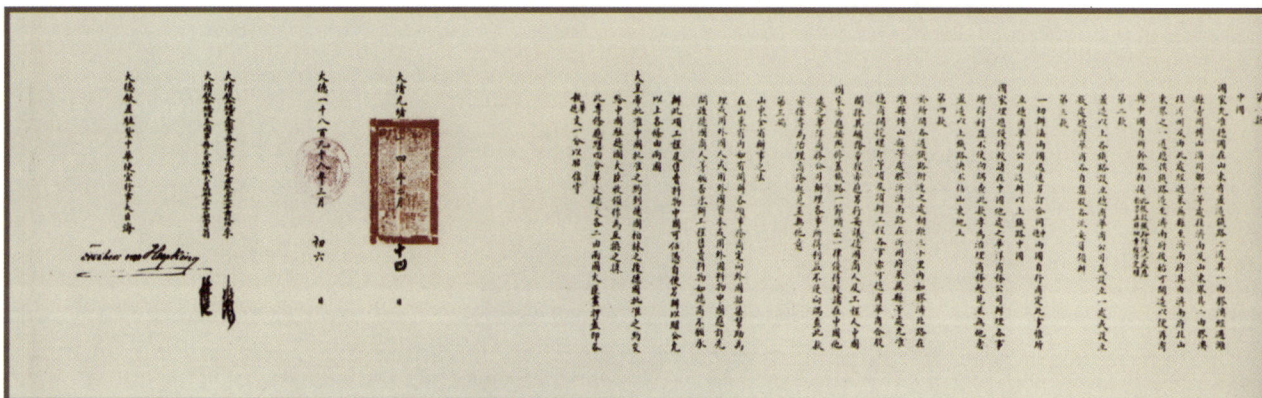

即墨文庙门前旧影

2. 侵扰即墨

1898年1月22日（农历正月初一），驻胶澳德军五六百人突然侵入即墨县城，驻扎于文庙和西关商户店铺内，强迫即墨知县朱衣绣交出地丁册籍和地方志书，朱衣绣以未奉上谕不敢擅专而拒绝。两天后，一名在县城西门站岗巡逻的德兵因酗酒滋事，被居民李象凤杀死。事发后，德军于深夜闯入县署，扣押知县并逼迫其将李象凤擒拿处死。同年2月初，德军撤回胶澳驻地。德兵此次侵扰即墨城，不仅劫去大量财物，还将文庙中圣像的四体破坏，将先贤仲子的双目挖去。之后，知县朱衣绣只将李象凤杀死德兵一事据实上禀，而对德兵毁坏圣像一事却匿而不报。

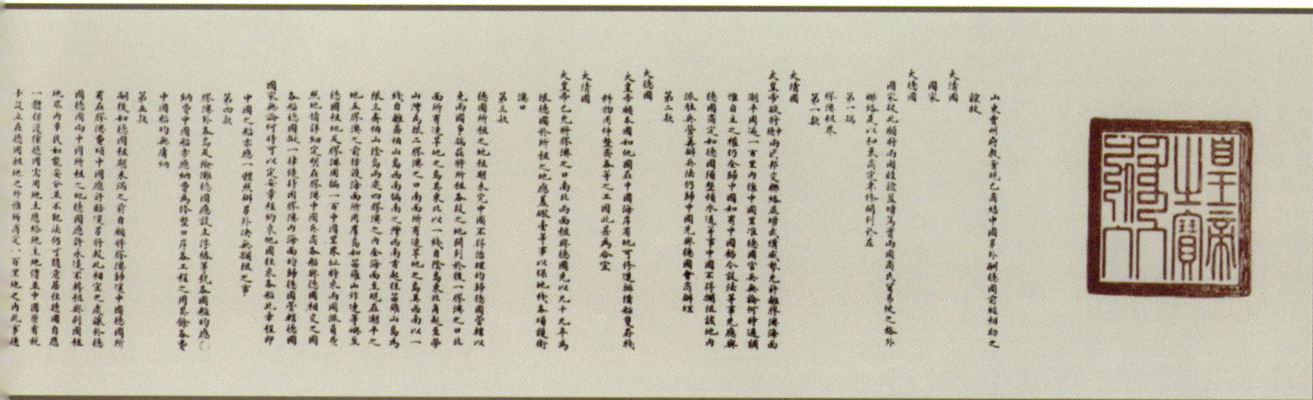

恭頌

朝議大夫邑侯宇翁王老公祖大人退兵碑記

昔者武城化洽窦兀不齊之碑峴谷勛高峋嶁叔子之石自來豐功偉績被其澤者往往抒其事實勒之琛珉以誌終不可諠之意而況拜一邑之兵災作萬家之生佛者乎庚子夏間拳匪肇亂中外失和各國

聯軍合攻

京師白馬氣流紅羊劫急直隸全疆悉為震動東省與直境毗連風聲鶴唳到處訛傳即墨近為德國租界德督以搜捕拳匪派馬步隊駐紮墨城一軍猝到四境皆驚逃避之民紛紛遷徙邑侯許公涵敬偕少尉丁公其昌極意拜縫於戎馬倉皇中苦心籌畫會集紳董同詣德營與德國官弁委婉周旋多方酬應閭閻始免鋒鏑之禍未幾警報達省中丞袁公恐釀成巨變塗炭生靈爰命兩司選擇能員兩司以王公萬甡精嫻譯務兼具長才前服官皖省辦理交涉適王十年素為西人信服講信修睦非公莫能勝任遂亟委之奉檄聯夜星馳抵境接篆後與德國統領杯盤交會晉接雍容一面致書膠澳總督請速撤兵援引公法約章反覆辯論如得鑰啟關迎機而解德人以公輯和有道措置得宜即日撤兵是役也廉車甫到環堵皆安以視郭汾陽之見回紇班定遠之靖西域其神速無以加茲邑中父老歌頌功德備誌巔末庶偕周黍召棠同為千秋不朽云爾

光緒二十七年四月吉日 闔邑紳民敬誌

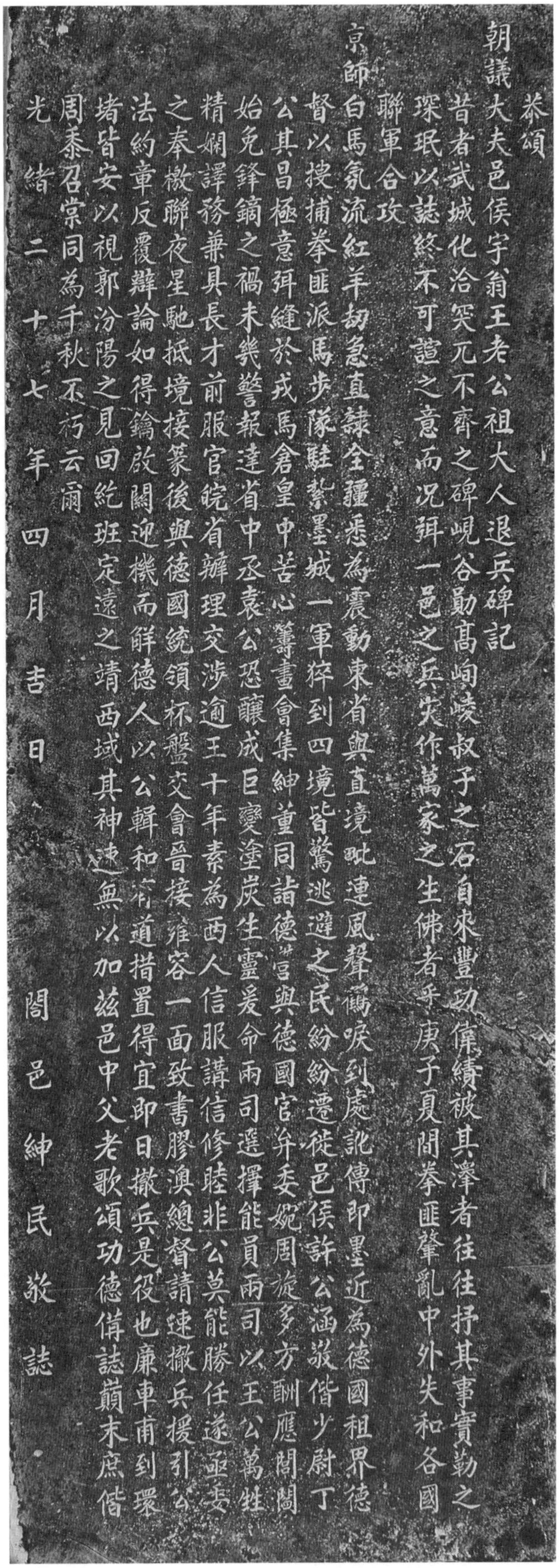

《朝议大夫邑侯宇翁王老公祖大人退兵碑记》拓片

当年春，适逢戊戌科会试，各地举人云集北京。4月22日，即墨举人黄象毂串联103名山东举人，联名上书都察院，告发德兵毁坏即墨文庙圣像一事。同时，赴京会试的孔孟后裔孔广寒、孟昭武等17人亦联名签署《为残毁圣像，任意作践，公恳据情代奏折》上陈都察院。一时间，京师舆论哗然，各地举人纷纷上书要求惩办肇事者。德占胶澳暨侵扰即墨、毁坏文庙事件，为维新变法起推波助澜的作用。清政府在舆论的压力下，不得不向德国交涉，着驻胶澳之德军首领向我方赔礼道歉。即墨知县朱衣绣也因对此事匿而不报被革职。当年6月11日，戊戌变法正式启幕。

1900年7月30日，德军再度突袭即墨县城，知县许涵敬命令将城门关闭。德兵从东门城墙爬入城内，并鸣枪示警。居民赵启刚走出家门，即遭德军枪杀。随后德军闯入县署，挟持知县见其长官。知县许涵敬据理与德军争辩，德军才暂时退去。31日，德兵百余人由敌酋舒来率领再次闯入县署，勒索白银4 000余两，然后离去。随后，山东巡抚 袁世凯命两司选取精通洋务的王万甡接任即墨县令，与德人交涉。几经辩论，终于说服德国撤兵，终使即墨免于战火涂炭。

3. 抗德斗争

德国侵略者为修筑胶济铁路，强买民田，迁坟移屋，引起沿路居民愤慨。即墨南泉、蓝村一带居民自发组织了大刀会，驱赶丈量人员，拔掉路标，袭击驻南泉的德军。1900年9月，德军准备血洗大刀会驻地戴家庄，遭到大刀会的阻击，便疯狂地枪杀民众，炮轰村庄。大刀会首领戴秀珍不幸中弹身亡，大刀会众义愤填膺，憾终抵不住德军的洋枪洋炮。在掩护戴家庄群众安全转移后，大刀会主动撤出战斗。此次战斗中，有13名大刀会众壮烈牺牲，4人负伤。

4. 抗清起义

1911年10月10日，武昌起义爆发，吹响了推翻封建帝制的号角。1912年1月，同盟会会员周敦恂、陈献堂、隋子孚、宋兆麟等人于即墨成立保安会，响应辛亥革命。27日，保安会率众占领县署，驱逐知县张同皋，组织了临时领导机构。后来，遭清军镇压，起义失败。

烈士碑拓片

（二）日占青岛和即墨

1914年7月，第一次世界大战爆发。9月，日英联军进攻驻守胶州湾的德国军队。战争中，即墨沦为主要战场和日英联军中转基地。当时目击者周浩业记载："方日本之初至墨也，在城南花园为粮仓，运兵运饷，昼夜不绝。城东南村庄，蹂躏不堪言状。幸县长曹公应变有方，城中未住日兵。""沿途征伕役，占据民房，收管邮政。"9月15日，由龙口登陆的一队日军窜抵即墨西北乡毛家岭村，抢劫财物，奸淫妇女。村民奋起反抗，被打死打伤10余人，抓走5人，全村36户164间房屋被纵火焚烧一尽。日军盘踞仰口，经常四处奸淫掳掠。清末举人张绍价所撰《张烈妇碑文》揭露了日军残害妇女的暴行："甲寅之秋，德日构兵，吾邑人横死者多矣。而张烈妇袁氏之死，尤为惨烈云。烈妇，即墨河西村袁象潇之女，阎家村张承炳之妻，十八而于归，廿二而遇难。当日军之入境也，居民纷纷窜匿。烈女避之某村，突遇数兵逼之，大骂坚拒不从。临以兵，骂愈厉。乱刃交下，肢残腹裂。妊子八九月，男也，将诞也。见者皆欷歔太息泣下。"日德战争中，即墨人民生命和财产遭到巨大损害。青岛市郊附近二三十里内外的民房多半毁于炮火，居民死伤无数。

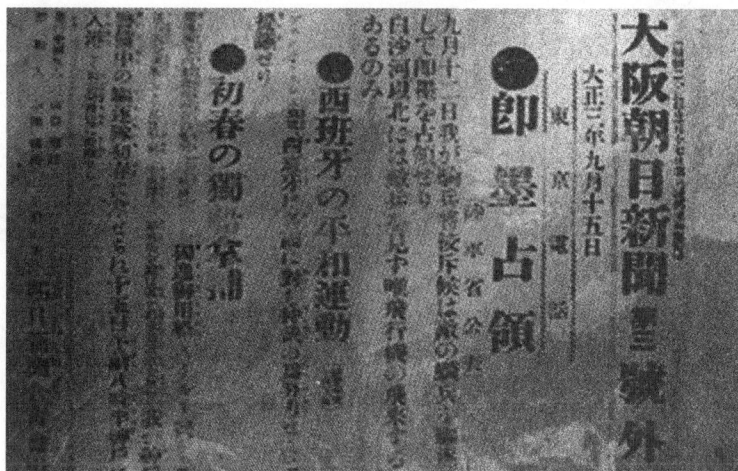

《朝日新闻》日军占领即墨的报道

（三）抗战烽火

1. 党领导的即墨抗战

1937年7月7日，抗日战争全面爆发。1938年1月10日，日军占领青岛，国民党官员弃城而逃。数日后，侵华日军占领即墨城。即墨的共产党员、民先队员等有识之士，纷纷树起抗日旗帜，先后建立起十几支抗日游击武装。1938年2月，共产党员袁超在袁家屯组建了中国人民抗日救国军第三军第七大队。3月9日，民先队员周浩然率即墨抗日义勇军联合国民党第九区队于集旺疃村之三官庙伏击日军，毙敌10余人，打响了共产党领导即墨人民抗击日本侵略军的第一枪。1939年7月，中共即墨县委成立，吴善堂任县委书记。为发动群众抗日救国，县委委员周浩然、陈鹤义、李翰西等相继壮烈牺牲。中共即墨县委的成立是即墨革命史上的重大转折点，在党的统一领导下，吴家岭、泉上、袁家屯、青中埠等四个党的活动基点从东到西连成一片。1942年3月，中共即墨县委在朱家庄组建胶即大队（后改编为即墨县大队），配合八路军主力展开了游击战，多次击退日伪军扫荡，摧毁了部分伪基层政权，初步扭转了即墨局势。1942年初，日军残酷

袁超　　　　　　　　　周浩然　　　　　　　　　吴善堂

中共即墨县委在吴家岭成立会址

实行以杀光、烧光、抢光为主的治安强化运动，即墨抗日斗争进入最困难时期。即墨县委审时度势，制定了"长期埋伏、积蓄力量、等待时机"的方针，决定实行战略转移，在移风店一带开辟西北抗日根据地。1943年8月，党领导的即东县特务二连挺进崂山。1944年8月，即墨独立营与移风区民兵联合作战，拔掉移风店的日伪据点，使即墨西北边区根据地与平度抗日根据地连成一片。1945年，我抗日武装发起春季攻势和夏季攻势，攻克了牛齐埠、皋虞、满贡等日伪据点。至1945年抗日战争胜利，根据地军民同日伪顽进行了20余次较大战斗，歼灭日伪军1500余人。

2. 即墨第一次解放

1945年8月15日，日本投降。胶东军区在前线指挥许世友、政委林浩率领下发起进攻，南线部队自海阳、莱阳进入即墨，攻克了鳌山卫、窝洛子、蓝村与南泉火车站等据点，对即墨城形成包围之势。1945年8月26日，攻城部队全线出击，激战三个多小时，全歼守敌——山东保安第三十四旅，消灭日伪军3 000余人。即墨城宣告解放，日本占领即墨长达八年的历史结束了。

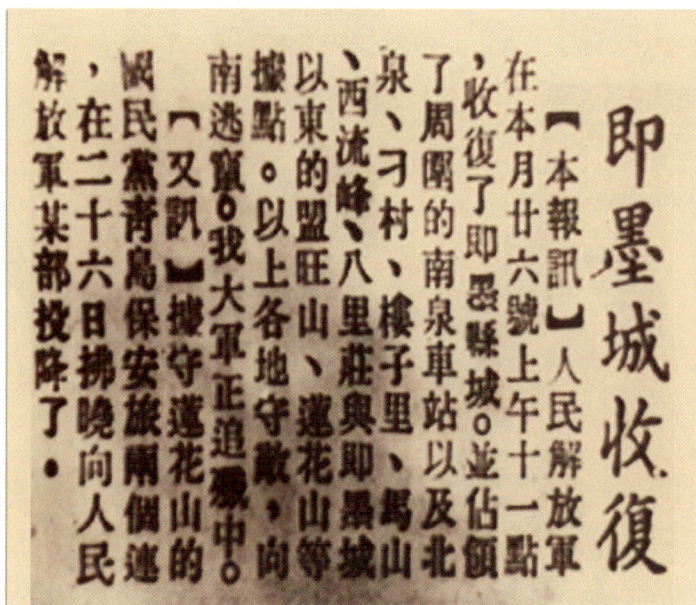

（四）解放战争

1. 国民党驻军破坏和平

抗日战争胜利后，中国人民迫切需要一个休养生息、重建家园的和平环境。然蒋介石实行独裁统治，急于抢占胜利果实，在美国政府支持下，上演了一出美蒋日伪合流的丑剧。1945年8月18日，蒋介石任命国民党青岛保安队大队长李先良为青岛市市长。李先良收编汉奸队伍，任命赵保原为暂编第十二师师长。9月6日，青岛警备第十二旅占领即墨城，即墨人民再次陷入国民党反动派的黑暗统治。1946年1月10日，国共双方达成停战协议。但国民党驻军依然制造事端，破坏和平。2月，驻即墨城的国民党姚子栋部公然破坏停战协议，开枪打死我军驻城区执行任务的宋排长。国民党在农村实行白色恐怖政策，先后在即墨和即东县制造多起惨案，杀害区乡村干部群众数百人。中共即墨、即东两县县委为揭露国民党破坏停战协议的罪行，发动群众数千人举行围城游行示威。

2. 解放前开展反奸诉苦、土地改革

抗日战争胜利后，在党领导的解放区内，建立了人民政权。1946年4月，中共即墨、即东县委根据农民的愿望，开展了声势浩大的反奸诉苦、清算和减租减息的群众运动。即墨县的七级、挪城、马山、灵山等区200多个村庄，数万名群众参加了控诉汉奸、恶霸罪行的运动。即东县在12个区348个村庄全面展开，10余万群众参加了讲理斗争会，群众纷纷索回被非法剥削的财产和土地。

宣传土改政策

青年踊跃参军

3. 即墨城第二次解放

根据山东军区部署，胶东军区为取得作战主动权，先后攻克胶济线东段的胶县、高密，击毙了罪恶累累的汉奸赵保原。1946年6月7日，南海军分区司令员贾若瑜率部向盘踞在蓝村的保安第十六旅李德元部发起攻击。9日晨，攻占蓝村核心围堡，再度形成对即墨城的包围之势。12日，

贾若瑜和政委廖海光率南海独立团和华东军区警备第四旅第八团驰抵即墨城下，随即扫清外围据点。14日发起攻城战斗，守敌于16日下午弃城南逃，我军预先埋伏部队将残敌一举歼灭。即墨城再次解放。国民党驻青岛守敌不甘失败，组织数倍于我军兵力进行反攻，敌我双方展开拉锯战。当年7月2日，即墨城被国民党第五十四军重新占据。

1946年6月16日，我军第二次攻占即墨

4. 同仇敌忾，粉碎国民党重点进攻

1947年春，国民党发动的全面进攻被彻底粉碎后，被迫改为重点进攻陕北和山东两个解放区。驻守青岛、即墨的国民党军队纠集保安团、乡队武装及还乡团万余人，分三路向即墨和即东解放区进犯。在不到两个月的时间内，还乡团在即墨的青中埠、大坝等村，在即东的洼里、小乔等区村，用惨无人道的手段，杀害我党员干部、进步群众1 117人（其中即墨367人，即东750人）。

部队打胜仗，人民是靠山，在解放即墨、青岛的历次战斗中，中共即墨、即东县委在战前都广泛发动群众踊跃支援前线，成为主力部队取得胜利的坚强后盾，为粉碎国民党军队的重点进攻，为取得解放战争的胜利做出了重大贡献。

支前民工趟过墨水河

山东军区，所有意见同意对青岛举行威胁性攻击第一步集中一个团对若干据点试行攻击得手后看情形再决第二步行动，其目的是迫使敌人早日撤退我军占领青岛但又要避免与美军作战（此点无论如何要注意）
军委
卯養

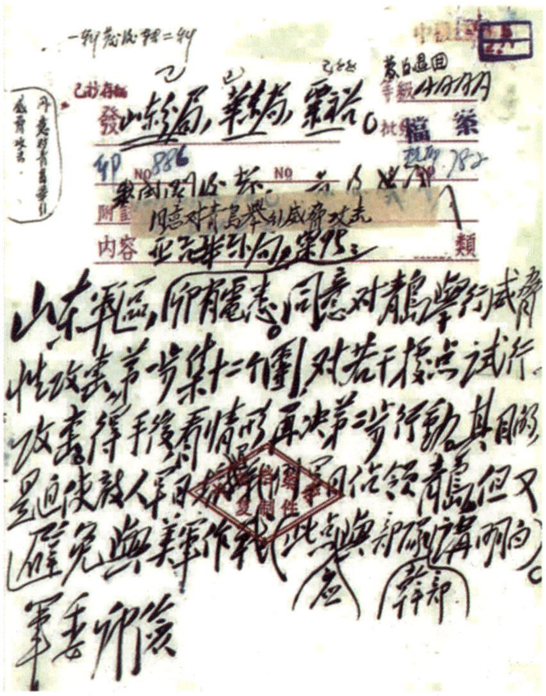

毛泽东主席亲自拟定的青即战役电报回复

5. 即墨城第三次解放

1949年4月，中共中央军委决定发起青即战役，由许世友任总指挥，毛泽东主席亲自起草了青即战役电文。5月3日，人民解放军三路大军云集即墨与即东境内，青即战役正式打响。首战灵山，大获全胜。翌日，再战上疃，高歌猛进。灵山、上疃被攻克，标志着国民党青岛守军精心构筑的三道防线的外围防线土崩瓦解。5月26日，解放军第九十四师、第九十五师、华东军区警备第四旅攻占即墨城；5月31日，即墨全境解放。6月2日，青岛解放。从此，在中国共产党的领导下，即墨与青岛开启了历史新纪元。

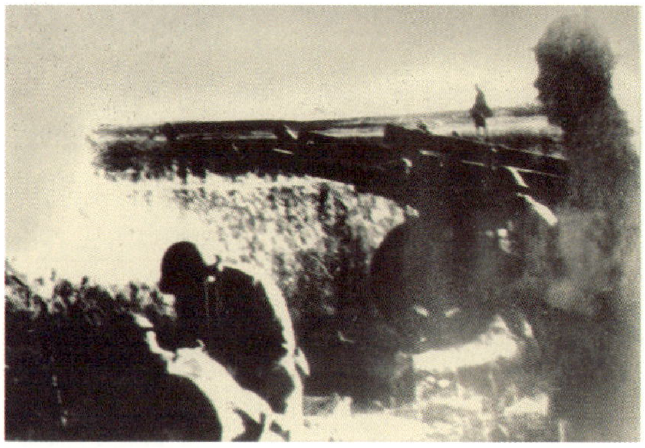

青即战役灵山之战

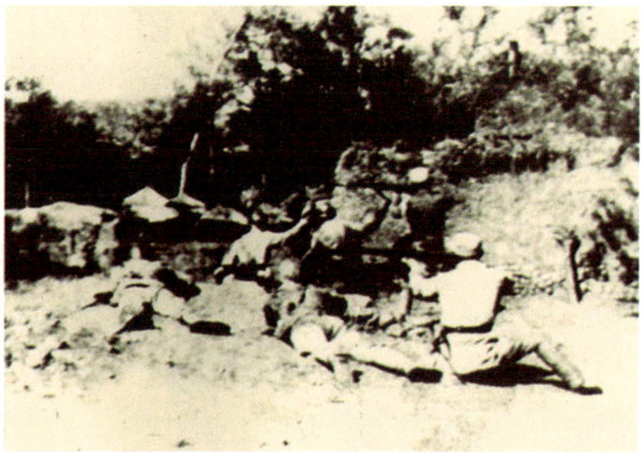

青即战役上疃之战

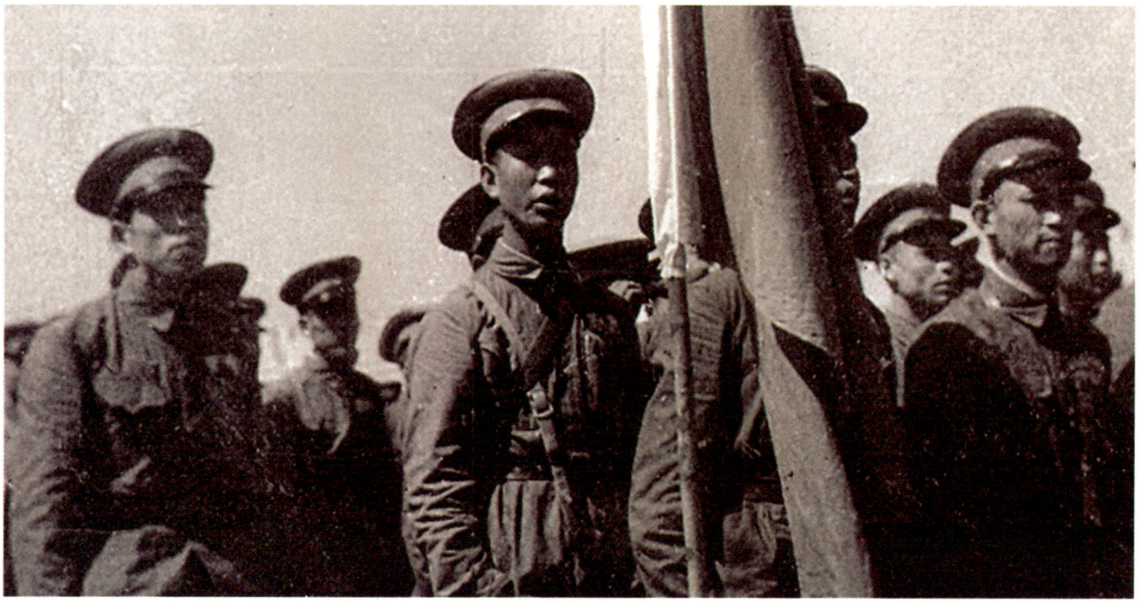

青即战役后驻防青岛的华东军区警备第四旅

浅析博物馆选址应注意的几个问题

◯ 毛洪东 项 项 魏 菲

2013年11月，党的十八届三中全会审议通过了《中共中央关于全面深化改革若干重大问题的决定》，提出了深化文化体制改革，加快完善文化管理体制和文化生产经营体制，建立健全现代公共文化服务体系、现代文化市场体系，推动社会主义文化大发展大繁荣的宏伟目标。围绕党中央文化建设的要求和目标，各级政府纷纷加大对文化设施的投入，各地博物馆纷纷进行设施改造和新馆建设。

一、博物馆选址的重要性

2015年中华人民共和国国务院颁布的《博物馆条例》规定，博物馆"是指以教育、研究和欣赏为目的，收藏、保护并向公众展示人类活动和自然环境的见证物，经登记管理机关依法登记的非营利组织"。可见，博物馆是一个集文物的收藏、修复、研究、展示以及民众的教育服务于一体的社会服务机构。博物馆自身的定位与功能决定了周边的环境直接影响着博物馆各项工作的开展，因此博物馆选址要充分考虑周边的环境。

所谓博物馆选址，是在城市某一特定区域内为规划建设的博物馆选择一处合适的位置。选址是博物馆建设的首要问题。作为一个城市的地标性建筑，建造位置合理，环境合适的博物馆，不仅有利于发挥博物馆保护文物、传承历史文化与文明的作用，更会对一个城市的历史文化风貌和整体功能布局产生影响，因此博物馆的选址工作需要慎之又慎。

二、自然环境的选择

自然环境是指环绕在人们周围的各种自然因素的总和。构成自然环境的物质种类主要有空气、水、植物、动物、土壤、岩石矿物、太阳辐射等。具体到博物馆选址，我们应主要考察该地段的温度、相对湿度、光线辐射、空气污染、噪音、微振动和生物等方面。对于一个城市来说，不同地段的自然环境是存在一定差异的，在进行博物馆选址时我们要基于博物馆藏品保存的要求，避免不利于博物馆藏品保存的环境。根据《博物馆建筑设计规范》（JGJ 66—2015）的规定，博物馆的馆址应该选择在场地干燥、排水通畅、通风良好的区域，周边不能有大量的有害气体和烟尘影响，也不应有较大的噪声源，更不应该有贮存易燃、易爆物的场所。博物馆自然环境的选择需要文物部门积极与城市规划部门沟通协调，认真研究城市的整体规划，同时积极征求环保、市政、水利等部门的意见，综合考虑后初步确定馆址地理位置。

博物馆馆址初步选定后，还要邀请地质部门进行专门的地质勘探，避免沉降、地震、滑坡或洪涝等自然地质灾害易发地段。若初选馆址位于上述地段，应重新进行馆址选择。在进行地质勘探的同时，也要组织环保部门及林业、畜牧部门对周边的生态环境进行考察，避免有吸引啮齿动物、昆虫或其他有害动物的场所或建筑在选址附近。

三、人文环境的选择

所谓人文环境，是指由于人类活动而产生的周围环境，是人为的、社会的、非自然的，其中社会道德风气、文化氛围、教育水平以及城市的精神风貌是主要的考量内容。人文环境对处在这一环境的人起着潜移默化的作用，"孟母三迁，择邻而居"就是最好的例证。

同样的道理放在博物馆选址上也是一样的，人文环境对于处于其中的博物馆也有着巨大的影响。良好的社会道德风气、浓厚的文化氛围、较高的教育水平以及积极向上的城市精神风貌可以形成浓厚的文化教育氛围和学术研究氛围，从而更好地推动博物馆社会教育职能和研究职能的履行，进而推动博物馆的综合发展。现阶段，城市在进行规划建设时一般会对城市的各个区域进行简单的功能定位。通常划分为政治中心区域、文化中心区域、商业中心区域和居住区等不同的功能区位。我们选择人文环境时要优先考虑文化中心区域所在的地段，提前在该区域谋划博物馆的选址。

人文环境影响博物馆的发展，博物馆的建设又对周边的人文环境有着积极的影响。单霁翔先生认为，博物馆是一座城市的文化坐标，是城市文化的重要组成部分。这说明博物馆不仅是收藏和保护文物的公益性文化事业单位，还担负着开展宣传教育的社会职能，是一座城市历史文化的代表，是一座城市人文环境的重要组成部分。因此，我们在考察博物馆人文环境时，还要充分重视博物馆对周边人文环境的积极影响。

四、其他因素的考虑

在充分考察自然环境和人文环境的基础上，博物馆选址还要综合考虑该地段的公共设施、道路交通、发展空间等因素。

（一）公共设施

公共设施是指由政府或其他社会组织提供的、给社会公众使用或享用的公共建筑或设备。从某种意义上说，博物馆是为社会公众提供文化教育服务的社会服务机构，其馆舍也属于公共设施的范畴。为了确保博物馆的正常运行，博物馆选址时必须考虑周边的公用设施是否完备。诸如给排水设施、电力设施、通信设施、广电设施、消防设施、环卫设施等都应当纳入考虑的范畴。

（二）道路交通

道路交通属于公共设施范畴，是博物馆选址的重要因素。目前博物馆已进入免费开放时代，大部分博物馆已不再收取门票，交通成本成为人们参观博物馆的主要成本，交通条件的便利与否直接关系到人们参观博物馆的热情。因此博物馆在选址时，要尤为重视该地段的道路交通尤其是公用交通状况。城市交通部门要为广大群众参观博物馆创造良好的交通条件，不断地完善博物馆所处地段的道路交通设施，规划建设公交站、停车场，并在规定范围外规划建设加油加气站等相应的公共市政设施，为群众参观博物馆提供便利。

（三）发展空间

所谓发展空间，是指博物馆所在地段应当为博物馆后期的长远发展预留出空间，以满足博物馆可持续发展的需求。随着馆藏文物数量的增加和展示质量的提升，博物馆馆舍建筑空间不足的问题日益凸显。目前，我国不少博物馆都面临着改建扩建的问题。如果馆址没有足够的发展空间，博物馆就不得不重新选择馆址另建更大的新馆，造成极大的浪费。因此，我们在进行博物馆选址时要从博物馆的长远发展考虑，为博物馆的发展预留出足够的发展空间。那么，预留多大的发展空间才算合理呢？我们通常通过考量博物馆的总用地面积与总建筑面积之比来把握。王成先生在综合考查河南博物院和陕西历史博物馆建设情况的基础上认为，博物馆总用地面积是总建筑面积的两倍获得的预留空间是最低标准，三至四倍较为合理。

通过自然环境及人文环境的考量，我们基本上可以确定一座城市中适宜建设博物馆的几个地段。在划定一定范围的基础上，通过综合考察该地段周边的城市公用设施是否完备、到达该地段的交通是否便利、该地段是否具有足够的发展空间等因素最终确定博物馆的选址。

五、小结

通过以上分析，我们可以看出，博物馆要选择有利于藏品保护，有浓厚人文氛围，公用设施完备，交通便利，并有足够发展空间的地段作为馆址。为了较好地完成博物馆选址工作，文物部门在进行博物馆选址时，要充分征求建设、规划、环境、发改、财政等各部门的意见，优劣对比，综合考虑，最后予以确认。

（原载《中国博物馆通讯》2015年第1期）

【参考文献】

[1]中华人民共和国住房和城乡建设部. 博物馆建筑设计规范: JGJ 66—2015[S]. 北京: 中国建筑工业出版社, 2015.

[2]王成. 博物馆建筑的选址与环境[J]. 中国博物馆, 2014(1):83-88.

[3]张孜江. 博物馆建设应注意的几个问题[J]. 中国博物馆, 2004(3):69-73.

博物馆陈列展览应当注意的几个问题

○ 毛洪东 杨 丁 郭长波

陈列展览是博物馆开展各项工作的基础，陈列展览的好坏从根本上决定了一个博物馆的成败。笔者作为一名博物馆工作人员，结合个人的工作经历，就博物馆陈列布展过程中所应注意的几个问题进行简要的阐述，以就教于方家。

一、陈列展览的前期筹备工作

陈列展览的前期筹备工作要早于博物馆建筑设计。苏州博物馆新馆的设计者，有着"现代建筑的最后大师"美誉的贝聿铭先生在设计苏州博物馆时曾一再强调："对博物馆来说，藏品和展品陈列比建筑本身更为重要。"建设博物馆的目的是将馆藏的文物进行展示和保存。因此，博物馆的陈列展览筹备工作要早于建筑设计工作。

在陈列展览筹备阶段要先摸清博物馆的家底，对展出的文物及展示手段有个大概的规划，在此规划的基础上对展厅和库房的数量、面积、所在的楼层、净高提出需求，然后由设计单位根据需求进行设计，以满足日后文物保存和陈列展览布置的需求。如果没有文物部门先期的陈列展览筹备工作，就无法对未来的博物馆设计提出合理化的需求；没有合理化的需求，设计单位的设计工作也就无法有针对性地开展，设计出来的博物馆很可能无法满足使用单位的需求。

同时，在陈列展览筹备期间，文物部门要广泛收集本地的历史史料和文物资料，多听取专家学者的意见，最好聘请一名博物馆陈列展览方面的专家作为展陈顾问，对陈列展览过程遇到的问题提出指导性意见。

二、确定陈列展览主题

在摸清博物馆家底的基础上，文物部门应当适时召开专家研讨会，确定陈列展览的主题。主题是陈列展览的灵魂，是陈列展览设计的指导思想，是贯穿整个陈列展览的主线。只有确定鲜明的主题，才能设计出富于感染力和地方特色的精品陈列。以数量最多的地方性博物馆为例，地方性博物馆是展示地方历史文化、风土人情的重要窗口，应当将地方独有的历史文化和风土人情提炼为陈列展览主题。陈列展览主题的提炼应当充分征求本地文史专家的意见和建议，在充分把握馆藏文物特点和本地历史文化特点的基础上确定陈列展览的主题思想。确定的主题应该以历史文物为载体，全面地反映地方城市发展的历史沿革，贴近本地实际，突出区域特点，展示本地区文化亮点；确定的主题应该是从本地各个历史时期中最核心、最独特、最精彩、最具有广泛群众基础的历史事件中提炼而来，能生动详细地展现地方的历史文化和民俗传统。

三、撰写陈列大纲

(一) 陈列大纲的重要性

陈列大纲是展陈设计的依据，其作用犹如电影剧本之于电影。撰写陈列大纲是博物馆展览实施的第一步，好的陈列大纲是展陈成功必备的前提。然而，我国博物馆陈列展览筹建过程中，却普遍存在着不重视甚至是忽视陈列大纲的现象。很多陈列大纲仅仅是本地大事记及展品清单的汇总，缺乏相应表现形式、摆放方式、使用材料及安防监控等方面的策划。在这种情况下，即便是再优秀的设计师也创作不出富于感染力和地方特色的精品展陈方案。因此，在进行展览设计之前一定要对陈列大纲引起足够的重视，组织专人负责此项工作。

(二) 陈列大纲的编写要求

一是陈列大纲要围绕着陈列展览主题进行创作。按照陈列展览的主题选择展品的种类和数量，遵照基本的逻辑关系将所选的展品进行初步组合，使之符合陈列展览的性质和原则，并编制出相关文字说明。二是遵循以文物为中心的原则。博物馆陈列展览应当以文物为中心，靠文物说话，展品应以馆藏文物为主，复制品、场景再现、沙盘、图表、照片、半景画、大屏幕等多媒体技术为辅助。出于后期的维护及运营成本和减少声光电污染的考虑，建议少用或者不用声光电等多媒体手段。此类手段仅仅是用来辅助展示文物的，不能喧宾夺主。

(三) 陈列大纲的内容要求及总体结构

陈列大纲一般分为内容要求和总体结构两大部分。内容要求方面，陈列大纲要对陈列展览的主题、结构，陈列展览的文物以及所需要制作的辅助展品，陈列展览形式，陈列展览所用的材料和展厅的温度、湿度、灯光、安防，开放后对观众的讲解，等方面都做出明确规定。总体结构方面，陈列展览大纲主要由序厅、前言、结束语以及中间部分组成，中间部分要分出部分、单元，给每个部分拟定部题并加以说明，每个单元设置单元说明，展出所用的展品和辅助展品也要设置说明牌加以阐释。

(四) 陈列大纲的撰写方法

陈列大纲的撰写有三种途径：一是委托国内史学界和博物馆界权威专家进行撰写，然后由当地文史专家结合本地历史及馆藏文物情况进行品审；二是由本地文物部门组织人员进行撰写，然后聘请专家进行研讨论证；三是专家与本市专业人员合作撰写，然后由专家论证。

总之，一个好的陈列大纲不仅要主题鲜明、重点突出、文字简练、层次分明，还应当符合陈列展览的性质和原则。因此在陈列展览大纲编写过程中，需要有陈列展览方案设计人员的参与，以编写出更具指导性的陈列展览大纲。同时，在陈列大纲的编制过程中要分阶段对其进行专家论证，使得陈列大纲符合陈列展览的性质和原则，符合历史事实，不脱离主题。

四、展陈设计方案及施工单位选择

博物馆展陈工作专业性很强，展陈设计方案及后期施工一般由专业的博物馆展陈设计施工企业承担。为保障陈列展览能够完整表达展示主题和设计理念，使之达到最佳效果，展陈设计方案、施工图深化及后期施工最好由一家公司承担。因此，建议文物部门采取在全国范围内公开招标的方式，选取有实力、有专业资质、业绩优秀的公司承担此项工作。

招标工作由招标代理公司进行具体流程的操作，文物部门负责确定招标控制价并提出其他具体条件。招标控制价一般由文物部门在综合考察博物馆现状和本地区经济情况的基础上确定，各投标单位在总控制价范围内进行设计。在标书编制过程中，文物部门要结合文本大纲尽量详细地设置规定，要求投标单位的报价清单中要详细列出装修及展览陈列中所有可能采用的展示手段及材料，并列出综合单价、合价及材料的生产厂家、产地、品牌、材质、规格型号、尺寸及数量等，且规定每一种材料在使用前需经由文物部门的审核、批价、确认，以便于后期管理结算。

为确保投标单位的实力，加强对投标单位的审核，杜绝挂靠现象，有必要采取措施提高门槛。例如，可根据实际要求投标单位需具有博物馆、纪念馆及大型文化展览工程设计和施工经验，综合考量投标企业近三年承担过何种级别以上或者工程造价300万元以上的博物馆展览设计与施工工程的业绩、获得过何种级别的奖项（国家文物局主办的"全国博物馆十大陈列展览精品奖"是展陈方面含金量最高的奖项）。同时，为调动参与公司的积极性，文物部门应规定合理数额的设计补偿费，博物馆建设中可以使用其创意。最后，由博物馆行业专家小组及相关领导综合考虑展陈设计方案、工程造价和日常运营维护成本等方面最终确定中标单位，其中评标过程中应当以方案优劣作为主要考虑因素。

五、陈列设计方案优化及施工图深化、预算编制工作

（一）陈列设计方案优化工作

确定好设计施工单位后，中标的单位就应该组成包括历史、文物、平面设计、陈列布展、多媒体、大纲编写等方面的专家与文物部门及陈列大纲作者进行对接，在借鉴其他公司的优秀成果、更加深入地了解当地历史文化的基础上，继续深化、细化展陈设计方案。例如某个位置要设置一幅背景画，对画家级别、画的尺寸、种类都做出具体说明，并取得文物部门的认可。其间，要多次召开专家评审会，对方案进行反复论证，最终确定展陈设计方案。

（二）施工图深化设计及预算编制工作

中标单位根据展陈设计方案和文物部门的要求进行施工图设计。在此过程中，图纸设计单位要充分与建筑设计单位、智能化设计单位、陈列大纲作者及文物保护专家沟通，使得展陈设计符合建筑设计规范，又能够使陈列大纲合理落地，同时还要充分考虑到文物保护和安全保卫的要求。例如，单纯靠中央空调无法达到有效保护书画类文物的效果，这就要求书画展柜具有考虑恒温恒湿功能，以保障书画类文物处于一个较好的保存环境。施工图评审合格后，中标单位要提交正式的施工图设计文件和工程预算，方案确定后的工程总造价不得超过合同总价款。

六、陈列展览施工

陈列展览施工阶段是陈列展览能否按设计实现的关键。建议文物部门成立现场管理小组，对工程质量、进度进行监督检查，办理验收、变更手续和其他事宜，所有事宜以文物部门驻工地代表审核签证为准。施工过程中每一种材料的使用，都要经过文物部门的询价、批价、查验样品，最终确认后方可使用；否则，不准使用。由于陈列展览施工过程极为繁琐，且文物部门工作人员一般都不是工程类专业出身，建议在现场管理小组的成员选调上侧重用那些年富力强，认真踏实又善于学习和接受新事物的同志。

在施工过程中，文物部门的现场管理小组与监理共同监督施工单位施工，并加强过程的监

督。例如制作一件雕塑，首先确定雕塑家，然后依次对画稿、小泥稿、大泥稿进行审核，最后翻模。整个过程要邀请有关专家对雕塑的服饰、配饰等进行把关，避免出现与史实相悖的情况。同时，适时前往雕塑家的工作室，检查进程、提出意见的同时，避免代笔或者代工现象的发生。

七、付款方式及验收工作

（一）付款方式

付款方式可由双方协调确定，通常在签订合同一定时间内支付合同价款10%作为预付款，帮助对方解决资金上的困难，使之更有条件履行合同。同时，为强化对中标单位的约束，每月仅支付已完工程量40%～60%的进度款，待工程竣工验收合格后一定时间内累计支付至合同价款的70%～80%；工程竣工验收合格之日起满一年后，支付至审计定案价款的90%～95%；运行满三年后付清全部余款。合同中要注明"所有付款项目均不考虑利息因素"。

（二）竣工验收工作

按国家有关现行施工和验收规范进行竣工验收工作。竣工后建设单位会同设计单位、施工单位、监理单位、设备供应单位及工程质量监督部门、财政部门、审计部门和验收专家组、对该项目是否符合设计要求以及建筑施工和设备安装质量进行全面检验。在实地踏勘工程现场，并听取施工单位、监理单位工作汇报，核查工程相关资料后，根据验收专家组验收意见，讨论是否同意工程通过竣工验收。

八、技术培训

设计施工单位在施工期间，应向文物部门提交培训计划，免费对后期的管理人员、技术人员提供设备及项目方面的操作技能培训、维护保养培训和排除故障的技术培训，以便于文物部门后期的使用、维护和管理。

九、小结

总之，博物馆陈列展览工程专业性强、涉及面广，是一项复杂的系统工程，有其内在的客观规律。要想做好博物馆陈列展览工作，必须在尊重其内在的客观规律的基础上结合本地区实际充分发挥文物部门、设计施工企业和监理部门等多方的主观能动性才能真正地做好这项工作。

[原载青岛市文物局、青岛市博物馆协会主编《青岛博物馆研究（2014）》

青岛: 青岛出版社,2014年]

【参考文献】

[1] 陆建松.做好博物馆展览的九大支撑[N].中国文物报,2007-10-19(6).

[2] 贾瑞新.县（市）级博物馆基本陈列刍议——以瑞安博物馆为例[J].温州文物,2015(2):143-147.

[3] 本宁顿.小博物馆的建筑与陈列[J].苑克健,译.中国博物馆,1990(2):85-90.

建设绿色博物馆，推动社会可持续发展

○ 毛洪东

  自工业革命以来，人类以自然征服者自居，进行掠夺式开发，植被遭到破坏，空气和水源被污染，气候异常，干旱、暴雨、泥石流、沙尘暴等自然灾害不断增多，我们的地球家园正面临着日益严重的生态危机。有鉴于此，2015年国际博物馆协会将本年度国际博物馆日主题定为"致力于社会可持续发展的博物馆"，把推动经济与社会的可持续作为博物馆的重要使命，指出博物馆必须坚守其保护文化遗产的职责，通过举办教育活动和展览努力营造一个可持续发展的社会。新理念中的绿色博物馆在致力于社会可持续发展方面有着传统博物馆无可比拟的优势。本文中，笔者尝试从绿色博物馆的内涵、意义以及建设三个方面对绿色博物馆进行简要地分析。

一、绿色博物馆的内涵

  为改善日益恶化的自然环境，建造绿色建筑，推动智慧城市建设成为现阶段城市发展的热潮，绿色博物馆应运而生。所谓绿色博物馆是指在博物馆的建筑全寿命周期内，最大限度地节约资源，节能、节地、节水、节材、保护环境和减少污染，提供健康、适用、高效的使用空间，与自然和谐共生的博物馆。通俗地说，就是以消耗最少的能源、资源与环境损失来换取最好的人居环境的博物馆。其内涵主要包括以下几个方面。

（一）选址

  选址是绿色博物馆建设面临的首要问题。博物馆为文化地标，选好馆址不仅有利于发挥其保护文物、传承历史文化的作用，还会对一个地区的历史文化风貌和整体布局产生影响。绿色博物馆的选址应当考虑与周边自然环境和人文环境的和谐统一、协调发展，选择有利于藏品保护，具有浓厚的人文氛围、完备的公用设施和便利的交通条件，并有足够发展空间的地段作为馆址。

（二）节地

  土地是稀缺资源，可用于博物馆建设的建设用地多处于所在地的政治、文化中心，更是寸土寸金。因此，在进行绿色博物馆建筑设计时要因地制宜，认真研究博物馆建筑、绿化景观、城市交通、公共服务等功能用地之间的比例关系和分布规律，提高土地使用率，达到节约用地的目的。

（三）节能减排

  节能减排是衡量绿色博物馆的一个重要指标。应充分利用可再生的太阳能、风能、水能、海洋能、地热等自然资源，尽量减少不可再生资源损耗。应尽量采用高效能的设备和系统，并设置能量回收系统，通过保温、蓄热、能耗分项计量控制等措施，提高资源利用率，减少能源消耗。在博物馆规划阶段，就应将节能减排纳入设计考虑范围。例如将文物库房安排在建筑物的中高

层，避开易受外界环境影响的顶层和湿度较大的地下室，从而节约库房调控温湿度的能耗。

（四）舒适的空间

舒适的空间是绿色博物馆的最终落脚点。要通过绿色博物馆建设，实现大气净化、噪音消减、防风防尘、小气候舒适，从而给观众提供一个舒适的参观和休息环境。

二、绿色博物馆的意义

《博物馆条例》指出，博物馆"是指以教育、研究和欣赏为目的，收藏、保护并向公众展示人类活动和自然环境的见证物，经登记管理机关依法登记的非营利组织"。当今社会，随着人们思想意识的增强，绿色环保观念日益深入人心，博物馆作为文化教育机构，在推动社会的可持续发展战略中扮演着日益重要的角色。绿色博物馆作为新兴的博物馆样式，在致力于社会可持续发展方面有着传统博物馆无可比拟的优势，其建设意义不容忽视。

（一）绿色博物馆，节能减排的标兵

与传统的博物馆相比，绿色博物馆是以消耗最少的能源、资源来换取最好的人居环境的博物馆。为此，绿色博物馆要想方设法节约资源、减少污染，成为节能减排的标兵。同时，绿色博物馆不仅在博物馆行业内部做出表率，而且也成为全社会绿色环保工程的楷模。

（二）绿色博物馆，舒适环境的供给者

与传统的博物馆一样，绿色博物馆馆舍环境的好坏直接关系到博物馆教育服务职能的发挥。而与传统博物馆不同的是，绿色博物馆由于采用清洁能源和绿色环保材料，其提供的环境更为清新舒适，更具人文气息，更能感染人、教育人，从而更有利于博物馆教育服务功能的发挥。同时，舒适的环境也有利于博物馆馆藏文物的保护，可在一定程度上延长馆藏文物的寿命。

（三）绿色博物馆，环保理念的推广者

博物馆作为公益文化机构，可通过举办展览和教育活动等方式宣扬绿色环保理念，提高全社会的环保意识。绿色博物馆是博物馆行业的新生力量，本身就是节能减排、绿色环保的标兵，代表绿色环保理念，理应担负起环保责任，为推广绿色环保理念做出应有的贡献。

三、绿色博物馆的建设

（一）转变观念，加大投入

绿色博物馆的建筑成本要远高于传统博物馆，目前在我国虽已出现，但远未普及。在进行博物馆建设时，要转变观念，加大资金投入，特别是要加大对非国有博物馆的政策引导和资金扶持力度，从而推动全国范围的绿色博物馆建设。

（二）节约能源，高效利用

绿色博物馆建设过程中，要严格执行国家有关公共建筑节能设计的标准，所选灯具、电脑等日常用品均应为高效节能型号；空调系统也应采用高能效设备和系统，并设置能量回收装置。同时，要节约水资源，给水、排水都要经过合理地规划设计，科学设置雨水回渗、集蓄与利用系统，将收集的雨水用于绿化浇灌。通过以上种种措施来节约资源，实现资源的有效利用。

（三）绿色材料与绿色能源

建造绿色博物馆就要摒弃那些会产生有害物质的材料，使用符合国家规定的绿色环保型材

料。在能源选择方面，尽量使用太阳能等绿色清洁能源；设计内庭院和光导照明，改善室内的采光效果；采用自然通风带走多余的热量，保证建筑室内空气清新。

（四）室内外绿化与博物馆环境

对于绿色博物馆来说，室内外绿化工作显得尤为重要，可从以下几个方面进行绿化工作。一是绿化设计同步于博物馆设计。博物馆设计环节就要将绿化景观设计考虑在内，展陈设计方、景观设计方、使用单位、施工企业和后期管理维护企业协同做好前期论证工作。二是引入国外先进绿化理念，充分借鉴国外先进的绿化理念和成功案例。例如，可借鉴源自德国的屋顶绿化理念。1982年，联邦德国立法推广屋顶绿化。屋顶绿化能够节约能源，延长建筑物的寿命，制造氧气，净化大气，减轻热岛效应，减少雨水流失量，缓解水处理系统的工作压力。这样不仅节省公共事业开支，而且保护了环境。三是做好室内绿化管理工作。室内绿化也是博物馆绿化工程的内容之一，但是由于博物馆担负着保存并展示文物这一特殊的职能，因此在进行博物馆室内绿化工作时要特别注意，所有的绿化工作都要以确保不会对馆藏文物造成破坏为前提。

（五）后期管理

要想让绿色博物馆真正地成为绿色环保、节能减排的标兵，还要加强博物馆的后期管理维护工作。目前，我国存在着严重的重评轻用现象。建设单位斥巨资建成并评上绿色博物馆之后，后期使用单位的管理维护工作却不能及时跟进，导致花费巨款建设的绿色博物馆不能真正发挥应有效用，造成了资源浪费。因此，在绿色博物馆的建设过程中就应当让文博单位和后期管理维护企业积极参与其中，一方面为工程建设出谋划策；另一方面学习后期绿色博物馆的运营管理工作，便于后期的管理维护。同时，鉴于绿色博物馆的运营成本一般高于传统博物馆，因此政府也应当适当加大对绿色博物馆运营经费的支持力度，确保绿色博物馆的正常运转。

四、小结

"绿色环保"和"可持续发展"的理念已经成为当前社会的普遍共识，但是从理念到全社会的自觉行动还有很长的一段路要走。对于绿色博物馆来说，一方面需要全社会的重视与支持，从而推动绿色博物馆在中华大地上生根发芽；另一方面绿色博物馆的发展也必将对"绿色环保""可持续发展"理念产生巨大的推动作用。

第二编

馆藏文物研究

探秘即墨先民的生活状况

○ 毛洪东

　　即墨历史悠久，境内北阡遗址的考古年代可追溯至六七千年前，是目前青岛地区已发现的最早有人类居住的区域。那么六七千年前的即墨先民在这片土地上又过着怎样的生活呢？

　　先说衣。北阡遗址出土的纺线用的陶纺轮，表明大汶口时期这里已经有了纺织业。距离北阡遗址不远同属大汶口文化的胶州市三里河遗址出土的布纹是13根×13根，达到了现代农家妇女腰机织的粗、细布纹密度水平，这是目前已知大汶口文化时期纺织技术的最高水平。因此，可以推断大汶口文化时期，北阡先民身上穿的应是自制的布衣，所以《后汉书·东夷列传》才会有"东夷率皆土著，喜饮酒歌舞，或冠弁衣锦"的记载。

　　再说住。大汶口文化时期，北阡先民的房屋有半地穴式和地面式两种，平面形状有圆形、方形、长方形等多种样式，房屋一般由居住面、墙基、柱洞、门道、灶、土台组成。以即墨北阡遗址F6为例，房址北半部已基本不存在，但从残余迹象判断，该房址为地面式建筑，近方形，东西长约3.8米、南北残宽1.5~3.8米，总面积约16平方米。室内设置有灶，用以做饭和寒冷取暖，灶址呈椭圆形，用石块围成圈作为支座，用以支撑煮食物的陶器。

　　再说食。大汶口时期，北阡地区离海较近，周围还存在着一定面积的树林和淡水水域，野生

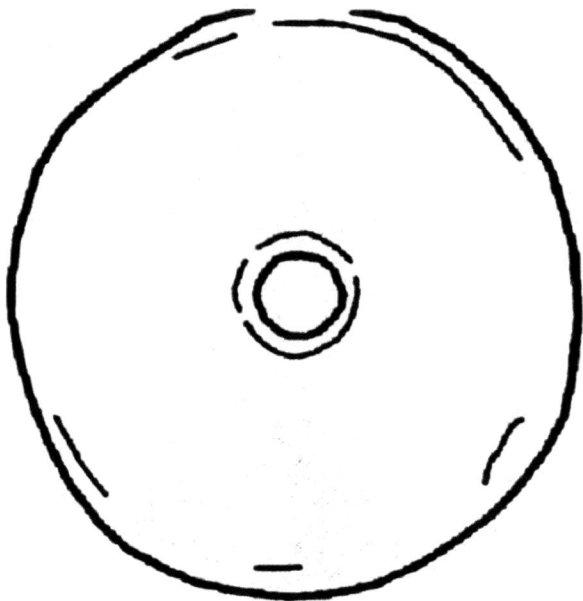

北阡遗址出土陶纺轮线图

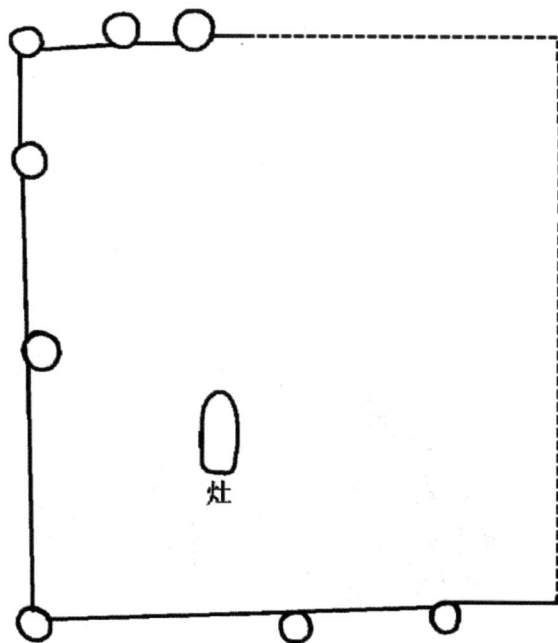

北阡遗址F6平面复原图

动物资源比较丰富。采集和捕捞应该是北阡先民的主要生存方式。作为近海民族，北阡人大量食用海贝等海洋生物，丢弃的贝壳形成了贝丘遗址。在采集和捕捞之余，北阡人开始种植以粟和黍为代表的旱作农业，他们使用自己烧制的陶器将粟、黍煮熟食用。食用熟食大大延长了北阡先民的寿命，有的个体竟然超过了60岁，这在新石器时代是极为少见的。同时，由于农业的发展，北阡人开始饲养动物，猪是最常见的家畜，一般养一到两年后进行宰杀，是北阡人最主要的肉食来源。另外遗址内出土的陶制酒器——觚形杯，说明此时的北阡先民已经开始酿酒和饮酒。综上所述，北阡先民的食谱较为复杂，既有北方常见的粟、黍等农作物，也食用猪肉和海鲜。

再说用。北阡大汶口文化属于新石器文化，其工具主要以磨制石器、陶器和骨角牙器为主。先民们用石斧砍伐树木，用石锛挖掘柱洞，以建造房屋；用磨棒和磨盘为粟、黍去壳；用陶器将食物煮熟；用骨匕进行切割；用猪獠牙做成束发用的"束发器"；甚至已经开始使用远程武器——弓箭进行狩猎，出土的牙制箭镞证明了北阡先民使用弓箭的事实。

再说俗。大汶口时期的北阡先民已经形成了一定的风俗习惯。北阡先民流行拔牙的风俗，学

北阡遗址出土的陶鼎

北阡遗址出土的石斧

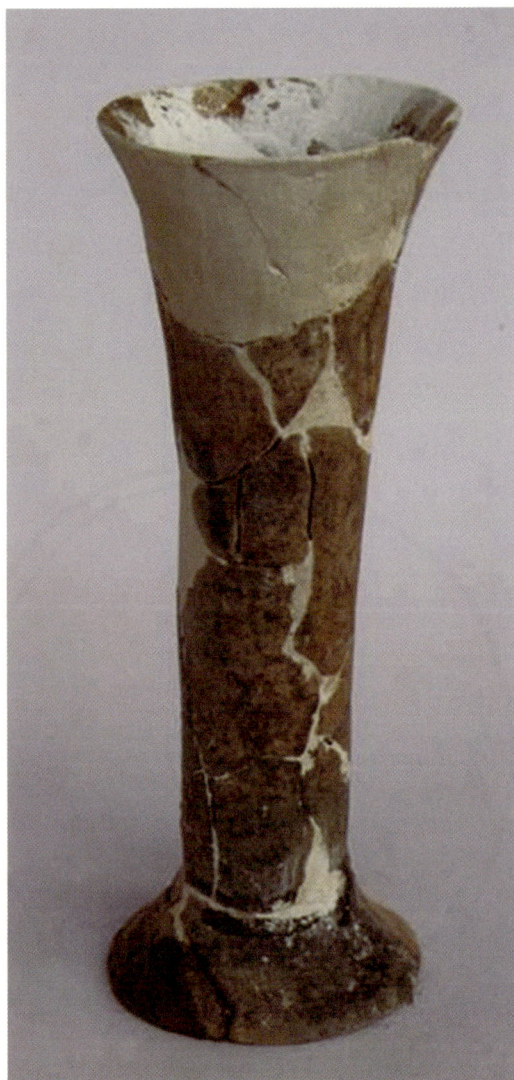

北阡遗址出土的觚形杯

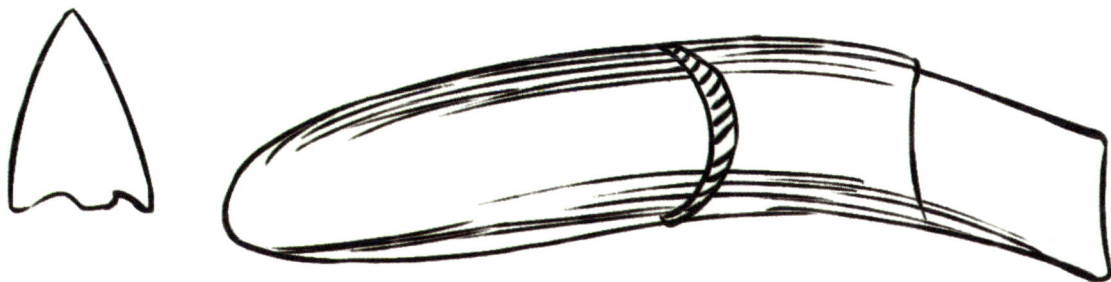

北阡遗址出土牙制箭镞和骨匕

北阡遗址多人二次葬墓

者认为拔牙的目的有两个可能：一是成年拔牙，表示拔牙的个体已经成年；二是婚姻拔牙，表示拔牙的个体已婚。北阡先民还流行头骨枕部人工变形的风俗。这一风俗可能与人们的审美观念有关，多数人认为头骨的枕部过于突出是很不雅观的。进入历史时期后，人们常把过大的枕骨称为反骨。为了将头骨枕部人工变得扁平，北阡先民在婴儿成长期间，在其头下枕着较为坚硬的物体，从而使头骨枕部变得扁平。此外还有二次葬的风俗。大汶口时期，北阡先民在人死后先用土掩埋，待尸体腐烂以后，再将头骨、四肢骨迁到另一个地方进行第二次埋葬。二次葬有单人二次葬和多人二次葬，其中多人二次葬的数量较多，最多的一个二次葬墓内发现了25个个体。二次葬的原因各异：一种说法是先民认为人的血肉属于人间，必须待其腐朽之后再做正式埋葬，死者的灵魂才能脱离尸身进入阴间；还有一种说法是先民实行氏族或家族合葬的需要。

山东即墨出土"诸国侯印"考略

○ 毛洪东 王灵光 孙 艳

汉代是中国篆刻史上最光辉灿烂的时期之一，保存下来的有"皇后之玺""广陵王玺""石洛侯印""汉委奴国王印""诸国侯印"等传世名印。其中，"诸国侯印"即出自即墨，现藏于即墨博物馆。现就该印所涉及的有关问题予以简要介绍，并就其制作年代予以考证。

一、基本情况

1977年秋，即墨县王村镇（今青岛市即墨区田横镇）小桥村村民迟秀英在农耕时发现了一枚金印，后上交即墨县文物管理工作组。1984年3月，即墨县博物馆成立，纳藏该印。1986年8月，国家文物鉴定委员会山东文物鉴定组将其定为国家一级文物。

"诸国侯印"整体呈扁正方体，长2.5厘米，宽2.5厘米，高2.1厘米，正方形印面上刻有"诸国侯印"2行阴文篆书。印钮为龟形。龟首稍短，向前探出；龟身呈站立状，四肢外伸，均饰鱼子纹；龟尾内收；龟背中部稍隆起拱形，以复杂而又有一定规律的刻纹组成多个六边形象征龟甲，甲缘饰一周鱼子纹。总重96克。

诸
国
侯
印

二、"诸国侯印"的断代

（一）从形制上推断

"诸国侯印"为龟钮印，与《汉旧仪》中"丞相、列侯、将军，金印，紫绾绶；中二千石、二千石，银印，青绾绶，皆龟纽，其断狱者印为章"的记载相符。汉代官印为方寸印，汉代1寸为2.135～2.375厘米。该印整体呈扁正方体，长宽皆为2.5厘米，高2.1厘米，与汉印规制相符。另外，西汉早期至中期的龟钮，多有着龟首稍短、龟背中部稍隆起拱形的特点，这一点亦可见诸"诸国侯印"。因此，可以断定"诸国侯印"的年代应为西汉早期至中期。

（二）从印文上推断

秦代官印普遍使用界格。汉承秦制，西汉初年的官印也多使用界格。但是随着隶书的发展，印文受到隶书的影响而日益方满，界格的辅助功用退化。相反，由于界格的存在，印面显得闷塞，至汉代中期，界格逐渐消失。叶其峰先生通过对汉代封泥的考证，将界格消失的时间精确到汉惠帝末期。"诸国侯印"无界格，显然其年代应在汉惠帝末期以后。

另外，通过与汉代印章标准器——"石洛侯印"的印文比照，可以发现，"诸国侯印"印文中的"侯"字与"印"字的写法与"石洛侯印"的印文基本一致，只是相较于"石洛侯印"的印文更显平直方正，这显然是受到了隶书的影响。据此可推断，"诸国侯印"的年代应当晚于"石洛侯印"。《史记》《汉书》载，石洛侯为城阳顷王之子刘敬，于汉武帝元鼎四年（前113年）获封，至汉武帝征和三年（前90年）因罪被诛，在位24年。因而，"诸国侯印"的年代应当晚于武帝元鼎四年（前113年）。

（三）从制作方式上推断

汉代官印素分铸印、凿印两种：一般文官的印多用铸印，军中为应急需而用凿印。元代篆刻家吾丘衍《学古编》载："汉魏印章，皆用白文，大不过寸许，朝爵印文皆铸，盖择日封拜，可缓者也。军中印文多凿，盖急于行令，不可缓者也"。铸印的字体，不论朱文（阳文）还是白文（阴文），都平直方正，工整流畅，浑厚古朴，笔画间隔均匀。凿印是直接以刀在印面上直接雕

"诸国侯印"（左）与"石洛侯印"（右）

『诸国侯印』印谱

凿而成，笔画粗细不一，间隔有疏有密，字形也略有变化，自有独特的韵味，往往天趣横生，风格独特，对后世篆刻艺术的发展有着很大影响。通过观察，笔者发现"诸国侯印"的印文笔画有粗有细，间隔有疏有密，显得较草率，不很匀称，因此该印应是凿刻而成。"侯"属武官行列，"诸国侯印"使用凿刻的方式，也符合汉代"文官印铸，武官印凿"的记载。

综合以上分析，通过对"诸国侯印"之形制、印文、制作方式三方面的考证，可断定"诸国侯印"的制作年代应是汉武帝元鼎四年（前113年）以后的西汉中期这一阶段。

三、旷世国宝的主人

由于"诸国侯印"是村民在农耕时发现的，缺乏相关考古资料，学术界对该金印的主人尚未形成定论。李学勤先生从印文出发，认为"诸国侯"应解为封于诸地的侯，通过对《汉书·景武昭宣元成哀功臣表》和《汉书·地理志》的研究，得出诸国侯和众利侯当属同一世系的结论。即墨博物馆馆长姜保国先生从金印的发现地入手，以小桥村紧邻汉代皋虞县治所在，且皋虞与诸县皆属琅琊郡，认为诸国侯应属于皋虞侯一系。

笔者认为，两位先生的观点虽各有道理，但理由和证据链都不甚充分。通过仔细研读汉代相关史料，笔者在东汉学者应劭的《风俗通义》和民国三十六年（1947年）所修《诸葛氏宗谱》中找到了有关"诸国侯"的蛛丝马迹。《风俗通义》曰："葛婴为陈涉将军，有功而诛，孝文帝追录，封其子孙诸县侯。"《诸葛氏宗谱·陈果夫序》载："诸葛氏为汉初诸县侯葛婴之后，而光大于三国两晋之际。"西汉初年，在地方上继承秦朝的郡县制，同时又分封同姓诸侯国，郡县和封国并存，诸侯的封地被称为侯国，因此"诸县侯"也可被称为"诸国侯"，由此推断"诸国侯"就是葛婴的后人是合理的。然而，查遍《史记·惠景间侯者年表》和《汉书》等诸史籍，汉文帝所封的异姓侯之中，并无葛婴之名，我们没有充足的史料证明汉文帝是否确实分封过"诸县侯"。因此，"诸国侯"可能是葛婴后人。

四、社会背景及历史价值

汉代是中国印章的鼎盛时期，"诸国侯印"更是汉印之中的精品。该印印文是篆书，但隶书的意味明显，转折和收笔较为方正，是篆书向隶书演变的典型代表，对于我们研究汉代书法艺术乃至中国文字的字体演变都具有重要的价值。另外，根据史籍记载，汉代诸侯王的印章，在尺寸、重量和形制上都有严格规定，"诸国侯印"的发现印证了典籍的记载，起到了"证史"和"补史"的作用，具有极高的历史价值。

五、汉代官印的用印制度

汉印是在继承秦印的基础上发展形成的，在用印制度上比秦印更趋成熟、完备，中国的用印制度在汉代进入了成熟期。汉印主要有官印和私印两种，本文限于篇幅仅对汉代官印的使用制度进行简要的阐述。

（一）等级划分

《说文解字》载："印，执政者所持信也。"官印是帝王和官员权力的象征。汉代官印在用材、钮制、文字排列及印绶用色上都有一套严格的等级规定。汉制，皇帝、皇后、诸侯王的印称"玺"，列侯、乡亭侯、将军部属、郡邑令长称"印"，列将军称"章"，以印质、印钮和印绶区别地位高低。据《汉旧仪》载，皇帝、皇后玺印用虎钮，诸侯王印用橐驼钮，皇太子、列侯、丞相、太尉、三公、前后左右将军则用龟钮或鼻钮。皇帝、皇后的玺印为玉质；皇太子、列侯丞相太尉一级的高官，官印用金铸造；御史大夫及两千石以上官员，用银铸造；两千石以下的官员，用铜造印。印绶也有紫绶、青绶、墨绶、黄绶等不同等级的分别。

（二）制作方式

在官印的制作方式上，汉印有铸印、凿印两种，一般文官多采用铸印，军中为应急需，常采用凿印。铸印的字体，不论朱文（阳文）、白文（阴文），都非常工整，平直方正，浑厚古朴，笔画间隔均匀。凿印，就是在印面上直接雕凿，这种制印方法，笔画有粗有细，间隔有疏有密，字形有的也略有倾斜，自有独特的韵味。

（三）印文特点

西汉时期，隶书的兴起给汉印带来书体上较大的变化，尽管汉印印文采用的是篆书，但是又不可避免地受到当时流行的隶书的影响，因此印文笔画较为平直，字体显得平正，字形日益方满化。这使得汉初流行的界格的辅助功用退化，汉惠帝末期界格便逐渐消失了。

六、小结

即墨博物馆藏"诸国侯印"是汉代印玺中的精品，其年代应是汉武帝元鼎四年（前113年）以后的西汉中期。该印的发现对于研究汉印凿刻技术、书法艺术乃至中国文字的字体演变都具有重要的价值，也为研究汉代用印制度和官职提供了实物资料。

【参考文献】

[1] 卫宏.汉旧仪[M].孙星衍,校.上海:商务印书馆,1939.

[2] 应劭.风俗通义校注[M].王利器,校注.中华书局,1981.

[3] 姜保国.西汉金"诸国侯印"[J].文物,2000(7):95.

[4] 李学勤.即墨小桥村出土西汉金印小记[J].文物,2000(7):96.

[5] 叶其峰.西汉官印丛考[J].故宫博物院院刊,1986(1):71-82.

馆藏汉唐宋金铜镜的历史背景与艺术风格

○ 姜保国

即墨博物馆自1984年3月成立以来，陆续接收和征集到古代铜镜30余件，多为本地出土。从馆藏古代铜镜来看，出土时间、地点清楚明确，印证了诸多正史与地方史书的相关记载。秦代以前的铜镜在本地区还尚未见发现，两晋南北朝也鲜有出土，馆藏存世铜镜以汉代及唐宋时期为多，制作上也最为精美，字口纹饰亦相当清晰。

一、汉代铜镜

（一）两汉及新莽时期铜镜流变轨迹

汉代是我国铜镜发展史上继战国时期一个新的高峰。汉代铜镜铸造工艺日渐成熟，铜、锡和铅的比例更趋合理，制作更加精良，纹饰和题材更加丰富，举凡草叶纹、蟠螭纹、铭文、星云纹、规矩纹、龙虎纹、车马画像、四神像以及神话人物等皆有所见。

西汉前期铜镜尚带战国遗风，但铭文开始出现，开创了中国铜镜铸造铭文的先河，形成典型的汉式镜。汉文帝时，草叶纹镜始出现，纹饰规整华美，形式丰富，流行时间较长，直至西汉晚期才逐渐减少。西汉中期，铭镜渐多，铭文成为铜镜装饰的主题或重要组成部分，其特点是凸玄形的搭配设计，纹饰规整而简洁，铭文加长，镜钮变大，普遍呈半球状。如连弧纹镜、重圈铭文镜、铜华镜、昭明镜，以及中晚期的四乳四虺镜、星云纹镜占据主要地位。新莽时期又有了新变化，铭文中出现了纪年。王莽进行的一系列社会变革在铜镜纹饰上亦有所体现，四乳禽鸟镜、规矩镜、多乳禽兽镜出现并流行。随着工艺的改进，纹饰更趋精美，题材亦有突破，多采用动物形象，以四神为主的奇禽异兽成为流行图纹。王莽崇尚道家文化，阴阳五行思想便反映到铜镜上，西王母、东王公、羽人等神仙及神兽形象铸造得生动而精细。大量嵌有"四神"纹样和子、丑、寅、卯等"十二辰"文字的"方格规矩镜"纷纷出现，一直流行到东汉。如神兽博局镜和高浮雕的方枚神兽镜、龙虎镜以及神人混杂的画像镜等，都是王莽时期铜镜的杰出代表。东汉铜镜继承并发扬了新莽时期的技术，中后期又开始出现以奇禽异兽为主题的纹饰，如兽首镜、夔凤镜、盘龙镜、双头龙凤纹镜、直行铭文双夔凤纹镜等。东汉中期以后，铜镜纹饰打破了中国南北方大致相统一的局面，南北差异明显，这种情况一直延续至三国魏晋南北朝时期。长江中下游区域流行的神兽镜、画像镜等极具地域特点。而这两类镜子在北方黄河流域少见，即墨地区亦未见。

两汉时期铜镜形制和纹饰布局，战国常见的"地纹"装饰已消失。构图上，一直延续着从齐家文化至东汉中叶以镜面圆心作环绕式和上下对称式的配置，称"心对称式"，如草叶纹镜、铭文镜、昭明镜。东汉中叶出现新的布局形式，纹饰左右对称于镜面，称"轴对称式"。如带"君宜高官""位至三公"铭文的"双头龙凤纹镜"和"重列式神兽镜"。两汉铜镜在图案纹饰表现

上采用高凸的线条式手法，以庄重而灵活多变的凸线来表现画面内容。东汉中期以后，结合部分高浮雕技法，纹样隆起突出，高低起伏，显得生动自然，富有层次，纹样的视觉由原来的单纯线条式变化为半立体状，丰富了画面的表现形式。

（二）馆藏汉代铜镜略览

草叶纹镜（图1~2）为西汉早期铜镜，1957年5月出土于龙山街道西葛村。共两件，形制、纹饰和大小皆相同。残，直径15.8厘米。圆钮，钮外饰五周方框纹饰。框内有铭文12字："日有喜，长富贵，宜酒食，乐无事。"框外饰四乳钉间有双层草叶纹、花瓣纹。外为十六内连弧纹缘。

星云纹镜（图3）为西汉中期铜镜，出土于青岛市城阳区东旺疃村。直径8.5厘米，重155克。连峰式钮，圆钮座，钮周围分列四个乳钉，其外为一周凸玄纹，玄纹之外以四个大的带座乳钉将其分为四区。每区内各以五个乳钉组成星云纹带，星间以云纹相连。外为十六组内向连弧纹缘。

昭明镜（图4~8）为西汉中晚期铜镜，共四件。其一于1977年9月出土于刘家庄镇西尖村。直径13厘米，重450克。圆钮，四叶形钮座，座外为内连弧纹。外区铭文带共26字，文为"内而清而以照明，光而象夫而日之月，子而心思忽而日三丽不也"。宽素缘。其二于2002年5月出土于刘家

图1 草叶纹镜（其一）

图2 草叶纹镜（其二）拓片

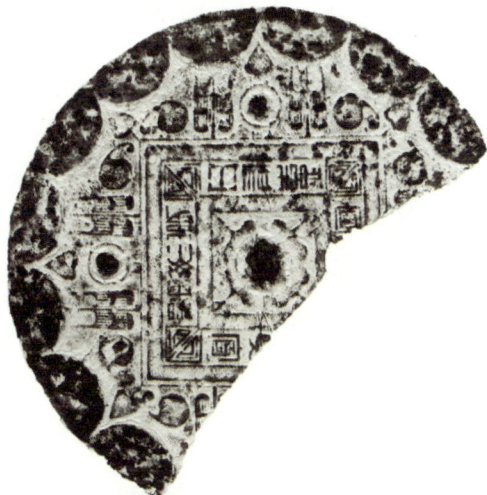

图3 星云纹镜

图4 昭明镜（其一）拓片

图5 昭明镜（其一）

图6 昭明镜（其二）

图7 昭明镜（其三）

图8 昭明镜（其四）

图9 铜华镜（其一）

图10 铜华镜（其二）

庄镇西尖村。直径12厘米，重423克。圆钮，座外为内连弧纹。外区铭文带共21字，文为"内而清而以而□□明，而光而象而夫而日之月，而一"。宽素缘。其三于1987年7月出土于田横镇王村。直径10.2厘米，重200克。圆钮，座外为内连弧纹。外区铭文带共16字，文为"内清以昭明日月，心忽而扬忠，然难塞泄"。素缘。其四直径8.6厘米，重130克。座外为内连弧纹。外区铭文带共18字，不辨。素缘。

铜华镜（图9~10）为西汉中晚期铜镜，共两件，残。其一于1978年2月出土于移风店镇小欧村。直径17.5厘米，圆钮，连珠钮座，座外饰内连弧纹。外区有铭文共34字："涷冶铜华清而明，以之为镜宜文章，延年益寿，去不羊（祥），与天毋亟，如日光千秋万岁，长了。"宽素缘。其二于1982年7月出土于段泊岚镇瓦戈庄村。直径14.2厘米，重580克。圆钮，钮外为连珠钮座，座外为内连弧纹。外区铭文带共25字："涷冶铜华清而明，以之为镜宜文章，延年益寿，去不羊（祥），与天毋亟。"宽素缘。

伊君镜（图11）为西汉中晚期铜镜，1975年9月出土于移风店镇。残，直径17.5厘米。圆钮，

图11 伊君镜拓片

图12 博局镜拓片

连珠钮座，座外饰内连弧纹。外区铭文带共35字："伊君志行之高，□□□之德清□□天日志□□□□□□□高□□思天□□□□□□天。"宽素缘。

博局镜（图12）为新朝铜镜，1973年3月出土于龙山街道南庄村。残，直径11.5厘米。圆钮，钮座外饰单凸环线、双线方框，框内四角饰一单瓣苞花纹，博局纹间饰四乳、四神等图案，边缘饰锯齿纹及流云纹各一周。窄素缘。

四乳禽兽镜（图13）为东汉晚期铜镜，共两件。其一于1981年9月出土于蓝村镇。直径

图13 四乳禽兽镜（其一）

10.5厘米，重175克。圆钮，钮外为四乳相间的四枚兽形纹，外区两凸玄纹，铭文带内共9字，文为"长见子五□勿□□□"。素缘。其二直径8厘米，重62克。圆钮，钮外为四乳相间的两只禽形纹，中心区外饰双凸玄纹，内饰放射状短直线和三角锯齿纹，尖缘。

二、唐宋金铜镜

（一）唐宋金时期铜镜流变轨迹

唐代铜镜是我国铜镜发展史上的又一个巅峰。此际，铜镜的铜质一般呈色银亮。在使用和铸造方面，打破了原有拘谨、呆板的形式，呈现出百花争艳的局面。在造型上也实现了突破，与汉镜有了很大的差别。形制上，突破了圆形规制，菱花镜、葵花镜、四方委角形镜等出现。随着时间的推移，铜镜上的植物纹饰图案逐渐变得丰富了起来，以卷草、忍冬、串枝、葡萄、荷花、宝相、牡丹为主；动物纹饰亦见多样，除了原来常见的龙、凤、鸟兽、瑞兽，还有生活中常见的鸳鸯、雀、鹊、凫雁、仙鹤等；盛唐时期出现了生活气息浓厚的具有时代性的"新潮"类题材，如打马球、狩猎、飞仙、乐舞等有关人物的图案。纹饰繁复多样，造型饱满，具有自由豪放、清新活泼的特点。构图上疏密有序，灵活多变，展示出我国盛世大唐蓬勃向上的社会精神风貌。并且出现了涂釉、螺钿镶嵌、涂漆以及金银平脱等新型工艺，在装饰方面发展运用了镶嵌、浮雕、彩绘等手法，出现金背镜、银背镜、镶螺钿镜等特种工艺镜。与此同时，中外文化交融也反映在纹饰和造型上。

宋金时期，铜镜艺术又有变化，一方面传承了汉唐时期精美的装饰艺术，另一方面也吸取了其他艺术门类的特点，铜镜的发展再次臻于一个小高潮。此际，无论型制、题材还是艺术表现方法上，都有了显著的变化。从风格上看，宋金铜镜虽然不以唐代铜镜所具有的丰润浑圆的"盛唐气象"见长，但在艺术造型方面别出心裁，创造出了许多新的铜镜样式，出现了带柄镜、方形、长方形、鸡心形、盾形、钟形、鼎形、亚形镜等多种独具特色的造型。而且，铜镜的图案也发生了明显变化，基本上摆脱了汉唐那种宗教神秘化的束缚，从而更具人间韵味和生活气息，更加突出审美与实用的结合。构图上运用超强的写实手法，兼收并蓄，题材广泛，变化多样，内容丰富多彩，运用世俗形式来反映现实生活，令人耳目一新。北宋中国传统绘画已发展得非常成熟，也带动了铜镜构图的变化。北宋铜镜突破传统对称、图案连续化的纹样形式，采用不对称性构图来取得画面平衡，增加了画面的整体变化；运用高浮雕手法，部分加以线型装饰，对比强烈，人物突出，注重生活情趣和故事性。宋金时期中的月宫人物故事镜、犀牛望月镜、许由巢父镜等人物故事镜，便是这一特点的集中体现。

整体上看，即墨出土铜镜品相上乘。从制作的精细程度来看，尤以唐宋金时期的作品最为精美。此际，铜镜的字口花纹表现得相当清晰明快。如双鸾镜、云龙纹镜、雀绕花枝镜，都是盛唐时期的代表作品。有些铜镜还带有故事情节表现，如北宋月宫人物故事镜等。从制作形式来看，唐晚期、宋代以后的铜镜多有利用前朝铜镜做模具再次翻模铸造的痕迹。唐代后期和金代，由于战乱频仍和铜矿紧缺等原因，铜镜镜体明显出现斤两不足、轻薄粗糙现象，甚至于背部图案花纹变得漫漶不清，如唐代晚期八卦十二生肖镜，金代的犀牛望月镜、许由巢父镜等等。透过即墨出土的铜镜，恰可窥见这一阶段历史的盛衰和变迁。

（二）馆藏唐代铜镜略览

双鸾镜（图14~15）为唐代铜镜，出土于即墨城关。直径18厘米，重900克。面有锈蚀，呈银灰色。圆钮，钮内侧各饰一鸾鸟，展翅翘尾，左右相对，挟钮而立，姿态娇美。钮上下各配饰一花卉。八弧葵花形。

云龙纹镜（图16~17）为唐代铜镜，出土于即墨。直径15.5厘米，重600克。圆钮，钮外饰云朵浮雕一龙，鳞甲斑斑，盘曲舞爪，张口卷尾，口戏一珠。八弧葵花形。此镜与张增平《河南林州市出土古代铜镜》一文中图三同，当为同一时期作品。

禽雀绕枝镜（图18~19）为唐代铜镜，出土于即墨。直径8.5厘米，重110克。呈水银色。圆钮，钮内侧有对称的一对凫雁呈站立状，有两只雀正展翅飞翔，其中间各有一小串枝隔开。八出菱花形。

雀绕花枝镜（图20~21）为唐代铜镜，出土于即墨，共两件。其中一件完整，直径9.5厘米，重165克，呈黑漆古色；另一件残，直径9.4厘米，重165克，呈水银色。两镜花纹基本相同，背部

图14 双鸾镜

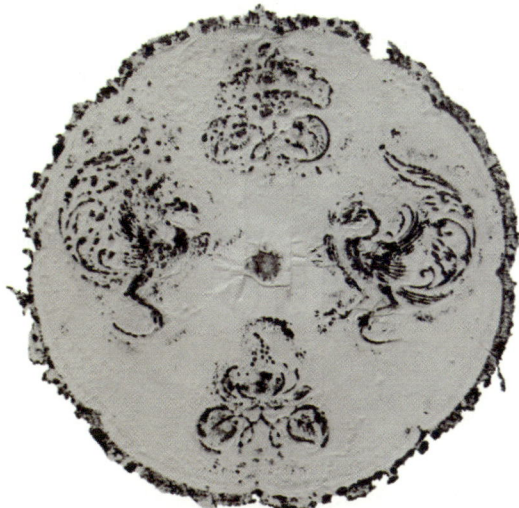
图15 双鸾镜拓片

图16 云龙纹镜

图17 云龙纹镜拓片

图18 禽雀绕枝镜

图19 禽雀绕枝镜拓片

图20 雀绕花枝镜（其一）

图21 雀绕花枝镜（其二）

一凸玄纹将镜分为两区，内区钮上下左右各有一雀鸟的飞翔状，间饰枝叶，外区亦有四雀鸟的飞翔状，其间饰以"Y"形花枝纹。均为八出菱花形。

　　凫雁踏枝镜（图22~23）为唐代铜镜，出土于即墨。直径15.8厘米，重670克。呈水银色。背部圆钮，钮内侧上、下、左、右各有一只凫雁站在荷叶之上，左右两只呈对称状。荷叶饱满，分别有一荷包弯曲朝下。凫雁中间各有一小荷叶串枝隔开，外区有各不相同的八枝小荷叶串枝。八弧菱花形。

　　八卦十二生肖镜（图24~25）为唐代晚期铜镜，出土于即墨潮海街道办事处西障村。直径23.5厘米，重1 300克。呈银灰色。圆钮。镜背花纹为凸玄纹将镜分为三区：钮周围饰四神纹和八卦符号；中区为十二生肖图像；外区为铭文带，铭文字迹不清。窄素缘。镜体整体轻薄，背部花纹较为模糊，应为多次翻铸后的作品。此镜发现于即墨城外高真宫旧址附近的道士墓葬中，同时出土有一四鼻罐，该镜覆盖其口上，罐内存有骨灰。八卦纹饰在唐代末年及五代时期开始

图22 凫雁踏枝镜

图23 凫雁踏枝镜拓片

图24 八卦十二生肖镜

图25 八卦十二生肖镜拓片

出现并流行，多与十二生肖和铭文相配，至宋代最为风行。此镜与1987年11月西安东郊东方机械厂唐代晚期墓葬出土的方形铜镜，无论从规制、纹饰还是铭文来看，都极为相近，应为同一时期的作品。

（三）馆藏宋金铜镜略览

月宫人物故事镜（图26~27）为北宋铜镜，1979年8月出土于即墨。直径15厘米，重530克。圆钮，钮左侧为一枝叶茂密的大树，树上结有花朵，树后山峦起伏。钮右侧群山叠嶂，群山之中有祥云数朵。祥云之上一侍者驾一瑞兽，手捧器物。钮下为长桥流水，桥右端有一人物站立，头簪高挽，左右各站一名侍者。后有关着的大门，门上的门钉清晰可见。树的左侧桥头一人端坐，左臂指向前方，背后立一侍者，桥中立有一三足鼎，玉兔执杵做捣药状。八出菱花形。这面铜镜镜背取材应是唐玄宗游月宫的故事。此镜与扶风县博物馆藏宋王质观弈镜可相互印证，无论从形状、图案风格上均高度相似。

瑞兽葡萄镜（图28~29）为宋代铜镜，1986年8月出土于田横镇东王村。共两件，纹饰基本相同。一件直径14.5厘米，重490克；另一件9.9厘米，重320克。伏兽钮，一周突棱将镜背分为两区，内区有六瑞兽成俯或仰或回首，有的做奔跑状，有的侧身攀援于枝蔓丛中，外区8只瑞兽做奔跑状，间有6只禽鸟做立姿，中有葡萄交错排列。此镜通体相对轻薄，图案较为模糊，做工微显粗糙，且铜锈泛绿，应是宋代时期直接用唐代的瑞兽葡萄镜做模具翻铸而成。

许由巢父镜（图30~31）为金代铜镜，1980年出土于城阳区仲村。直径14.5厘米，重380克。镜之左中部有残裂。细条拱形钮，镜上部山树怪石，云彩缭绕，镜左为一条河，水自上而右，冲击滩石，钮右岸边坐一人，右手执耳，下游处一人左手牵牛，右手前举。宽素缘。此镜与宝鸡青铜博物馆藏一铜镜无论大小、重量、做工、纹饰非常接近，应是同一时期作品。

犀牛望月镜（图32~33）为金代铜镜，1979年8月征集。直径15厘米，重530克。细条拱形钮，镜上一弯新月，月下流云，镜下卧跪一牛，回首望月，其间水波荡漾与钮上水天一色，钮左右各有一动物做奔跑状，钮左水中露一牛首，镜的左上还有一鱼做游走状。宽素缘。

图26 月宫人物故事镜

图27 月宫人物故事镜拓片

图28 瑞兽葡萄镜（其一）

图29 瑞兽葡萄镜（其二）

图30 许由巢父镜

图31 许由巢父镜拓片

图32 犀牛望月镜

图33 犀牛望月镜拓片

【参考文献】

[1] 张增平.河南林州市出土古代铜镜[J].考古,1997(7):78-80.

[2] 陈安立,马志祥.西安东郊发现一座唐墓[J].考古,1991(3):286-288.

[3] 崔蓉华,王保平.镜背万象：宝鸡地区馆藏宋金铜镜拾萃[J].收藏,2018(1):74-83.

旷世经卷：北宋金银书《妙法莲华经》

○ 王灵光 毛洪东 孙 艳

即墨博物馆藏北宋金银书《妙法莲华经》的发现是一件闪耀当代而回响千秋的盛事，引起了文博界、佛教界、学术界及新闻界的广泛关注。

1986年8月23日，《人民日报》以《金银写经世所罕见 山东发现一国宝》为题，报道了即墨博物馆馆藏北宋金银书《妙法莲华经》面世的消息。嗣后，《文汇报》《光明日报》《中国青年报》等各大报刊均刊登消息，称这部经卷为罕见国宝。2008年，即墨博物馆馆藏北宋金银书《妙法莲华经》被国务院列入《珍贵古籍名录》。2013年，中央电视台《走遍中国》栏目组以《游即墨，赏国宝》为其做了专题介绍；2015年，该经卷入选"齐鲁瑰宝"。

一、国宝现世

1986年8月上旬，国家文物鉴定委员会副主任、著名文物鉴定专家史树青先生和天津文化局刘光启先生来青岛，为青岛市文物管理委员会举办的文物鉴定学习班授课。其间，胶县图书馆文物室（胶州市博物馆的前身）的同志携带一件藏品请史先生鉴定，他马上给出这是宋代经卷的结论， 并在课堂上专门进行了讲解。当时，参加培训班的即墨博物馆工作人员依稀记得本馆亦有多卷这种经卷，就提及此事。闻言，史先生有点不相信，能完整保存下来的宋代经卷出现一卷已属不易，怎么可能有很多。下午回到即墨后，即墨博物馆工作人员就将其找了出来。得到确凿信息后，史先生驱车来到即墨博物馆，展读经卷，为之欣喜。第七卷卷尾有"庆历四年（1044年）太岁甲申十二月戊子朔五日壬辰弟子何子芝造此经一部谨记"题记，印证了史先生所做"宋代经卷"的初步鉴定结论。于是，他连夜写出了《莲华经说明示例》（详见附文）。

二、国宝赏鉴

1987年3月26日，国家文物鉴定委员会在中国历史博物馆举行北宋金银书《妙法莲华经》专题鉴赏会。鉴赏会由国家文物鉴定委员会主任委员启功先生主持，副主任委员史树青、刘巨成及任质斌、刘海粟、沈鹏、魏传统、孙国璋、丁瑜、金维诺、傅熹年等50余名知名专家参加。鉴定结论如下：

> 《妙法莲华经》又称《法华经》，是佛教经典。北宋时用金银写经是中国考古史上的一次空前发现，书写经文的磁青纸是宋代特制的名纸，就造纸历史而论，这是我们能够今日能见到的最早、最精美和最好的书写纸张，具有防虫、防潮和不退颜色的独特特点，经卷有唐代佛教内容卷轴画的艺术传统，无论是造纸还是书画等方面都堪称之精品，确认为国宝，是稀世珍宝，应早日整理研究正式出版，以满足国内外学术界的渴望。

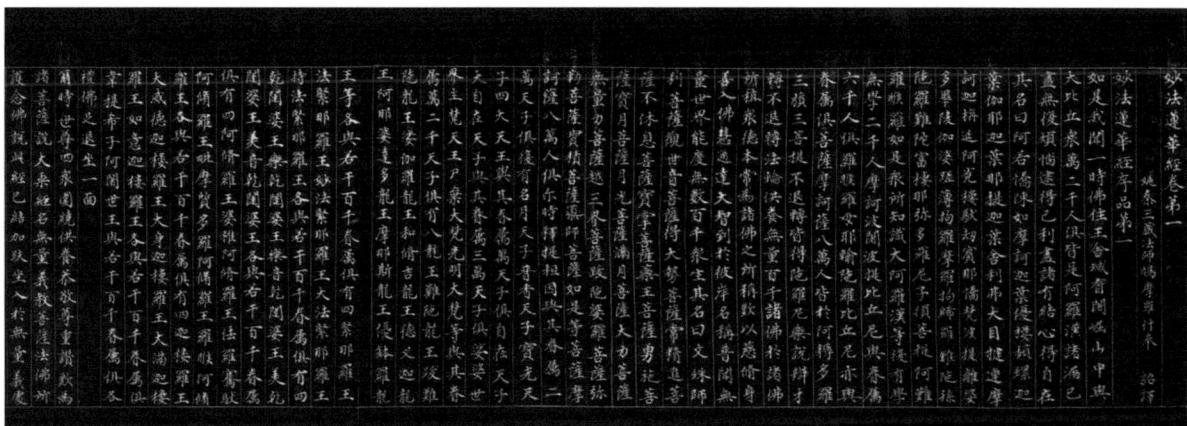

北宋磁青纸金银书《妙法莲华经》经文

随后，《人民日报》《光明日报》《文汇报》《北京日报》等报刊相继发表了消息。

1988年6月，中国佛教协会主席、国家文物鉴定委员会主任委员赵朴初先生瞻礼了这部经卷，特为之题诗11韵。诗曰：

> 聚沙戏为塔，尚为佛所赞。
>
> 何况以金银，恭敬书经卷。
>
> 庆历传至今，几经桑海换。
>
> 十年劫火烧，辛未遭毁散。
>
> 感君意殷勤，亲奉与我看。
>
> 天雨曼陀罗，到眼光烂漫。
>
> 端庄杂流丽，书法殊精湛。
>
> 明人补缺处，笔态隔霄汉。
>
> 谛视亦可珍，精诚有一贯。
>
> 是为国之宝，不独一市冠。
>
> 庆此殊胜缘，合掌再三叹。

三、国宝介绍

北宋金银书《妙法莲华经》共7卷28品，即墨博物馆藏第一、二、三、四、五、七共六卷，胶州市博物馆藏第六卷。第一卷两品，即《序品第一》《方便品第二》。第二卷两品，即《譬喻品第三》《信解品第四》。第三卷三品，即《药草品第五》《授记品第六》《化城喻品第七》。第四卷六品，即《五百弟子授记品第八》《授学无学人记品第九》《法师品第十》《见宝塔品第十一》《提婆达多品第十二》《劝持品第十三》。第五卷四品，即《安乐行品第十四》《从地涌出品第十五》《如来寿量品第十六》《分别功德品第十七》。第六卷六品：《随喜功德品第十八》《法师功德品第十九》《常不轻菩萨品第二十》《如来神力品第二十一》《嘱累品第二十二》《药王菩萨本事品第二十三》。第七卷五品，即《妙音菩萨品第二十四》《观世音菩萨普门品第二十五》《陀罗尼品第二十六》《妙庄严王本事品第二十七》《普贤菩萨劝发品第二十八》。

七卷均为手写佛经，共6万余字，是迄今为止保存最完整、年代最早的金银写经。

全经所用纸为磁青纸，这是五代至宋朝的一种华丽的染色加工纸，较厚重，染以靛蓝，因其色如瓷器的青釉，故称瓷青纸，明朝称磁青纸。这种纸不仅质地柔软、细腻、光滑，还有防腐、防潮、防虫、防褪色的特点，而且外观显得富丽典雅，精致之极。经卷长度在11~13米之间，每卷用纸16.5~25张不等，每张纸纵30.5~31厘米，横51~52厘米。经首纸横宽26~27厘米，经尾纸横宽43~59厘米，大多经纸有银丝栏，框高22.5~23厘米。经文系采用瓷青纸蘸着金、银泥书写而成，字体是呈颜柳风格的行楷体，文字结构严谨，深厚庄重，为宋代书法之精品力作。每张纸书写26~33行，每行16~20字不等，经中的文字大部分用银泥书写，凡经名、菩萨、如来、世尊诸佛名，皆用金泥书写，以示尊敬，其余为银书。每卷经文开端的右上角书经名及序次，下述"后秦三藏法师鸠摩罗什奉诏译"，说明此部经文为后秦文桓帝弘始八年（406年）鸠摩罗什译本。

护法善神、经变画、供养人

各卷卷前均有用金银泥绘制的卷首画（亦称经变画），内容包括护法神像、供养人像、如来说法图、佛教故事等内容，佛绘场面宏大、壮观、精细。画中的人物、山水、鸟兽、建筑、服饰等为研究中国美术史、宗教史、造纸技术及丝制工艺等提供了珍贵的实物资料。经变画的内容与该卷品名经文内容相一致，各幅画均有文字榜题，以简练的文字说明画的内容，如来说法图皆如来居中，并绘梵王、天王、菩萨等，如来、梵王、天王、菩萨等为金面，其余为银面。

在护法神像、如来说法图的后面，还有明洪熙元年（1425年）善人葛福成所补磁青纸一张，以八宝杂花为地，间绘宝匣、宝龛各一，并有"大乘法宝""皇帝万万岁""仁宗御赞"牌记各一，纸色略浅并薄于其他卷，文字风格、绘画特点明显与其他卷有所不同。

明代"大乘法宝""皇帝万万岁""仁宗御赞"牌记

卷首画中的人物及诸神佛潇洒飘逸，使人有衣服飘举之感，似波浪起伏，极具神韵，沿袭唐代吴道子之风。吴道子，亦名道玄，阳翟（今河南禹州）人，唐代著名画家，在我国绘画发展史上占有显赫地位。少孤贫，勤于画，乃有名。唐玄宗开元年间（713—741年），他以善画而被召入宫廷，举凡人物、神鬼、禽兽、山水、宫殿、草木，无所不精，所创画风被称为"吴家样"，不仅影响唐代画坛，亦为宋代许多画家所追摹。唐代，吴道子已享"冠绝于世，国朝第一"之誉，宋人更称之为"画圣"，用"吴带当风"来概括其神韵。

经卷在装裱上也是独具匠心，装帧极其精美。全经均为卷轴装裱，包首用黄色及淡青色云纹绫，宽26~27厘米不等，内为金色樗蒲纹印花绢，宽9~10厘米，木轴和平头全部以细白麻纸裱褙，包首内印花绢的纹饰十分清晰，看上去富丽典雅，精致之极。

四、国宝之主

北宋金银书《妙法莲华经》的原主人是谁，又是因何修造的？卷首画中用金银泥绘制的供养人肖像和上方的金书题记以及第七卷卷尾的银书题记给我们揭示了答案。卷首画中供养人金书题记的内容是："果州西充县抱戴里弟子何子芝与同寿女弟子陈氏、长男文用、次男文祚、小男文一同造此经，愿长保安吉，供养亡过母亲杨氏。"第七卷卷尾银书题记的内容是："庆历四年太岁甲申十二月戊子朔五日壬辰，弟子何子芝造此经一部谨记。"后另有"大明洪熙元年孟秋吉旦，善人葛福诚重修补造毕"金书一行。据此足以证明，这部金银写经是四川果州（南充）西充县抱戴里何子芝一家为供养亡过母亲杨氏而造的，造经时间为宋仁宗庆历四年（1044年）。而到了明洪熙元年（1425年），葛福诚对其进行过修补重装。宋代黄金竭乏，素有禁销令，如《宋史·仁宗纪二》中即有宋仁宗康定元年（1040年）"八月戊戌，禁以金箔饰佛像"的记载。由此可以推断，当时要成就这样一部浩大经卷确非易事，其主人必然是要有相当大的经济实力和社会地位的。可以相信，何子芝必定是一位家境殷实的虔诚的佛教徒。

五、国宝流传

20世纪50年代时，北宋金银书《妙法莲华经》全部收藏于当时的即墨县文物管理部门，后胶州专署（当时即墨属胶州专区）派员来即墨调走部分文物，其中此经的第六卷即在其中。至于说这部经卷是如何来到即墨的，相关真迹已不可考。据推测，应当与即墨五大家族中的黄家或者即墨马山的慧觉禅师（民间称之为刘仙姑）有关。

黄氏为即墨五大家族之一，世代笃信佛教，明代兵部尚书黄嘉善即出于该家族。黄嘉善的母亲信奉佛教并捐资建庙，其后人也多有出家礼佛建庙之举。黄嘉善的弟弟黄纳善，19岁皈依憨山大师，终生未入仕途。黄纳善之子黄宗昌官至湖广巡按、左都御史，出资创建了准提庵和崂山华严寺。黄嘉善的妻子也是一个虔诚的佛教徒，几乎每天都到准提庵打坐。据此推理，这部远非一般百姓所能接触的名贵经卷，当年很可能是与黄家有关。

另据即墨文化学者刘爱民介绍，这部《妙法莲华经》流传到即墨亦有可能与马山的慧觉禅师（民间称之为刘仙姑）有关。刘仙姑对道教和佛教都有很深的研究，万历皇帝和慈圣太后曾邀请她到京城为皇亲国戚、达官显贵讲经。时为太子的明光宗朱常洛闻讯召见禅师，听其讲经，赐法号"慧觉禅师"，并赐蟠龙法衣一袭、赤杖一双，还有其他许多封赏。不排除这样一种可能，该经卷即慧觉禅师所得诸多奇珍异宝中的一件。

1987年，为查清经卷的渊源，即墨博物馆派专人前往四川西充、峨眉等地调查，虽经多方查询，然仍未见何子芝一家的史料。查《宋史·何群传》，其中有"何群字通夫，果州西充人……庆历中，石介在太学，四方诸生来学者数千人，群亦自蜀至"这样一条记载。其中所言"何群"是否与造经人何子芝有某种联系，尚不得而知。这部《妙法莲华经》为何在四川完成，几经辗转流传于山东即墨？一个历史谜案尚待考证。

【附】史树青撰《何子芝造金银字《妙法莲华经》（七卷全）》
第七卷说明（示例）

纵30.05厘米，横1 106.8厘米，全卷共用磁青纸二十三张，其中卷首画用纸三张，经文用纸二十张，卷首画用金银绘制，经文凡经名、佛名、菩萨名皆用金字书写。经文框高□□厘米，银丝栏，每纸二十九至三十行不等，行十七字至十九字不等。木轴平头，前杆缺失。卷首画绘佛说法图，前有护法神像，佛传故事及供养人像（三人像）的上端有金字题记五行："果州西充县抱戴里弟子何子芝，同寿女弟子陈氏、长男文用、次男文祚、小男文一，同造此经，原长保安吉，供养亡过母亲杨氏。"佛说法图中听众围绕，其后为佛传故事，再后为佛法图，共八段，宣扬念佛之威力。卷首画 中之诸图皆有金书榜题，字极工整。经文首为经题："妙法莲华经卷第七，后秦三藏法师鸠摩罗什译。"全卷内容自《妙音菩萨第二十四至音贤菩萨劝发品第二十八》共五品。卷尾经题后，有银书"庆历四年太岁甲申十二月戊子朔五日壬辰，弟子何子芝造此经一部谨记"，题字三行。其后有金书"大明洪熙元年孟秋吉旦，善人葛福诚重修补造毕"题字一行，知此经为明洪熙元年（1425年）葛氏所重装。装背用纸为细白麻纸，包首内侧分用黄色捻金樗蒲金及淡青云纹绫，外侧用黄色云纹绫，其云纹绫锦为明制，樗蒲锦制作精细，原有磨损，当为尔制旧锦，十分珍贵。

佛经自汉代传入我国，自汉、三国、两晋、南北朝，都有翻译，唐代的译经最多。《妙

法莲华经》是大乘经中最有名的一部佛经，为后秦时西域人鸠摩罗什所译。北宋时期，在成都雕印佛藏是我国第一次编印的各种佛经总汇，称为《开宝藏》。唐代及以前写经，皆为纸本墨笔书写，金字经盛行于元代以后，在元曲中即有《金字经》曲调。北宋人写金字经，此是第一次发现。磁青纸纸质优良，字体异常地优美，卷首画细致入微，在绘画史上也是了不起的作品，定是高手所绘，超过了当时大画家李公麟的作品。有了这些艺术价值足以说明此经之重要。至于根据此经之时间、人物、地点，继续深入考察，及根据《开宝藏》校勘等工作，即是今后的任务了，相信将有重要的收获。

总之，此经的发现是文物界的一件大事，如此完整的成部的宋金银字佛经是空前的也是绝后的。如能发表它，必将引起国内外的重视。现在研究佛经的人渐多，国家非常重视对佛教文物的研究，建议把七卷经全部拿到北京，请国家文物鉴定委员会组织有关专家进行详细鉴定，并征求专家们的意见，先发表消息和研究文章，然后再影印出版。

（一九八六年八月十日于即墨博物馆）

其他经卷说明重点：

第一卷　卷首画与经文之间另加一纸，以八宝杂花为地。其间为绘宝匣一，"皇帝万岁万万岁"宝龛一，仁宗皇帝赞文牌记一，字体与本卷经文不同，画法也不规整。此纸较前后纸为薄，颜色略浅，当为明洪熙元年（1425年）葛氏重修时所补。又此卷纵23厘米，经文为虞世南字体，与后六卷经文为颜柳体不同，知非出自一人之手。

第四卷　现存前杆为竹制，当为明代装裱时物，卷首画有木结构佛塔，塔身十三层，为唐宋时木塔特征。

第六卷　纵22厘米。

第七卷　纵23厘米，卷后一段磁青纸为明代所加，宋代的磁青纸极少见，从造纸术说，也是一大发明。宋代磁青纸上绘佛画极是少见，宋版经首书都是国宝，宋版佛经也是国宝，此经为手书经，金银字，金银画，七卷完整，是了不起的重要文物。

庆历四年（1044年）是范仲淹写《岳阳楼记》之时，当时，政通人和，国家比较安定，可能与写经有关。

一九八六年八月十日附

【参考文献】

[1] 王岩菁.北宋金银书《妙法莲华经》卷的修复保护[J].故宫博物院院刊,2012(4):138-143.

[2] 王赫.宋金银书《妙法莲华经》复制工艺探索[J].文物春秋,2012(3):44-48.

[3] 王灵光.名家与国宝《妙法莲华经》[J].文物鉴定与鉴赏,2011(11):64-66.

[4] 姜保国.史树青与北宋《妙法莲华经》[J].收藏,2011(5):84-85.

[5] 青岛市文管会.青岛发现北宋金银书《妙法莲华经》[J].文物,1988(8):71-72,81.

北宋《妙法莲华经》叙录

○ 姜保国

　　《妙法莲华经》为后秦高僧鸠摩罗什所译，宋仁宗庆历四年（1044年）写本，共七卷。其中，卷一、二、三系明洪熙元年（1425年）所修补。卷轴装。高30.5厘米。每行16～20字。尊名金银字写，经名及佛、菩萨等字用金字，经文用银字抄写。2008年，这部经卷入选国家第一批珍贵古籍名录，编号为00940号。目前，这部经卷均藏于山东省青岛市，其中即墨博物馆藏六卷，胶州博物馆藏一卷。

　　造经人何子芝，生卒年不详，为北宋果州（今四川省南充市）西充县抱戴里人。《宋史·何群传》谓："何群，字通夫，果州西充人……庆历中，石介在太学，四方诸生来学者数千人，群亦自蜀至。"此何群与何子芝有无亲属关系尚不得而知。修补者葛福诚，生卒年不详，明洪熙时人。

　　《妙法莲华经》简称《法华经》，为大乘佛教五大部之一。在中国先后六译，而三缺三存，现存《法华经》的汉译本共有三种：一为《正法华经》十卷二十七品，西晋竺法护于晋武帝太康七年（286年）口授，弟子优婆塞聂承远、张仁明、张仲政记录；二为《妙法莲华经》七卷二十八品，后秦文桓帝弘始八年（406年）鸠摩罗什所译；三为《添品妙法莲华经》七卷二十七品，隋文帝仁寿元年（601年）阇那崛多所译。唐代沙门道宣在《妙法莲华经弘传序》中说："三经重沓，文旨互陈，时所崇尚，皆弘秦本。"说明在三种汉译本中，以鸠摩罗什的译本流行最广，影响最大。

　　这部佛经共二十八品。第一卷两品：《序品第一》《方便品第二》；第二卷两品：《譬喻品第三》《信解品第四》；第三卷三品：《药草品第五》《授记品第六》《化城喻品第七》；第四卷六品：《五百弟子授记品第八》《授学无学人记品第九》《法师品第十》《见宝塔品第十一》《提婆达多品第十二》《劝持品第十三》；第五卷四品：《安乐行品第十四》《从地涌出品第十五》《如来寿量品第十六》《分别功德品第十七》；第六卷六品：《随喜功德品第十八》《法师功德品第十九》《常不轻菩萨品第二十》《如来神力品第二十一》《嘱累品第二十二》《药王菩萨本事品第二十三》；第七卷五品：《妙音菩萨品第二十四》《观世音菩萨普门品第二十五》《陀罗尼品第二十六》《妙庄严王本事品第二十七》《普贤菩萨劝发品第二十八》。

　　全经均用精致的磁青纸书写，每张纸纵30.5～31厘米，横51～52厘米，每卷用纸16.5～25张不等，长度在11～13米之间。各卷前均有金银泥绘制的卷首画，每卷画用纸3张。经文部分有银丝栏，框高22.5～23厘米。画风演习了唐代吴道玄的"吴家样"风格。经文系用金银泥书写，行楷书。经文书写工整，文字结构严谨，呈颜柳风格。每纸书写26～33行，每行16～20字。凡经名及菩萨、如来、世尊诸佛名皆金书，其余为银书，每卷经文开端的右上角书经名及序次，下书"后秦三藏法师鸠摩罗什奉诏译"，说明此部经文为后秦文桓帝弘始八年（406年）鸠摩罗什所译本。

第七卷卷尾有银书"庆历四年（1044年）太岁甲申十二月戊子朔五日壬辰弟子何子芝造此经一部谨记"题记。后又有金书"大明洪熙元年（1425年）孟秋吉旦善人葛福诚重修补造毕"题记。据以上题记，证明此经造于宋仁宗庆历四年（1044年），明洪熙元年（1425年）修补重装。

全经除卷四外，其他卷包首均残，前杆全失。包首用淡青色云纹绫，横26~27厘米，内面为黄色樗蒲纹金泥印花锦，纹饰十分清晰，横9至10厘米。包首内印花锦应是明代重装时所用的宋代旧绢。全部经卷以细白麻纸裱背。

妙法莲华经（卷五）部分经变画和经文

卷一未见经变画和供养人像。其他卷图文均按护法神像、经变画、供养人像、如来说法图、经变画、经文顺序接排。护法神像、如来说法图后所续一纸，以八宝杂花为地，间绘宝匣、宝龛各一，内有"大乘法宝""皇帝万万岁""仁宗皇帝御赞"牌记各一。其后经文、纸色略浅并薄于其他卷，文字风格和书写形式、绘画特点明显与其他卷不同，卷一除护法神像、如来说法图外，皆为明洪熙元年（1425年）所补。卷二有六纸，卷三有二纸，其经文、纸色略浅并薄于其他卷，亦皆为同时所补。经变画的榜题以简练的文字说明画的内容。各卷经变画内容与该卷各品经文内容相应。供养人像上方有题记，各卷略有不同。如卷五，以金银泥绘一男二女供养人肖像，上方金书题记："果州西充县抱戴里弟子何子芝与同寿女弟子陈氏、长男文用、次男文祚、小男文一，同造此经，愿长保安吉，供养亡过母亲杨氏。"如来说法图，皆如来居中，并绘梵王、帝释、天王、菩萨、比丘弟子等，其中如来、梵王、帝释、天王、菩萨等为金面，余为银面。

从题记内容来看，此经系供养人何子芝一家为其去世的母亲杨氏所造，以寄托"长保安吉"之愿。何子芝当为西充望族。

隋以后，佛教各宗派都想用自己的学说来解释经文，争取群众。为了使大多数人都懂得佛教

的道理，必须用俗语宣讲；为了通俗易懂，以图画形式表现经文。经变画的出现加快了佛经的传播，扩大了佛教的影响力。经变画为我们研究美术史、宗教史提供了不可多得的重要实物资料，画中的人物、山水、鸟兽、建筑、服饰等则为研究当时社会文化史的发展提供了清晰佐证。

中国绘画史上，唐代吴道子占有重要地位。其画风不但影响唐代，也为宋代很多画家所追摹向往。吴道子，又名道玄，阳翟（今河南省禹州市）人。笔下人物、神鬼、山水、宫殿、草木、禽兽，无所不精，唐时已享"冠绝于世，国朝第一"之誉。宋人更称之为"画圣"。对释道人物画的贡献，表现为他创造了前所未有的新样式"吴家样"。宋人曾用"吴带当风"来概括"吴家样"的特点。唐中期以后，"吴家样"传到全国各地，对释道人物画的创作产生了很大的影响。众多画家纷纷效仿他的式样，五代、北宋的著名释道人物画家，几乎都以他为效法的榜样。从以上的经变画来看，所运用的线条似波浪起伏，使人的观感对画中人物的衣服有一种仙仙如飘之感，"吴家样"风格非常浓郁。从书写的经文来看，颇具颜柳风骨，虽是当时的经生所写，但书法功力深厚，为宋代书法艺术中之精品。

1986年8月4日，史树青、刘光启、台立业、关天相诸先生应邀为青岛市文物局主办的历史文物鉴定讲习班讲课时，在胶县图书馆文物室提供的文物实物教材中发现了金银书画《妙法莲华经》，后在即墨博物馆又遇到了其他六卷。1987年3月26日，由国家文物鉴定委员会主办，在中国历史博物馆举行了专题鉴定鉴赏会。国家文物鉴定委员会主任委员启功，副主任委员史树青、刘巨成，委员金维诺、丁瑜、周绍良、傅熹年，以及刘海粟、沈鹏、魏传统、魏仁儒等60余位专家、学者和书画家参加了鉴定鉴赏。鉴定结论如下："……各卷经变画画风沿袭了唐代吴道子的'吴家样'风格，均有详细的题榜，具有唐代佛教内容卷轴画的艺术传统。这种在四川完成的，流传于山东即墨、胶县的金银书画作品，不但是研究北宋时期四川绘画和书法的代表作，对研究中国美术史、宗教史都具有重要价值。多数委员认为是稀世珍宝……"

1988年6月，全国政协副主席、中国佛教协会主席赵朴初先生观看此经后敬题"是为国之宝，不独一市冠"的赞语。1987年4月，为查清佛经渊源，即墨县文化局曾派专人到四川西充、峨眉山等地进行调查，然无踪迹可循，未能澄清经卷流传到即墨的途径。1951年，即墨县进行土地改革时，没收的文物都上缴到县文化馆文物管理工作组，这部经卷亦在其中。当年12月，胶州专署派张日新、焦文卿两人来即墨调走文物32大箱，其中就包括《妙法莲华经》第六卷。1984年即墨县博物馆建立后，这部经卷的卷一、二、三、四、五、七即由即墨县文化馆移交至即墨县博物馆。卷六则遗存于胶县博物馆。

馆藏元代铜权赏析

○ 王灵光 毛洪东

　　"权"，即秤砣，悬挂于秤杆上，以移动的方式来称量器物的重量，这种称重方式一直沿用至今。《汉书·律历志上》曰："权者，铢、两、斤、钧、石也，所以称物平施，知轻重也。"24铢为1两，16两为1斤，30斤为1钧，4钧为1石。清人李光庭在《乡言解颐》卷四中写道："市肆谓砝码为招财童子，谓秤锤为公道老儿……权衡取其平，平者乃公道之谓也。"因此，汉语中就逐渐演变出了"权衡"一词。山西洪洞水神庙元代壁画《售鱼图》给我们揭示了元代利用秤进行商品买卖的场景。现将即墨博物馆所藏的两件铜权介绍于后。

　　其一为六棱形铜权。钮为倒梯形，中有一圆孔。腹部为六棱形，上小下大，其中正反两面较宽，其他四面较窄。腹下为六面体台阶式底座，平底。有合铸痕迹，底座底部有未经打磨的两侧浇铸口，这表明元代铜权应为合范铸造。通高9.7厘米，底长4厘米，宽3厘米，钮长2.5厘米，钮宽、高各1厘米，重370克，腹部正反面分别阴刻"皇庆元年（1312年）""总管府造"等汉字及巴思八文。"皇庆"为元仁宗爱育黎拔力八达的年号。总管府造，表明此铜权为官府铸造，经相关部门检测合格，合乎标准的秤砣。

　　其二为覆钵圆塔形铜权。钮为倒梯形，中有一圆孔。腹部呈圆锥体。腹部的底部纪年文字的右下方上有一梅花形花纹标记，可能是某机构或某工匠所做的特殊记号。束腰。腹下为圆台阶式底座，上有3周弦文。通高9.5厘米，底部直经4.7厘米，钮长3.5厘米，宽、高均1厘米，重480克，正面阴刻楷书"天历二年（1329年）"。"天历"为元文宗图帖睦尔的年号。两枚铜权均为青铜铸造，线条古朴流畅，造型小巧玲珑，权的周身由于年代久远，表面附着有少量绿色铜锈。

　　元朝早期经济繁荣，铜权需求量大，各路、府、州均有铸造，作为官定的标准衡器，其上通常刻有路、府名称或年号铭文。《元典章》载："……民间合用斛斗称度，照依省部元降样制成造，委本路管民达鲁花赤长官较勘相同，印烙讫，发下各处，公私一体行用……据合该工物，照依在先体例，官为借用，各验官降数目，却令拨还。"说明铜权的标准和形制由朝廷制定，由工部制造标准器，再由全国各路总官府照样制成，地方所铸新权需与工部标准器进行校验且相符。

　　元代铜权的铭文分为铸造和铭刻两种，铭文一般位于腹部，主要内容是：纪年；铸造或发行的地区、机构；量铭；权的砣重，常见为巴思八文；官府督造、校验等，各路铸造的铜权权身分别铸有各路的标记，这对我们研究元代的行政区划以及管理制度有着重要的意义。刻铭中除记录年号、铸造地点外，还刻有被称之为花押的意义不明的文字、记号或数字，花押是一种特殊的符号和标记，很可能是负责铸造权的机构在权上标示出的一种符号。元代监管铜权铸造、发行的机构有户部、总管府、留守司、市令司、宣课所等。即墨区博物馆藏六棱形铜权上的铭文"总管府造"，确定了权的铸造机构为总管府，起到了证史的作用，同时也体现了元代政府对铜权等

六棱形铜权　　　　　　　　　　覆钵圆塔形铜权

相关的度量衡制度实施了有效管理，对于后世有着深远的影响。

　　铜权是中国传统的度量衡工具，在中国的历史上扮演着重要的角色，随着科技的发展，在日常生活中逐渐淡出人们的视线。这两件距今已有700多年历史的铜权，让世人看到了元代民间常用的衡器，是考证、研究我国古代社会政治、经济、历史、文化和行政区划及古代衡制的珍贵实物资料，具有较高的艺术鉴赏和收藏价值。

【参考文献】

[1] 蔡明. 元代铜权的初步研究[J]. 考古, 2013(6):62-82.

[2] 张庆久. 浅说元代铜权[J]. 文物世界, 2012(4):37-40.

[3] 董永强. 元代铜权上的回鹘式蒙古文铭文考[J]. 西北大学学报(哲学社会科学版), 2007,37(3):80-85.

[4] 涂伟华. 元代铜权考析[J]. 南方文物, 2006(2):112-113.

[5] 黄爱宗. 山东寿光县发现元代铜权[J]. 考古, 1996(12):24.

[6] 王增山. 山东利津县发现元代铜权[J]. 考古, 1996(12):43.

[7] 程明. 山东邹城市出土元代铜权[J]. 考古, 1996(6):90.

[8] 马玺伦. 山东沂水县发现元代铜权[J]. 考古, 1989(5):417.

[9] 姜建成. 山东益都发现元代铜权[J]. 考古, 1988(3):287.

[10] 李少南. 山东博兴发现元代铜权[J]. 考古, 1985(3):240.

馆藏明代绫本《蓝章夫妇及蓝章父母祖父母诰命》释读

○ 毛洪东　王灵光

诰命是圣旨的一种，是帝王封赠一品至五品官员的特殊文书，有统一样式，书于特制的纸。在封典时，经过一系列特定的仪式颁给受封的官员。即墨博物馆藏有一套明武宗朱厚照封赏的《蓝章夫妇及蓝章父母祖父母诰命》，系蓝章就任南京刑部右侍郎（正三品）时所获。

一、明代"覃恩封赠"制度考

明代实行"覃恩封赠"制度。《明史·职官志一》载："五品以上授诰命，六品以下授敕命。一品，三代四轴。二品、三品，二代三轴。四品、五品、六品、七品，一代二轴。八品以下流内官，本身一轴。一品轴以玉，二品轴以犀，三品、四品轴以鎏金，五品以下轴以角。曾祖、祖、父皆如其子孙官。公、侯、伯视一品。外内命妇视夫若子之品。生曰封，死曰赠。若先有罪谴则停给。正一品，初授特进荣禄大夫，升授特进光禄大夫。从一品，初授荣禄大夫，升授光禄大夫。正二品，初授资善大夫，升授资政大夫，加授资德大夫。从二品，初授中奉大夫，升授通奉大夫，加授正奉大夫。正三品，初授嘉议大夫，升授通议大夫，加授正议大夫……"通过以上记载，结合其他史料，笔者对明代的封诰制度可以得出如下认识。

诰敕有别，五品以上授以诰命，六品以下授以敕命。依据官员品级确定封赠范围：一品封赠三代，二品、三品封赠二代，四品至七品封赠一代，八品、九品则至受封赠者自身而止。诰敕轴数亦依据官员品级而定，从五轴、四轴到一轴不等。同样，受封赠者女性亲属（指受封者的妻子及其父亲、祖上的妻子）的封赠称谓亦依据品级有着严格的规定：一品官之女性亲属称一品夫人，二品官之女性亲属称夫人，三品官之女性亲属称淑人，四品官之女性亲属称恭人，五品官之女性亲属称宜人，六品官之女性亲属称安人，七品官之女性亲属称孺人，八品、九品官之女性亲属分别称八品孺人和九品孺人。这些受封赠者女性亲属通常被称为"诰命夫人"或"敕命夫人"，按照品级享受俸禄，但没有实际权力。

诰敕所用的织锦都是由工部所属的神帛制敕局（后称南京织染局）特制的，其样式依照文武官员品级有着严格规定：文官一品用云鹤锦，夫人用鸾锦，轴为玉轴；二品用狮子，夫人用潦鹎锦，轴为犀牛角轴；三品、四品用瑞荷锦，淑人、恭人用芙蓉锦，轴为抹金轴；五品用瑞草锦，宜人用四季花锦，轴为角轴；六品、七品、八品、九品及其女性亲属用葵花锦乌木轴。武官一品至七品俱铠甲葵花引首，抹金轴。

诰敕前织文，文官用玉箸篆，武职用柳叶篆。诰命前织文为"奉天诰命"，敕命前织文为"奉天敕命"，都有升降龙盘绕。诰敕内容一般由中书舍人用毛笔书就，字体为楷体中的"台阁体"。该字体是明代官方使用的官场书体，显得规范、美观、整洁、大方。

另外，明代每件诰敕皆有编号。明洪武六年（1373年）规定，须在诰命末尾注明某字第某号，初以二十八宿编号，后以《急就章》编号。封诰公、侯、伯、藩王和一品、二品官员，以"仁、义、礼、智"编号；文官三品以下以"文、行、忠、信"及十二支编号；武官初以二十八宿编号，续以《千字文》编号。各种诰敕，均以千号为满。王及附马不编号，土司按文武编号。

二、《蓝章夫妇及蓝章父母祖父母诰命》赏析

《蓝章夫妇及蓝章父母祖父母诰命》一套三轴，其前织文"奉天诰命"为文官专用玉箸篆，两侧为提花织银白色双龙升降纹盘绕，右侧龙头朝上，左侧龙头朝下。制首皆以"奉天承运皇帝制曰"八字开头，幅宽33厘米，缀银色卷云纹。卷尾有"正德十年（1515年）三月十日"年款及"制诰之宝"篆体阳文朱印御鉴，再左侧为朱文骑缝印半方，其印文为"广运之宝"，编号文字为"信字□□□号"。

录文如下，其一为：

奉天承运皇帝制曰：秋官卿所以提用法之纲，总弼教之任，君仁是播，民命攸司。匪资长贰之贤，曷胜委畀之重。旧都所在令，式斯同咨尔。南京刑部右侍郎蓝章，才大器闳，志刚守正，诗书世业，科第英流。循良功著于花封，謇谔声驰于乌府。迁太仆马政，事修佐法卿，刑名益谨，进居峻职，丕振台纲。权奸沮抑而两任外僚，公道昭明而再升都宪。肆允议于廷议，遂超陟于今官。法比详明，折狱有稗乎留务；操持清慎，奉公恪守乎官箴。属嘉绩之来闻，实朕心之简在。爰加褒宠，用奖英贤，兹持进尔阶通义大夫，锡之诰，命于戏，刑期无刑。皋陶遵帝之训，辟以止辟；君陈承王之休，勉企古人。用光朕命，尚有显陟以畴尔庸，钦哉。

初任直隶徽州府婺源县知县，二任直隶安庆府潜山县知县，三任贵州道试御使，四任贵州道监察御史，五任太仆寺少卿，六任大理寺右少卿，七任都察院左佥都御史，八任江西抚州府通判，九任陕西按察司佥事，十任都察院右佥都御史，十一任都察院右副都御史，十二任今职。

制曰：名臣有报国之功，式隆宠任，命妇有承宗之义，特厚褒封。兹惟风化之原，允系彝伦之重。典章具在，今古攸同。南京刑部右侍郎蓝章妻封恭人。徐氏恪谨褆身，懿柔成性，秀钟旧族，德媲名流。相祀□恭，每务洁蠲于荐奠；事姑孝敬，岂□丰腆于膳羞。贤声久播于六姻，褒宠早膺乎一命。眷夫阶之峻陟，宜国典之载申。是特加封为淑人，冠帔光华虽远。

内廷之朝谒丝纶赫奕允为中闱之表仪。

正德十年三月十一日

制诰之宝 广运之宝

其二为：

奉天承运皇帝制曰：父有善行，为子者务在显扬；臣有贤劳，为国者必先褒锡。此伦理所当重，实风教所由关。矧我宪臣，丕扬宦业；肆推恩典，实倍常伦。尔赠文林郎、贵州道监察御史蓝铜，乃都察院右佥都御史章之父。郡邑名家，乡间善士。安恬有守，朴质无华。敦行孝友于家庭，式存遗范；抚恤孤嫠于族，卓有贤声。倒廪赈饥已沾恩于命服，积书教子复荷宠于纶章。今都宪之超登，为我边方之保障，载推异渥，用发幽潜。兹特加赠为中宪大

明代绫本《蓝章夫妇及蓝章父母祖父母诰命》（其一）

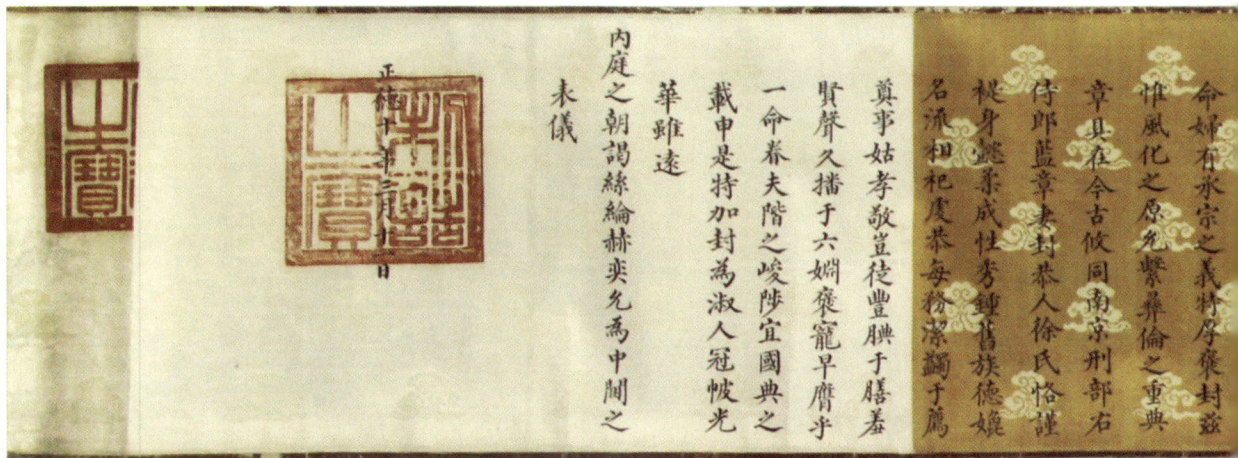

明代绫本《蓝章夫妇及蓝章父母祖父母诰命》（其二）

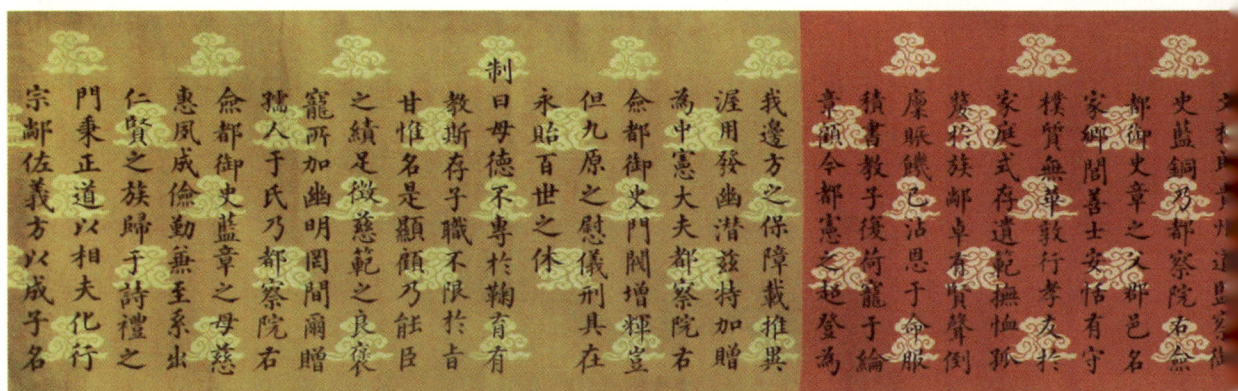

明代绫本《蓝章夫妇及蓝章父母祖父母诰命》（其三）

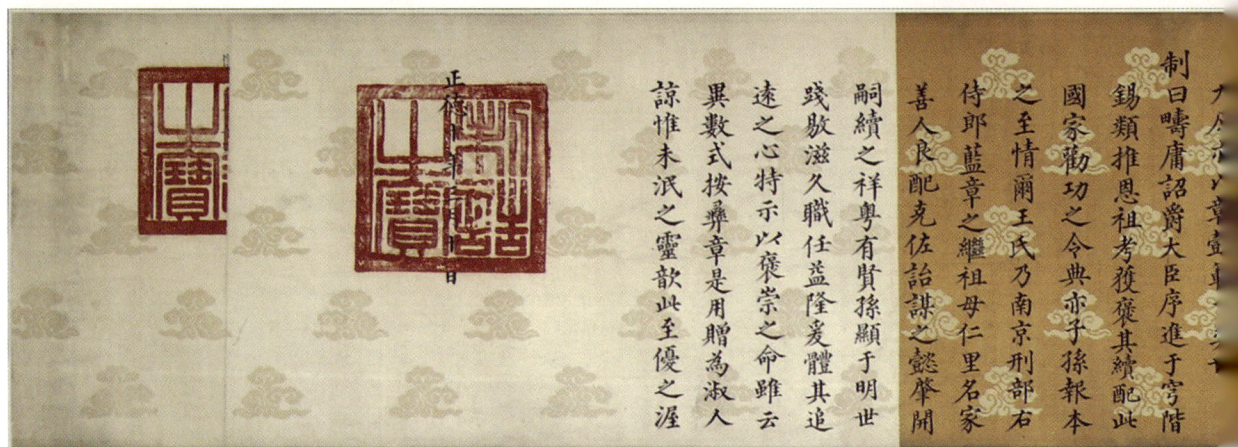

夫、都察院右佥都御史，门阀增辉，岂但九原之慰？仪刑具在，永贻百世之休。

制曰：母德不专于鞠育，有教斯存；子职不专于旨甘，惟名是显。顾乃能臣之绩足征慈范之良，褒宠所加，幽明周间。尔赠孺人于氏，乃都察院右佥都御史蓝章之母。慈惠凤成，俭勤无至。系出仁贤之族，归于诗礼之门。秉正道以相夫，化行宗党；佐义方以成子，名显甲科。□违禄养之荣。

其三为：

奉天承运皇帝制曰：祖之积善余庆必钟于后，人臣之效忠荣名必及其先祖。盖天道可信，而报施之无差肆；礼制通行，而幽明之阕间。尔蓝福胜，乃南京刑部右侍郎章之祖父。

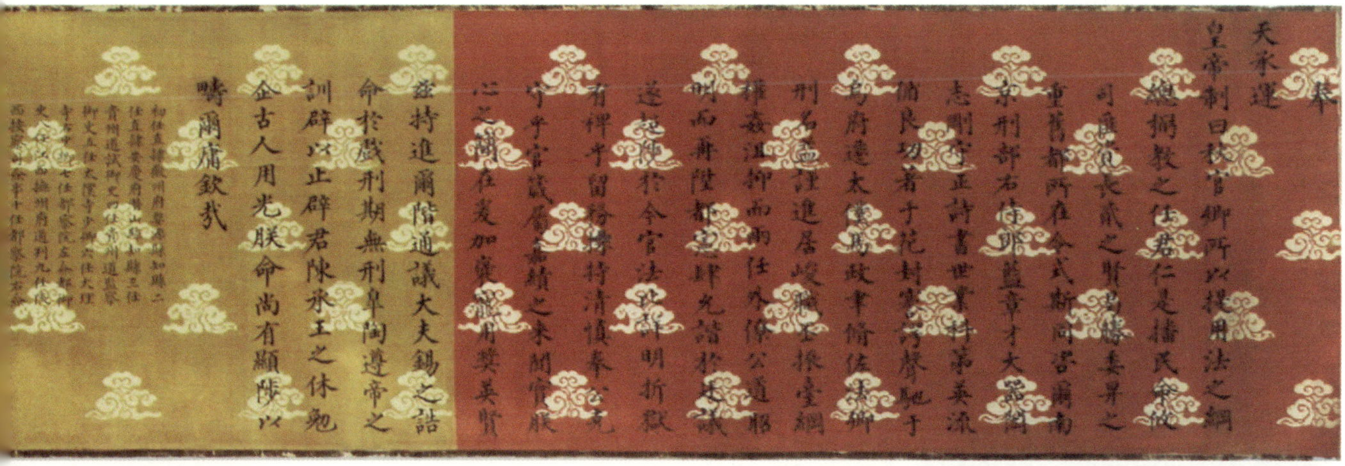

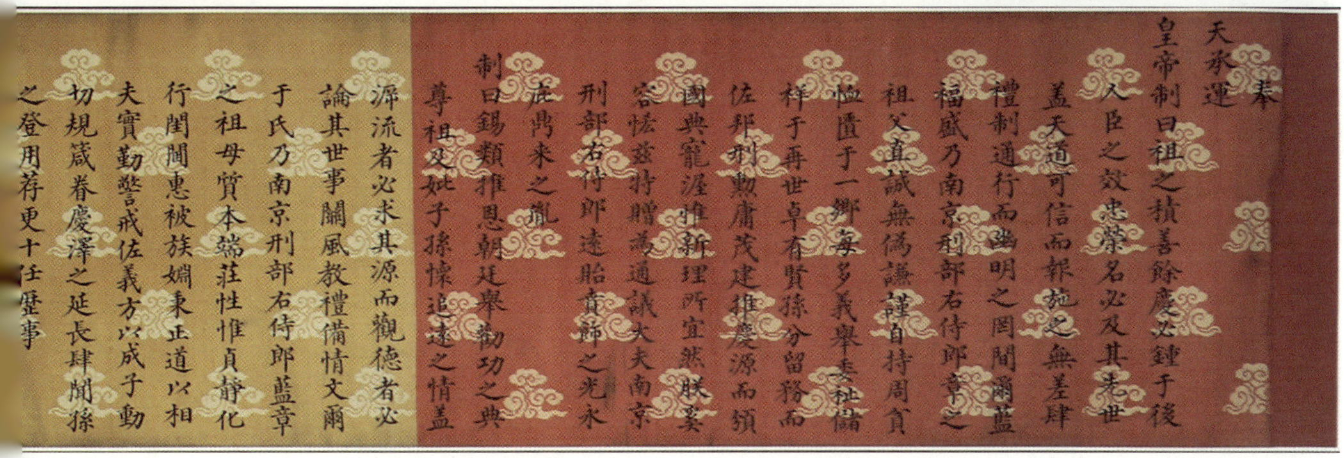

直诚无伪，谦谨自持。周贫恤匮于一乡，每多义举；委祉储祥于再世，卓有 贤孙。分留务而佐邦，刑勋庸茂；建推庆而颂国典，宠渥惟新。理所宜然，联奚容吝。兹特赠为通义大夫南京刑部右侍郎。远贻贲饰之光，永庇鼎来之胤。

制曰：锡类推恩，朝廷举劝功之典；尊祖及妣，子孙怀追远之情。盖溯流者必求其源，而观德者必论其世。事关风教，礼备情文。尔于氏，乃南京刑部右侍郎章之祖母。 质本端庄，性惟贞静。化行闺阃，惠被族姻。秉正道以相夫，实勤警戒；佐义方以成子，动切规箴。眷庆泽之延长，肆闻孙之登用，荐更十任历事。

累朝属兹，报政之余，肆举追崇之典，是特赠为淑人。匪徒慰柔灵于九原，亦以彰懿范于奕世。

制曰：畴庸诏，爵大臣，序进于穹阶；赐类推，恩祖考，获褒其续配。此国家劝功之令典，亦子孙报本之至情。尔王氏，乃南京刑部右侍郎之继祖母。仁里名家，善人良配。克佐诒谋之懿，肇开嗣续之祥，粤有贤孙，显于明世，践扬滋久，职任益隆。爰体其追远之心，特示以褒宠之命。虽云异数，式按彝章是用，赠为淑人，谅惟未泯之灵。歆此至优之渥。

正德十年三月十日

制诰之宝　广运之宝

三、蓝章其人

清同治《即墨县志》载：

蓝章，字文绣，铜长子。成化甲辰科进士，除婺源令，再补潜山，皆有治声。擢贵州道监察御史，巡按山西。弹劾不避权贵，累转金都御史。以忤逆（刘）瑾下狱，谪抚州判。瑾败，复起，巡抚陕西。时内旨催造毡账甚急，糜费亿万，抗疏停之不报。蜀寇鄢本恕、蓝廷瑞等聚众数万，流劫湖陕。章申徽军实，两驻汉中，所至修城垣，诸冲路州县悉凭以守。演武侯八阵为《合变图说》，出奇制胜，歼其渠魁，余党悉平。升南京刑部右侍郎，多所平反。奉敕清理两淮长芦盐法，条奏四事，议格不行，乞休归。卒年七十四岁。谕赐祭葬。祀名宦、乡贤。

在即墨城里大街曾立有为蓝章修建的"进士坊""少司寇坊""父子进士坊"等坊表11座。

蓝章是即墨蓝氏第一位入仕者，是即墨良吏、循吏、廉吏的典型代表。致仕后，他在崂山开设玉蕊楼和华阳书院，潜心研究学问，自号"大劳山人"，有《西巡录》《西征题稿》《武略总要》《大崂山人遗稿》《八阵合变图说》等著述传世。在著书立说的同时，他积极聘请名师教授子弟，形成并奠定了即墨蓝氏"清正廉明，忠君报国"的家风。明清时期，即墨蓝氏共有5位进士（其中1位武进士）、9位举人、56位贡生，庠生、监生等有上百人。几百年来，蓝家陆陆续续上百人入仕为官，却没有一人贪腐，谱写了一部清正华章。

【参考文献】

[1] 章培恒, 喻遂生. 二十四史全译: 明史[M]. 北京:汉语大词典出版社,2004.

[2] 即墨市史志办公室. 即墨县志[M]. 北京: 中国和平出版社,2005.

[3] 王金花. 古代诏令文书"诰命(宣命)敕命(敕牒)"[J]. 文物世界, 2013(3):27-30.

[4] 黄媛. 两份保存完好的明代圣旨[J]. 齐鲁文物, 2001(1):54.

[5] 刘群英. 明代文官父祖封赠制度研究[D]. 长春: 东北师范大学, 2009.

文物铭史——明绢本《蓝章战功图轴》考略

○毛洪东　王灵光　李彦霖

　　文物是物化的历史，是历史的见证，每一件文物都蕴含着丰富的历史信息，都铭刻着一段或耳熟能详或鲜为人知的历史。透过文物，我们可以更真实地感受历史、触摸历史。即墨博物馆藏明绢本《蓝章战功图轴》记录的是即墨明代名宦蓝章巡抚陕西，平定叛乱的历史，是研究明代陕西历史的重要实物资料。

一、《蓝章战功图轴》的内容与艺术特点

　　即墨博物馆藏明绢本《蓝章战功图轴》，长370厘米，宽235厘米，是一幅描绘蓝章在陕西任巡抚期间剿灭叛乱的战功图。画面中，蓝章端坐于马上，威严肃穆，其身形比周围的随从要大一号，以此种方式突出其身份地位；身后紧随四名传令兵，背插蓝色三角令字小旗，胸口挂有令牌；再之后，则是六名精锐骑兵拱卫着一名高举牙旗的旗手；身前是蜿蜒的大军，逶迤前行在山路上，

明绢本《蓝章战功图轴》

大军按长枪兵、火铳兵、刀盾兵、弓箭兵、骑兵等不同的兵种分布，戒备森严，旌旗鲜明；画面右下方，是城门，门口画有近百名前来送行的官员和百姓，有的行拱手礼，有的行跪拜礼。

战功图画面结构繁复，层次分明、人物众多，诸多细节皆刻画细腻精致，军士、战马、旌旗、服饰、兵器、器具、建筑、树木莫不精细刻画，生动地再现了当时的历史场景，从而使观画者有了一种身临其境的视觉体验。整幅作品布局精巧、场面宏大、气势连绵。可惜，在"文革"时期，这幅珍贵古画的部分内容被用墨汁涂黑，给我们留下了诸多遗憾。

二、历史背景与历史事件

明武宗正德年间（1506—1521年），太监刘瑾把持朝政，培植私党，苛税繁重，再加上连年饥馑，百姓生活日益困苦，反抗持续不断。时任大理寺右少卿、都察院左都御史的蓝章因为官清正而遭到刘瑾的嫉恨，被诬陷入狱。后经多方解救，方得获释，遂谪任江西抚州通判，不久改任陕西金州道佥事。正德五年（1510年）刘瑾被诛，蓝章起复，任都察院左佥都御史，巡抚陕西。蓝章在陕西的四年，正是陕西、四川贼寇纷起的时候。《明史·土司传》载："（正德）六年（1511年），四川贼蓝廷瑞、鄢本恕等及其党二十八人倡乱两川，乌合十余万人，僭王号，置四十八营，攻城杀吏，流毒黔、楚。"朝廷镇扶乏人，文官领兵，这在明朝是常见的事情。于是，蓝章带兵负责陕西的剿匪事宜。蓝章上言："关陕据天下要害，而汉中为陕属郡，与蜀连。蜀有寇必及汉，汉无备则三辅震动，某请寓汉以当之。"于是，蓝章带兵进驻汉中，安抚百姓，修建城池，整顿军备，剿灭匪患。蓝章慕诸葛之八阵图，便派遣使者前往鱼腹画诸葛八阵图，在厅事后垒石而谛观之，推演寻绎，得其要领，编成《八阵合变图说》，并以其法操演将士，部队战斗力大为提升，先后协助总制洪钟、彭泽剿灭叛乱。

《明史·洪钟传》载，洪钟奉命赴川平乱。"钟赴四川，与（四川巡抚林）俊议多不合，军机牵制，贼益炽。已，乃檄陕西、湖广、河南兵分道进，湖广兵先追及于陕西石泉。（蓝）廷瑞走汉中，都指挥金冕围之。陕西巡抚蓝章方驻汉中，廷瑞遣其党何虎诣章，乞还川就抚。章以廷瑞本川贼，恐急之必致死，陕且受患，遂令冕护之出境。"《八阵合变图说》蓝章跋语："顷者蜀盗弄兵，予奉诏致讨，督师驻汉中，因取八阵图而推演之。自六十四垒分内、外、前、后、四隅，又变而为八阵，纵横开阖，钩联蟠屈，各有条理。以之训练，而行伍始严整可观矣。三复考订，命武都人龙正图之，而注其左，付郡守杨秉衡刻梓。自将领以至士卒，人给一本，诵而习之。"蓝章用当时的日常语言写成《八阵合变图说》，深入浅出地诠释八阵图，使之通俗易懂，并运用于战争实践，取得了不凡战绩，也为后世留下了一部古代阵法的不朽之作。近代《传世名著百部》将其收入，与《孙子兵法》、诸葛亮《将苑》、戚继光《练兵实记》同列，即是对《八阵合变图说》一书的肯定，又是对蓝章这位几百年前先贤所做杰出贡献的纪念。后来，反贼余孽曹甫又在江津叛乱，蓝章复入汉中，且剿且抚。"谓盗众皆赤子无知，被迫至此，尽杀之无益。乃宣布朝廷恩惠，受抚者皆给符遣散，众皆感喻，所降男女万二千余人"。廖麻子、喻老人等且称听抚，却又四处劫掠，蓝章会同总制彭泽督率官兵，不避艰险，多方剿抚，解散二万余人。自此川陕悉平，汉中等处各立生祠祀之。蓝章也在不久被擢升为南京刑部右侍郎。

当时分封在陕西西安府的秦定王朱惟焞作有《贺大都宪蓝老先生平贼功成诗》，诗中写道："堂堂人物出山东，远镇关中又汉中。四载提兵同建节，一时平贼喜成功。向来铁骑多方扰，此

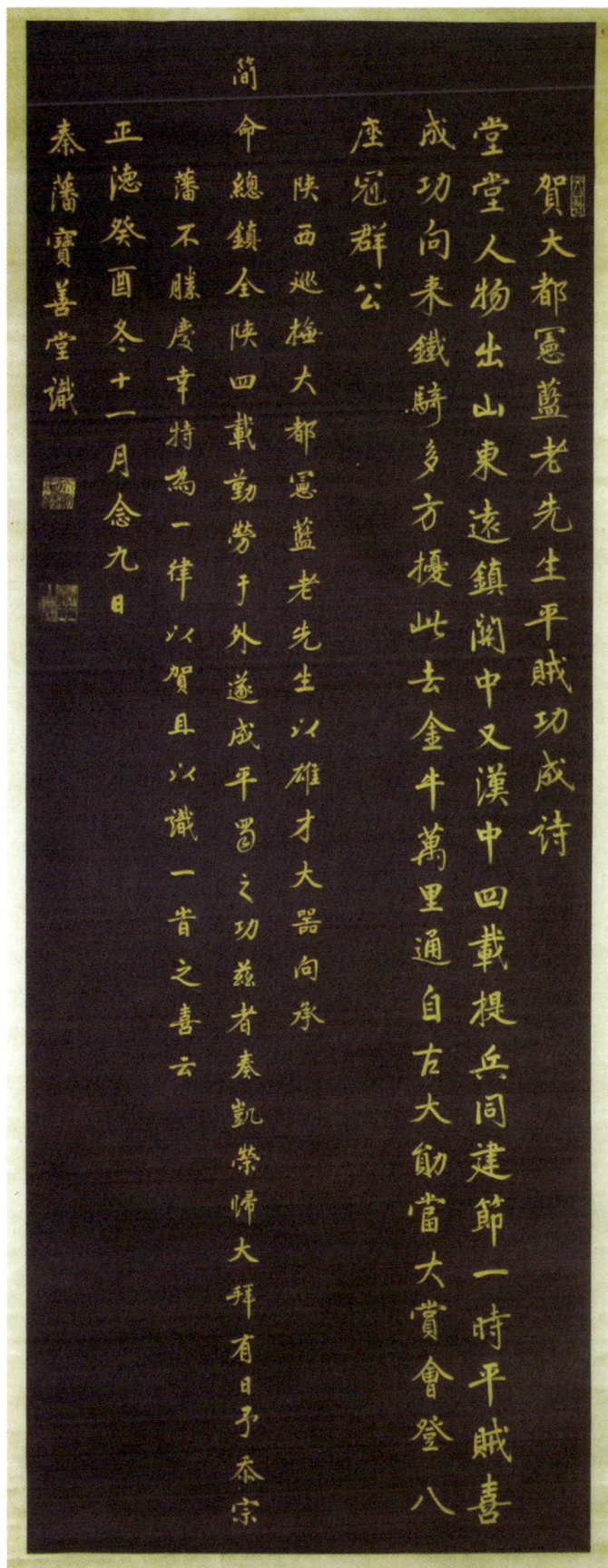

明绢本《贺大都宪蓝老先生平贼功成诗》立轴

去金牛万里通。自古大勋当大赏，会登八座冠群公。"款识内容是："陕西巡抚大都宪蓝老先生以雄才大器向承简命总镇全陕四载，勤劳于外，遂成平蜀之功，兹者奏凯荣归，大拜有日，予忝宗藩，不胜庆幸，特为一律以贺，且以识一时之喜云。正德癸酉（正德八年，1513年）冬十一月廿九日。秦藩宝善堂识。"钤印："天潢一永，秦王之章。"这件七言诗立轴现存于即墨博物馆，也是这段历史的珍贵见证。

三、蓝章其人

清同治《即墨县志》记载："蓝章，字文绣，铜长子。成化甲辰科进士，除婺源令，再补潜山，皆有治声。擢贵州道监察御史，巡按山西。弹劾不避权贵，累转佥都御史。以忤逆瑾下狱，谪抚州判。瑾败，复起，巡抚陕西。时内旨催造毡账甚急，糜费亿万，抗疏停之不报。蜀寇鄢本恕、蓝廷瑞等聚众数万，流劫湖陕。章申儆军实，两驻汉中，所至修城垣，诸冲路州县悉凭以守。演武侯八阵为合变图说，出奇制胜，歼其渠魁，余党悉平。升南京刑部右侍郎，多所平反。奉敕清理两淮长芦盐法，条奏四事，议格不行，乞休归。卒年七十四岁。谕赐祭葬。祀名宦、乡贤。"在即墨城里大街曾立有为蓝章修建的"进士坊""少司寇坊""父子进士坊"等坊表12座。

蓝章是即墨蓝氏第一位入仕者，是即墨良吏、循吏、廉吏的典型代表，蓝章致仕后在崂山华阳山下修筑华阳书院，潜心研究学问，自号

"大劳山人",著有《西巡录》《西征题稿》《武略总要》《大崂山人遗稿》《八阵合变图说》等。在著书立说的同时,蓝章积极聘请名师教授子弟,形成并奠定了即墨蓝氏"清正廉明,忠君报国"的家风。明清时期,即墨蓝氏共有5位进士(其中1位武进士),9位举人,56位贡生,庠生、监生等有上百人。

四、战功图轴溯源

战图又称战功图,是一种描绘战争场面的叙事性绘画,通过此种方式以达到宣扬功绩的目的。战图一词始见于唐代。《旧唐书·张仁愿传》记载:"万岁通天二年(697年),监察御史孙承景监清边军,战还,画战图以奏。每阵必画承景躬当矢石、先锋御贼之状,则天叹曰:'御史乃能尽诚如此!'"后经张仁愿认真叙功,发现孙承景多有冒领军功现象,于是孙承景被贬为崇仁令。其后,辽宋元诸朝也多有战图的记载,《辽史·耶律仁先传》记载,耶律仁先平定耶律重元的谋反后,辽道宗耶律洪基对其的赏赐是"加尚父,进封宋王,为北院枢密使,亲制文以褒之,诏画滦河战图,以旌其功"。

明清时期,随着西方的写实绘画技法的传入,战图作品更为流行,尤其是到了清代,大量描绘征战场面的叙事性战图更是成为清代宫廷绘画题材的一个显著特色。"在清王朝,凡发生重大的政治、军事事件,举行隆重的典礼活动,都组织画家用绘画记录下来,以宣扬当朝的文韬武略,丰功伟绩。"例如,乾隆皇帝谕令绘制的两件作品均称佳作。其中一件是由郎世宁、王致诚、艾启蒙、安若望等西洋画师与中国画家丁观鹏等以清军平定西域战乱为主题创作的《平定西域战图》,另一件是姚文瀚、杨大章、贾全、谢遂、庄豫德、黎明以清军平定台湾为主题创作的《平定台湾得胜图》,代表了清代战图的艺术处就。

【参考文献】

[1] 张廷玉,等. 明史[M]. 北京: 中华书局,1974.

[2] 蓝水. 大崂山人集[M]. 青岛: [出版者不详],1994.

[3] 刘昫,等. 旧唐书[M]. 北京: 中华书局,1975.

[4] 脱脱,等. 辽史[M]. 北京: 中华书局,1974.

[5] 单国强. 中国美术·明清至近代[M]. 北京: 中国人民大学出版社,2010.

即墨知县书法赏析

○ 姜保国

　　知县，掌管着全县政令，是一县的最高行政长官，其职责是掌管全县赋税征收、决断刑狱、劝农稼穑、赈灾济贫、讨奸除霸、兴养立教、贡士、读法、祀神祭孔等。其秩为正七品，多由进士、举人、贡生等经吏部铨选授职。清朝年俸银29两2钱5分9厘。清乾隆三年（1738年）始，年给养廉银1400两，公银160两。县丞是知县的辅佐官，其秩为正八品。

　　即墨历史悠久，名宦廉吏代有人出，见诸史籍记载的代表人物包括战国时期的即墨三大夫；汉代的胶东内史阙门庆忌，胶东太守延广，胶东相王成、张敞，不其县丞薛宣、假仓，胶东侯相吴祐，不其县令童恢；三国时期的即墨县令王修；唐代的即墨县令仇源；五代时期的即墨县令王延；金代的即墨县尹胡嵩；元代的即墨县尹董守中、柴总道、王章甫；等等。清同治十一年（1872年）即墨知县林溥主修的同治《即墨县志》载录明代即墨知县65人，清代即墨知县125人。明清时期附有传记的即墨官员（含守备、参将、县丞、主簿等）41位，著名的有周岐凤、汤明善、许铤、刘国玉、康霖生、尤三省、郑鸣冈等。值得庆幸的是，古老的即墨县衙至今尚存，是山东省内唯一的三堂俱在的老县衙。许多名宦从这里走出，留下了他们励精图治、为国为民的身影，域内尚留有许多他们的相关遗迹。但是，能传下片纸遗墨的少之又少。下面，我们就来欣赏一下馆藏清末以来部分知县（知事）的书法作品。

现存的即墨县衙大堂

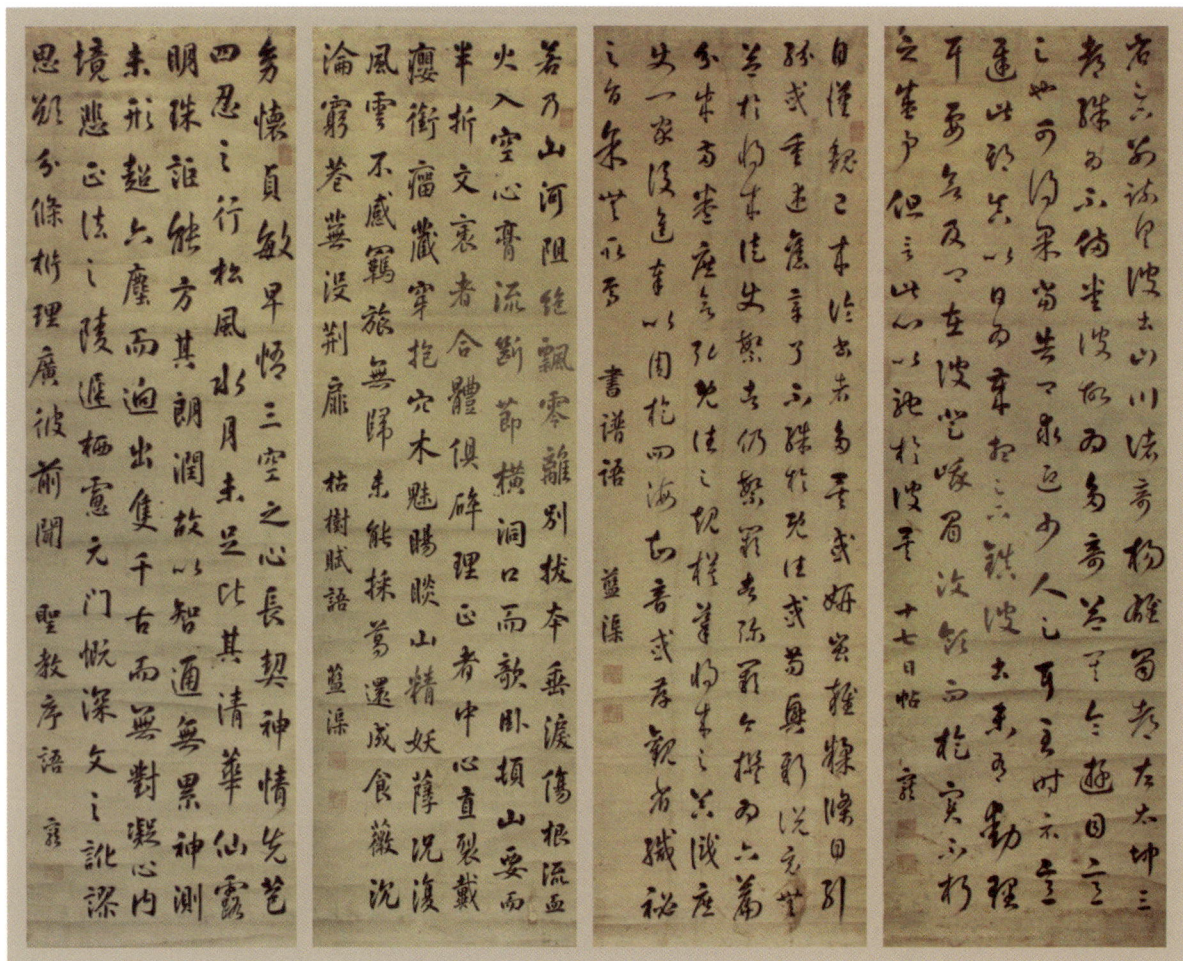

蔡宠行、草书四扇屏

一、蔡宠其人其书

蔡宠（1771—1843），字惧三，号蓝渠，广东雷州府海康县（今属广州省雷州市）人。他五岁丧父，随伯父长大，自幼聪颖好学，卓尔不凡。后得同乡翰林院编修、著名学者陈昌齐赏识，将次女陈佩瑶嫁给他。清嘉庆十三年（1808年）考中顺天榜举人，道光二年（1822年）中进士。道光三年（1823年），任清即墨县令。一年后，告病离职，返乡主持雷阳书院多年。他赋性耿介，为人正直，常对人讲：人苦于只知道有自己，而不知道还有别人。他谦恭退让，乐善好施，常典当衣物以救助穷苦人。道光二十三年（1843年）病逝，享年72岁。存世著作有《谱荔斋诗文集》。蔡宠书法功力深厚，对二王体会最深，对孙虔礼、虞永兴、褚遂良的书法亦颇有心得。

这里介绍的行、草书四扇屏为蔡宠的代表作。每一条屏均独立成幅，纵156.5厘米，横46厘米。内容节录自《十七日帖》《书谱》《枯树赋》《圣教序》，与原文略有不同。其文为：

省足下别疏，具彼土山川诸奇，扬雄《蜀都》、左太冲《三都》，殊为不备悉。彼故为多奇，益令其游目意足也。可得果，当告卿求迎，少人足耳，至时示意，迟此期真以日为岁。想足下镇彼土，未有动理耳。要欲及卿在彼，登峨眉、汶岭而旋，实不朽之盛事。但言此，心以驰于彼矣。《十七日帖》

自汉魏已来，论书者多矣，<或>妍蚩杂糅，条目纠纷：或重述旧章，了不殊于既往；或苟兴新说，竟无益于将来；徒使繁者仍（弥）繁，阙者弥（仍）阙。今撰为六篇，分成两卷，第其工用，名曰书谱，庶使一家后进，奉以规模；四海知音，或存观省。缄秘之旨，余无取焉。《书谱》语

若乃山河阻绝，飘零离别。拔本垂泪，伤根流（沥）血。火入空心，膏流断节。横洞口而敧卧，顿山腰而半折，文裹（斜）者，合体俱（百围冰）碎，理正者千寻瓦裂。载瘿衔瘤，藏穿抱穴，木魅晱睒，山精妖孽。况复风云不感，羁旅无归。未能采葛，还成食薇。沉沦穷巷，芜没荆扉。《枯树赋》语

幼怀贞敏，早悟三空之心；长契神情，先苞四忍之行。松风水月，未足比其清华；仙露明珠，讵能方其朗润。故以，智通无累，神测未形，超六尘而迥出，只千古而无对。凝心内境，悲正法之陵迟；栖虑元（玄）门，慨深文之讹谬。思欲，分条析理，广彼前闻。《圣教序》语

起首均钤朱文"持无暴斋"印，语出《孟子·公孙丑上》："夫志，气之帅也；气，体之充也。夫志至焉，气次焉。故曰：'持其志，无暴其气。'"落款"蓝渠"或"宠"。下钤白、朱文"臣蔡宠印""壬午进士"，"圣教序语"只钤白文"臣蔡宠印"。

《十七日帖》的内容取自《十七帖》中的《蜀都帖》（又称《游目帖》）。《十七帖》传为王羲之所写，为其草书代表作之一，因卷首有"十七"两字而得名。原墨迹早佚，现传世《十七帖》只有刻本。《书谱》的作者是初唐的孙过庭。3700字的煌煌大论，内容广博宏富，涉及中国书学各个重要方面，且见解精辟独到，揭示出了书法艺术的本质和规律，从而成为古代书法理论史上一部里程碑式的著作。《枯树赋》是北周诗人庾信羁留北方时，抒写对故乡的思念，并感伤自己身世的作品。有褚遂良刻本存世，元代赵孟頫和明代董其昌亦有墨笔临本存世。《圣教序》全称为《大唐三藏圣教序》，由唐太宗撰写。最早由唐初四大书法家之一的褚遂良所书，称为《雁塔圣教序》；后由沙门怀仁集王羲之字刻成碑文，称《唐集右军圣教序并记》或《怀仁集王羲之书圣教序》；又因碑首横刻有七尊佛像而名《七佛圣教序》。

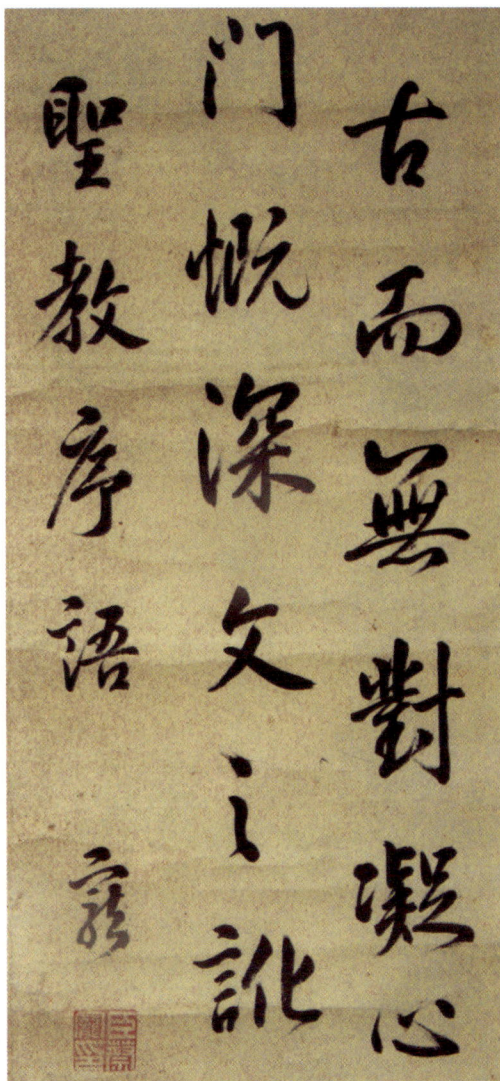

蔡宠行、草书四条屏局部

二、秦锡九其人其书

秦锡九，生辰年不详，广西灵川人。道光二年（1822年）壬午恩科进士。是年恩科，系为清宣宗道光皇帝登极而设，取进士222名，秦锡九为三甲六十七名，蔡宠为三甲四十六名。据《清实录·道光朝实录》记载，得道光皇帝召见后，新科进士即分赴各省任知县。蔡宠任即墨知县。秦锡九在道光十二年（1832年）前后曾任曹县知县，至道光十六年（1836年）转任即墨知县。

秦锡九在即墨任上做了不少利民之事。清同治《即墨县志》记载，道光十九年（1840年），秦锡九重修城隍庙、刘猛将军庙，移建龙王庙于城内。为童府君祠作《童公庙碑记》，有言："余曾读《后汉书》循吏传，窃神往童嗣公（训）虎一事，以为德政之感被，何若是之神也。"他感慨东汉不其令童恢以德施政，后人建祠祀之，而日久渐衰，田径荡废几尽。"庚子秋，绅民等阖呈恳请，追回庙地，并请立碑出示，以垂诸久远。"任职期间，秦锡九曾游历蓬莱阁，留下了"城郭当前，烟火万家忧乐共；海山在望，乾坤一气古今游"的题诗。另外，他还曾为《即墨诗乘》作序。

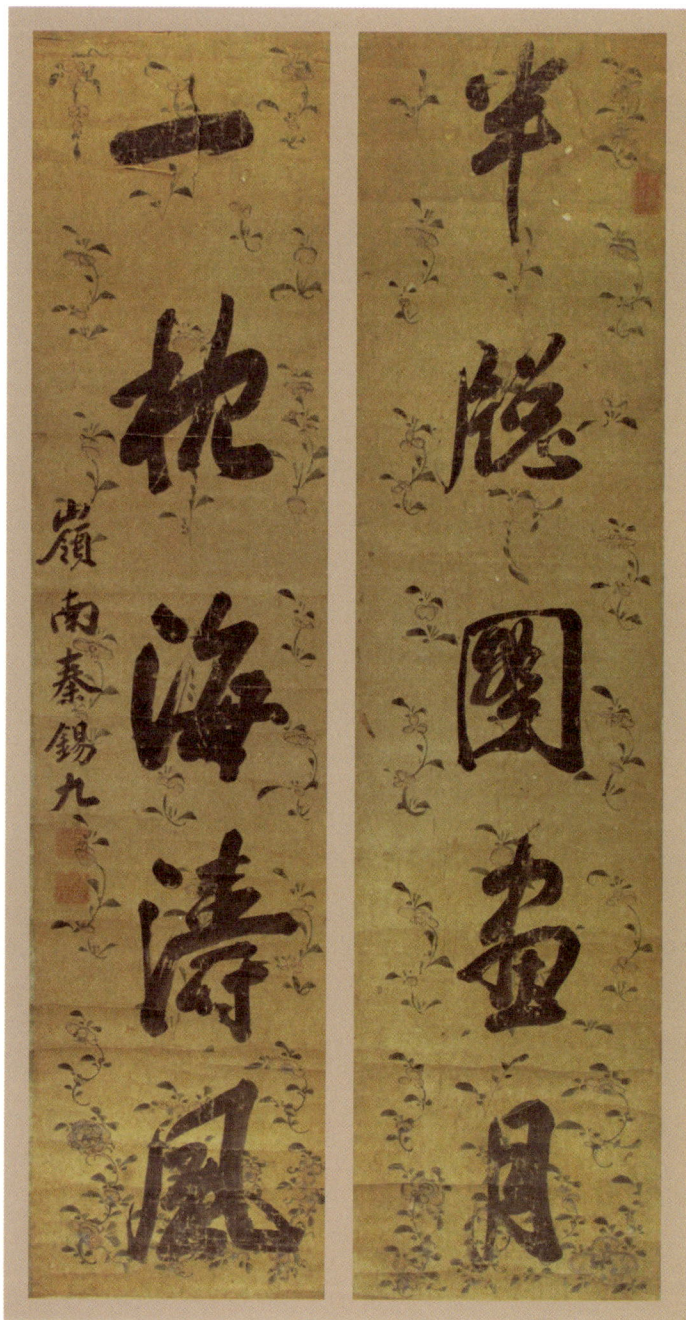

秦锡九书"半窗一枕"五言联

图为秦锡九行书"半窗一枕"五言联，为其书法艺术的代表作。每联纵124厘米，横29厘米。用黄灰描银花纹笺纸书写。文为"半窗图画月，一枕海涛风"。落款为"岭南秦锡九"。下盖朱、白文各一方，印文为"臣锡九印""秦之鼎臣"。起首章钤白文"玉壶冰"印。这首诗出自清初文人王寿祚题金山草堂联的内容，联云："半窗图画梅花月，一枕波涛杨柳风。"

从书法脉络上看，秦锡九上承元代赵孟𫖯、明代董其昌，对孙过庭的书谱也下过很大功夫。观其书作，布局气势开张，个性较为张扬。

三、林溥其人其书

林溥，生于清嘉庆年间（1796—1820），字少紫，号坚园，江苏甘泉（今属江苏省仪征市）人。道光十七年（1837年）举人，咸丰二年（1852年）进士，任长清知县。同治七年（1868年）任即墨知县，因勤政爱民，政声卓著，擢升东平知州。在东平任上，他亲自监督流浚黄河入海口，兴筑堤坝，保证了运粮漕船畅行。他自奉俭朴，却不吝周济贫困亲族与故旧。他一生嗜学，上自六经，下至诸子，无不涉猎。他工墨梅，丰神洒落，气韵古秀。又擅诗词，著有《晖堂诗集》八卷。阮元编《北湖续志》和《北湖续志补遗》收录他的诗词多首。

即墨知县任上，林溥的最大功绩是主持修纂《即墨县志》，前后历经五载修成，于同治十一年（1872年）正式刊刻于世。全书共8册12卷，内容分12门，设71目，附图13幅。此为明清两朝刻印问世的内容最为丰富详实、体例最为完备的即墨方志。从现存的同治《即墨县志》的相关记载看，林溥在任职期间做了许多普惠民众的事，尤注重对城内学校、坛庙及慈善场所的修缮。同治八年（1869年），重葺普济堂；同治九年（1870年），重葺养济院，重修龙王庙、刘猛将军庙和春秋阁，重建土地祠；同治十年（1871年），重修文庙（先师庙）、忠义祠和崇圣祠，并在西门外新建义学一所。同治十一年（1872年），重修劳山书院。在新刊刻县志中收录有他撰写的《修劳山书院记》《重修文庙碑记》《天鉴录跋》《劳山纪游》等诗文多篇。

图为林溥书《渔洋山人横翠阁诗》。行书，纵122厘米，横47厘米。诗曰："高阁冠清溪，雪浪相回薄。帘卷暮山晴，衣霑空翠落。烟暝竹林间，归飞双白鹤。"落款为"坚园林溥"，下钤朱文"少紫"、白文"林溥之印"各一方。所录为清初著名文学家王士禛的《咏啸园十二首》中的一首。啸园在章丘，清道光《章丘县志》载："啸园，在梭山之阴，邑人李绪明建。亭台岩壑有委蛇曲折之致，诸名士歌咏甚富。"

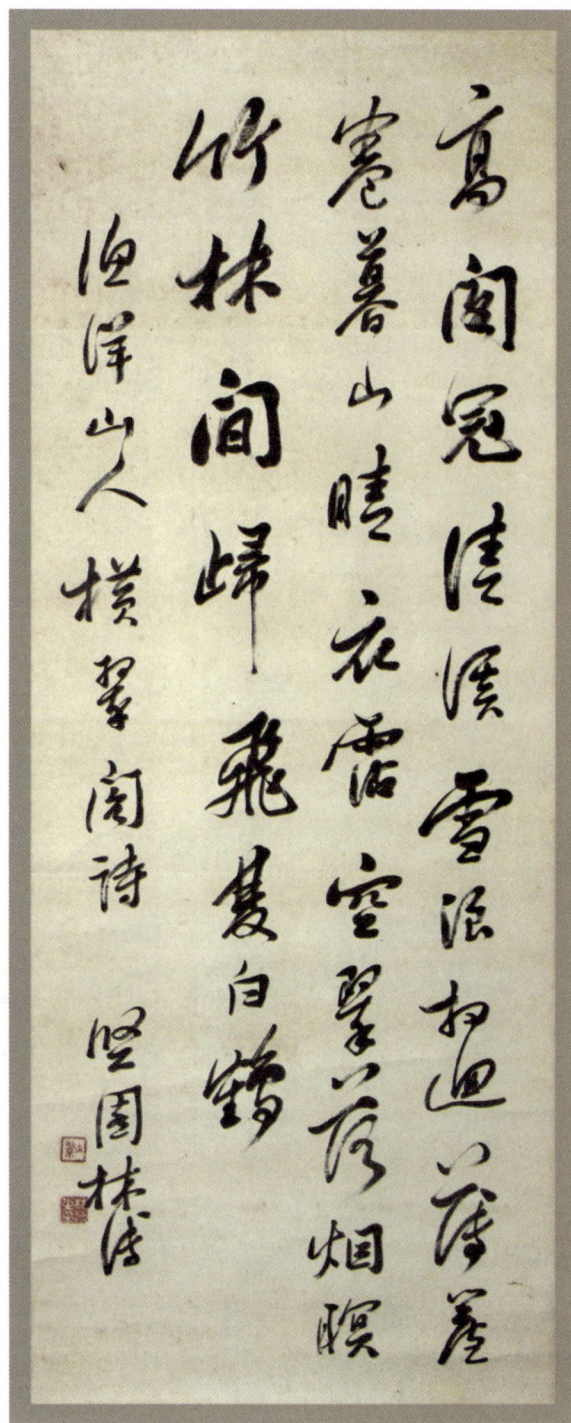

林溥书《渔洋山人横翠阁诗》

四、汪鸿孙其人其书

汪鸿孙，字云宾，安徽盱眙（今属江苏省淮安市）人。少时，入国子监，为太学生。1907年，做直隶总督兼北洋大臣杨士骧的幕僚。从清末到民国时期，他曾担任山东省菏泽、恩县、宁海、栖霞、即墨及河北省昌黎、临城等县的知县或知事。这期间，他于1915年至1917年担任即墨县知事。总体上看，他是一位有作为的县官，勤政廉洁，忠于职守，且能与时俱进，在许多方面进行革新，如兴办新式学校和新式医院等，以适应新旧社会转型的历史大势。他因政绩突出而屡获表彰提拔，官至民国陆军部军法司一等军法官。

图为汪鸿孙书"秋云夜月"七言联。行书，纵135厘米，横32厘米。上联为"秋云半入右丞画"，下联为"夜月新翻供奉诗"。上款为"瑞州仁兄属"，下款为"盱眙汪鸿孙"，下钤有白、朱文印各一方。白文为"鸿孙私印"，朱文为"即墨大夫"。上联右面偏下还钤有一方白文印"四十岁以后书"。

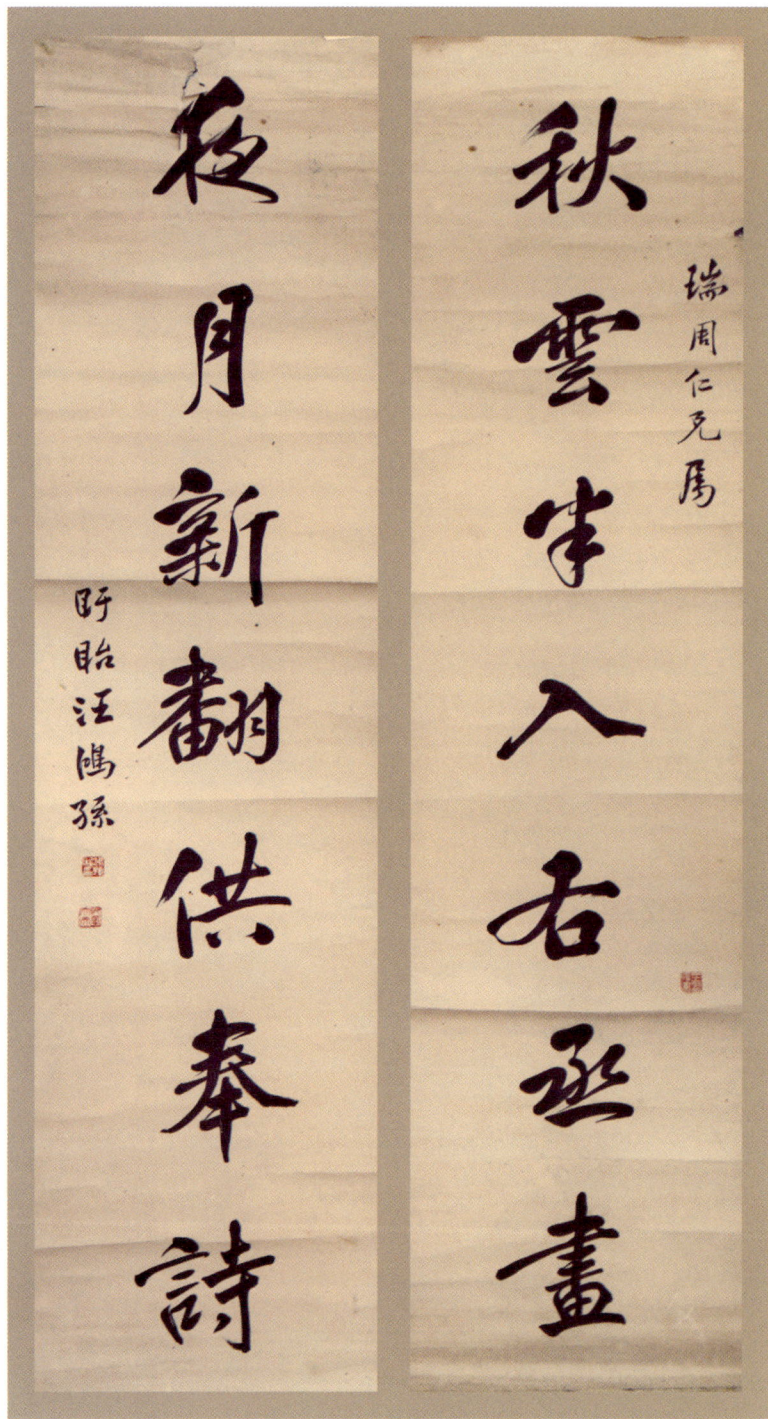

汪鸿孙书"秋云夜月"七言联

汪鸿孙曾编校《例学新编》（《大清律例新编》），针对《大清律例》重刑法而轻民法的情况予以改良补益。 另有《菏泽县乡土志》《恩县乡土志》等著述。他勤于笔墨，其书法基本路数出自二王，而对欧阳询书体揣摩最深，受时风影响，参以魏碑，从而对碑学有了深刻领悟。

五、曹蕴键其人其书

曹蕴键，又名铁如，山东菏泽人。其祖父进士出身，书法功底深厚。父亲曹垣，亦酷爱书法，尤以楷书称世。他自幼随父在福州读书，清光绪三十二年（1906年）被选为优贡。翌年朝考一等，以知县分发河南。任河南抚院文案、鄢陵知县。民国时期，历任湖北巡按使署实业科金事兼秘书，湖北蕲水、黄岗县知事，山东昌邑、即墨、潍县、阳信等县知事。1924年任即墨县知事。1925—1927年署理潍县知事。1928年归隐乡里，纂修《巨野县志》。"七七"事变后，蛰居北京。抗战胜利后，为养家糊口，任农林部华北棉产改进文书股职员。1952年6月，被聘为中央文史研究馆馆员，1970年7月病逝。除纂修《巨野县志》外，尚有《二十四史人物咏史绝句》存世，收录诗词4 000余首。署理潍县期间，他曾与时居青岛的康有为有过交往。时当1925年，康有为至潍县，下榻丁家十笏园，曹蕴键应丁家之邀陪同宴集。

图为曹蕴键的草书中堂，纵131厘米，宽58.5厘米。所书内容为："复有龙蛇云露之流，龟鹤花英之类，乍图真于率尔，或写瑞于当年，巧涉丹青，工亏翰墨，异夫楷式，非所详焉。"系摘录唐孙过庭《书谱》句。落款为："乙丑书为瑾斋仁兄雅嘱，铁如曹蕴键。"

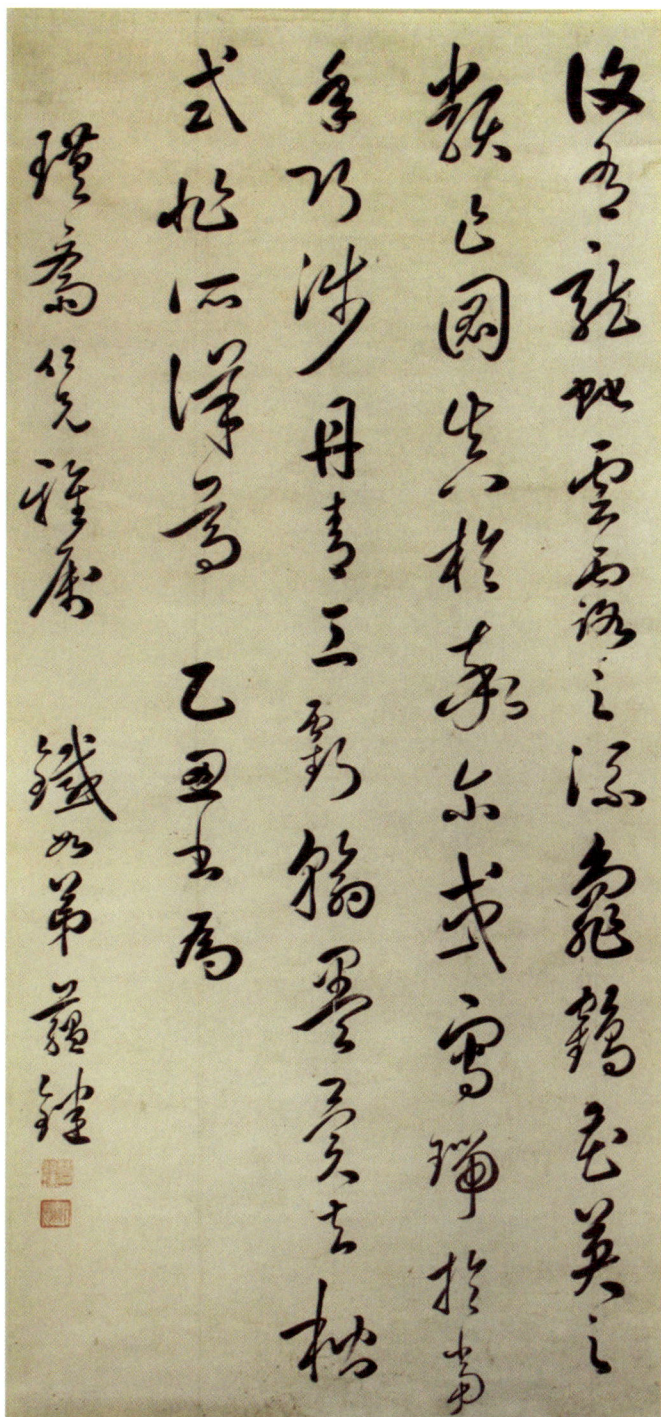

曹蕴键草书中堂

下钤白、朱文印各一方，白文为"曹蕴键印"，朱文为"铁如"，即曹蕴键之别名。

曹蕴键工楷书，尤擅草书，精研孙过庭《书谱》有所得。总体上看，其书法富于特点，圆润秀美，结体富有韵致，能恪守传统而不囿于传统，食古能化，疏密有致，变化丰富。

清郭琇《四时行乐图》赏析

○毛洪东 王 仟

　　"行乐图"是明代出现的一种新兴画种，从传统的肖像画发展而来，将像主置于山石林泉，湖泊田园的雅致背景中，冠以"行乐"之名，着力表现像主优雅闲适的生活旨趣。最早冠以"行乐"字样的是明代初年的帝王行乐图，其后贵胄官员、文人画家争相效仿。清代诗人、散文家、文学评论家袁枚在《随园诗话》卷七中有云："古无小照，起于汉武梁祠画古贤烈女之像。而今则庸夫俗子，皆有一行乐图矣。"足见当时"行乐图"之流行。在装帧形式上，"行乐图"通常采用横卷、短帧或册页的呈现方式，更有甚者将之画在折扇上，以便于随身携带赏玩。

一、清郭琇《四时行乐图》赏析

　　即墨博物馆藏清郭琇《四时行乐图》是一组表现郭琇日常生活的作品，按春、夏、秋、冬四季排列，分别为《春季孤舟垂钓图》《夏季沁水纳凉图》《秋季树下挥毫图》《冬季抚琴品茗图》。清郭琇《四时行乐图》原以册页的形式呈现，由于年代久远，长期翻折，分裂成四季图和册首五个部分。册首为清代诗人、书法家陈廷庆题写，其文曰："即墨郭华野先生四时行乐图，嘉庆十三年夏六月，奉贤后学陈廷庆观于吴门瑞光佛刹回题册首。"册首左下方钤印两方。

　　四幅画风格统一，着力刻画像主于四时景色中怡然自得的情景。

　　从绘画手法上看，绘画者深受以曾鲸为代表的"波臣派"风格的影响。曾鲸，字波臣，明隆庆二年（1568年）生，莆田人。他开创了"波臣派"画风，在明清人物肖像画领域有着划时代的贡献。曾鲸的人物肖像画最注重写实技法，"重墨骨，墨骨既成，然后傅彩"，其始终以工整清晰的轮廓线的描绘方法，使"波臣派"具备"气韵生动""骨法用笔"的中国绘画的美学特征。《顾梦游像图轴》为曾氏晚年"墨骨法"的代表作品。《郭琇四时行乐图》即采用"墨骨法"，以清晰的墨线勾勒人物的五官衣饰和周围景物的轮廓，再用淡墨渲染出人物和景物的凹凸关系，在淡赭石的整体色调中又略施淡彩，整体用色单纯简练，又不失层次感和厚度感。

　　在构图上，采用不平衡的取势手法：人物和景物集中于画面一侧，另一侧以淡山远水修饰，背景留白很大。画面极其简洁和朴素，使得整体更加的协调、调和。绘图者用无色来衬有色，以无形来托有形，使得画面的主体更加突出，更加集中，郭琇高逸的性情在优雅闲适的艺术氛围中表现得淋漓尽致。

　　在人物塑造上，郭琇的面部先以淡墨勾定五官轮廓，再沿线条以淡墨轻染，以淡红偏赭色调罩全脸反复烘染十数层之下不显脏腻，气色仍湿润明朗，从纸面上亦可让观者觉察到面部骨骼皮肤的凸凹之感，五官神态刻画栩栩如生。人物的衣纹随身体动势的不同起承转合，圆润流畅而又富有变化。与面部相比，衣物的施色相对简练。

馆藏清绢本郭琇《四时行乐图》

四幅画中，郭琇的衣饰和景物各不相同。春季乍暖还寒，郭琇衣衫尚厚，斜依小舟垂钓。江边春柳如丝，四周景物都被施以薄绿色，表现出萌动的春意。夏季，郭琇短袖短衫，独坐溪边戏水。周围树木葱茏，满目苍翠。秋季树木叶片微枯，郭琇着宽松衣衫坐于树下，挥毫凝思。冬日夜晚，郭琇厚衣厚靴，于冷月萧竹下抚琴品茗。墨竹主干细加渲染，竹节分明，姿态细秀，场景清幽。画面中人物的细节的变化恰与所处的季节相呼应，体现出作者的匠心独运。然而，无论四季变换，郭琇都表情淡然自若，姿态闲适恣肆，志趣脱俗的高士形象跃然纸上。每幅画皆有朱文"顾焘"印文，当为绘图者姓名。

二、郭琇其人

该行乐图的像主是清朝康熙年间的直谏名臣郭琇，也是唯一一位被收入《辞海》的即墨人。有关郭琇的事迹在《清史稿·郭琇传》《山东通志》《吴江县志》《即墨县志》中都有记载，其中尤以《清史稿·郭琇传》的记载最为详尽。

郭琇，字瑞甫、瑞卿，号华野，即墨城郭家巷人。清康熙九年（1670年）中进士，康熙十八年（1679年）授吴江县令。郭琇处事精明干练，善断疑案；征收田赋时实行"版串法"，以杜绝吏役舞弊自肥之风。治理吴江七年，"治行为江南最"。清康熙二十五年（1686年），由于江宁巡抚汤斌的举荐，郭琇升任江南道御史。清康熙二十七年（1688年），郭琇上《参河臣疏》，陈述河道总督靳辅治河措施不当，致使江南地区困于水患，最终靳辅被罢官，支持靳辅治河措施的户部尚书佛伦被降职，郭琇升任金都御史。接着，他又上《纠大臣疏》，弹劾"势焰熏灼，辉赫万里"的武英殿大学士明珠及余国柱等，揭发他们结党营私，排陷异己，贪污受贿等罪行，致使明珠被罢官，余国柱等人被逐回籍。郭琇也因此受到康熙皇帝的器重，不久升任左都御史。次年，他又上《参近臣疏》，弹劾皇帝宠臣、少詹事高士奇、原任左都御史王鸿绪、给事中何楷、修撰陈元龙、编修王顼龄等植党营私、以权谋私、徇情枉法、贪污自肥等罪，结果高士奇等一伙权臣被罢官。郭琇的三大疏引起"群党侧目，百端交构"。不久，他便遭明珠余党诬陷，被罢官回乡。

清康熙三十八年（1699年），皇帝南巡，郭琇到德州迎驾。康熙以郭琇政绩显著，且有胆识，复起用为湖广总督。郭琇到任后，极力整顿吏治，清除弊政，湖广百姓大受其益。清康熙四十年（1701年），郭琇多次以病请求辞官，康熙皇帝以"思一人代之不可得"为由予以拒绝。翌年，郭琇因具报苗民暴动情况不实，遭权臣借机排斥，被罢官。清康熙五十四年（1715年），郭琇病故于即墨。

郭琇17岁考中秀才，32岁中举人，33岁中进士，42岁入朝为官，78岁病故于家乡即墨。历任吴江县县令、江南道监察御史、左金都御史、太常寺卿、内阁学士兼礼部侍郎、吏部右侍郎兼翰林院学士、左都御史兼经筵讲官、湖广总督。纵观其宦海生涯，从清康熙十八年（1679年）授吴江县令至康熙四十一年（1702年）被罢免，前后跨度长达24年，然则其实际做官时间仅为13年8个月。盖因其刚正不阿，敢于直谏，得罪了当朝权臣，先后两次被罢免。

三、郭琇的传说

除了正史的记载，在即墨还流传着不少有关郭琇的传说。传说郭琇出生那天，正赶上即墨发大水。即墨县令和参将巡查汛情的时候，突遭大雨只好在郭琇家门楼下暂避，两人一左一右站在门口，恰似两尊门神。没一会儿，门里面传出婴儿的啼哭声，门内走出一位满脸喜色的老太到大门口挂"令枝子"。所谓"令枝子"，就是一根大红线在桃树枝上面绑上两对铜线、两棵大葱、两头大蒜，插到大门一旁。这"令枝子"若是早掉下来，寓意男孩的早娶亲、女孩的早出嫁。县令见状，忙说："给您老人家道喜了，不知是男孩还是女孩啊？"老太太擦了一下额头的微汗道："又添了个骑马的。"县令开玩笑地说："这个孩子命好啊，你看我们这一文一武在门口为他守着，将来肯定大有前途，至少也得个七品官。"老太太不懂官员的品级，还以为数越大官越大，于是谦虚地说："官人，俺不用做七品官，能做个一品官也好！"这虽然是流传在即墨的一个传说，但后来郭琇果真官至湖广总督，加兵部右侍郎、右副都御史衔，正是从一品大员。

郭琇的姥姥家也在即墨，农忙时，他经常到姥姥家玩耍。传说有一天，郭琇跟着舅舅到田地里种豆子。中午郭琇的姥姥靠在田边的一棵老槐树下打盹，结果土地公公找上门来说："老太太求求你了，别再让郭琇种豆了。他是天上文曲星下凡，他不停地干活，我就得跟着一路小跑给他作揖。一上午我全身骨头都快散架了。"姥姥打了个寒颤醒来，回想刚才梦里的话，赶紧把郭琇搂到怀里："咱不种豆了，回家去玩喽。"

四、陈廷庆与顾焘

陈廷庆，江苏奉贤（今属上海市）人，字兆同，号古华，晚号非翁基孙，清代诗人。乾隆四十六年（1561年）进士，改庶吉士，授编修，历官辰州知府，嘉庆九年（1804年）主蕺山书院。陈廷庆精八法，名所居曰"肆书簃"，尝请人刻书隐，及五十方能学晋书，两小印，又有五十学书图题咏，如林赵，工诗古文辞，所至皆有诗，亦善书法，有《谦受堂全集》30卷、《古华诗钞》等。

乾隆《吴江县志》载，顾焘，名顾尊焘，字同临，生活于康熙年间（1662—1722年），江苏苏州人。博学工诗，间事写真，尤神肖。家贫游京师，公卿闻其名，争取延致，以不乐趋时归里。东晋有无锡杰出画家顾恺之，字长康，小字虎头，故称顾虎头，尊焘亦姓顾，人物肖像之精可比"顾虎头"，古邑令郭琇雅称之为"小虎头"。

五、小结

观郭琇《四时行乐图》，纵情山水、世俗享乐的神采意趣跃然纸上，与郭琇铁面御史的形象极不相符，由此判断该《四时行乐图》描绘的应当是郭琇被罢官后回乡闲居的情景。整幅画卷旨在呈现郭琇悠游闲适的生活样态，从一个侧面反映了当时文人悠然隐居的生活情操，表现了郭琇此时的精神世界和内在感悟。

清代粉彩九狮戏球鼻烟壶与舞蹈"九狮图"

○ 姜保国　任希燕

　　即墨博物馆藏清代粉彩剔底九狮戏球纹鼻烟壶是一件很有特色的文物，采用多种创作手法于一体，制作精美，纹饰形象生动。器物虽小，但是代表了当时优秀的瓷器制作水平。而且它的背后还有一段不为世人所熟知的故事呢。它促发了一个新的舞蹈的产生、发展和成熟，而其独特的舞蹈形式在山东乃至全国堪称独树一帜。这是一件什么样藏品？它背后所产生的故事又是什么？

　　这件鼻烟壶呈扁平状，通高6.6厘米，口径呈圆形1.9厘米，底经呈椭圆形，最宽处2厘米，最窄处1.5厘米，重90克。通体自下而上分五层纹饰，下层凸雕如意头纹。上部三层依次凸雕如意头纹，回形纹，连珠纹，上两层中间各饰一圈凸玄纹，底子均以金色再涂红彩，红彩微有脱落；中间正面饰五只狮子，下部有红色、蓝绿相间的狮子，呈左右回环状。左狮身子呈扭曲状口衔黄色绣球，与右狮四眼对视，上部两只红绿、蓝绿相间的狮子各一只，均扭曲身子。红绿相间的狮子口衔红色绣球。蓝绿相间的狮子右前腿抬起左后脚踩脂色绣球。两狮四眼分别看着下部的两只争抢绣球的蓝、红狮，右下侧黄绿狮微露首和前半身，呈站立状观望着左前方两狮争抢绣球。另一面一只金色狮子口衔绿色绣球，另一只红色狮子两只前脚搂住绣球翘着尾巴，正在跟金色狮子用力抢夺，一只红绿相间的狮子则张着大嘴奔跑过来。右下角有一只黄色狮子，左前脚搂住蓝色绣球张口吐着舌头，蹲立一旁正在观战，左侧黄绿相间的狮子微露后腿和屁股。每个狮子各有

粉彩九狮图戏球鼻烟壶的正面（左）和侧面（右）

一条黄、绿、蓝、脂色的彩带上下左右扭动，相互缠连飘动在身体左右。口、底部饰金色，微有露胎，胎白，口沿稍微有磕崩。从造型、胎体、釉色、纹饰等方面看，时代应为清乾隆时期（1836—1896年）。

每个狮子、绣球、彩带均采用浅浮雕的手法塑出五官、形体和外在轮廓，再用线描勾出形体结构，后施以釉色；底子采用减法剔地加透雕手法，刻出云纹，满身用了六种釉色。器物虽小，造型极为繁复，结合多种创作手法于一身。表面采用浅浮雕，底子使用挖刻加透雕形式，形成多种层次，从而显得更加立体而层次多变。该鼻烟壶利用挖刻剔底后粗糙的大块面底子与细腻的表面主体施釉，形成了细腻与粗狂、华丽与质朴鲜明的对比。狮子的造型自然生动有趣，鲜活的表现手法，愈加表现出器物主体物象的灵动。虽不是官窑产品，却是民窑中的精品。

若此小小鼻烟壶，生发了一种别具一格的舞蹈形式，此即"九狮图"，亦称"九狮舞"，属硬架子灯舞，表演时气氛激昂热烈、粗犷彪悍，是产生并流传在山东即墨原城关一带的汉族民间舞蹈，形成于清同治年间（1862—1874年）。

据原北阁村的老艺人孙跃亭师傅回忆，过去表演的九狮图，是站在高跷上手持内燃蜡烛的"狮灯"表演，动作简单，场面变化也不大，是"九狮图"的初级阶段。"九狮图"最初脱胎于高跷表演手举狮灯的形式，后来演变至以九头形态各异的狮子灯具进行地面表演的舞蹈，由于狮子形象突出，节奏激昂高亢，图式奇特新颖，画面粗犷壮美，被誉为"九狮图"。

清同治年间（1862—1874年），即墨北阁里村有个廪贡生名叫于应召，在见到这件鼻烟壶后，被壶上生动有趣的九狮戏绣球图案所感染，便突发奇想，在原来高跷舞的基础上，根据上面九狮的造型，请扎纸匠人扎成二大七小神态各异的狮子，狮腹下缚绑一根约1.5米的木棒，脱掉高跷高举而舞。表演上摆脱踩高跷的束缚，用硕大的道具突出了狮子的形象，为了解决动作技巧问题，便组织了十几名有武术功底的演员，邀请教戏班的教师李希跃为教练，结合传统狮舞的特点，利用道具来更好表现狮体的神态和舞蹈形象，编排狮子以拟人化形象动作进行培训。

翌年春节，受北魏杨衒之《洛阳伽蓝记》中"辟邪狮子导引其前"之句的启发，便在高跷队伍前面增加了开场领舞，称为"走街"，演出引起轰动。后由于舞狮道具大、分量重，表演起来难度高，就侧重于用民间图案摆列各种阵式，改"九狮舞"为"九狮图"，以其象征吉祥如意，物华年丰。后来，为达到以灯火驱赶恶鬼病魔，消灾赐福的目的，在摆列阵式时又穿插了各种卧跳穿跃和扑滚腾翻的动作，形成了既是流动的图案，又是图案的流动，演出时阵势浩大，气氛热烈，深受群众喜爱。经过历年的演出活动，"九狮图"从道具的制作到场记调度，都有很大变化，个性色彩和结构形式愈加鲜明突出，地域特征更加浓郁艳丽，这一民间舞蹈形式日趋成熟。

北阁村高跷队老艺人苏浸先，绰号"梅兰芳"，是"九狮图"的第三代传人。据他所忆，20世纪20年代，北阁村高跷队远近闻名，每逢年节便上街表演，观众无不拍手称赞，"九狮图"一举成名。1926年春节期间，北阁村高跷队受邀到青岛、崂山、沧口、流亭等地演出，演员高持狮子道具，沿途走一路演一路，吸引无数观众，被称为"独树一帜"的民间杂耍。直到来年农历二月二农田开耕，才停锣息鼓，返回家乡。后来，由于"九狮图"道具的制作耗资大、演员须有一定武术功底等原因，致使这一宝贵的民间舞蹈艺术一度失传。

1982年，在全国民舞普查工作中，即墨县文化馆召开了民间舞蹈老艺人座谈会。经挖掘普查，在老艺人孙跃亭的指导下，即墨大同村首先恢复排练了这一民间舞蹈形式。缘此，失传多年

1982年经过重新挖掘整理的『九狮图』走上街头

的"九狮图"重现街头，以气势雄浑的场面、独特的艺术风格，轰动了即墨城。当时，青岛电视台全场录像并做了报道。1984年国庆节期间，"九狮图"参加青岛市的"振兴中华"舞蹈专场演出，以古朴大方、独树一帜的韵律风格获得好评。后来，又受邀参加了青岛市第一届啤酒节开幕式演出。1987年，"九狮图"被收录于《中国民族民间舞蹈集成·山东卷》等多部图书。

"九狮图"是硬架子道具的表演舞蹈，有12名舞蹈演员，由1名驯狮手（俗称玩绣球的）和11名舞狮手组成。表演时，省去了原来九狮上的多个绣球，只保留1个；狮子也改为雌雄1对大狮和7个小狮。由驯狮手举高杆彩球指挥，4名狮手举雄雌两狮和7名狮手举七头神态各异的"子狮"相聚而舞，动作轻盈灵活，姿态英武潇洒。整体表演分为"走街"和"圆场"两大部分。开端部分为走街，是行进中的舞蹈。通过龙摆尾、扭绳头、绞五花、双对狮、返胡同等队形相互穿插交错，翻腾进退挪闪；步伐采用跑跳步、悠步、踩步、狮步等，要求演员身正腿平，马步扎实，根据步伐的颤动使身体产生时起时伏的韵律；模仿狮态晃身扭体，要求臂活腰灵，晃转身时急如旋风，以大震狮威。驯狮手挥舞绣球忽上忽下，时而虎跳，时而劈叉戏逗群狮；狮子分两路纵队盯住绣球紧追不舍，左扑右晃灵敏洒脱。绣球、狮子配合默契遥相呼应，整个场面龙腾虎跃，气氛激昂热烈。阵图变幻为圆场部分，即就地圈围表演，场图调度。通过跑圆场、双对花、穿四门、绣球戏狮、群狮蹿毛等多种阵图进行表演，结构调度线条丰满，场面繁多，巧妙流畅。在高亢的锣鼓声中，群狮如同脚下生风。在绣球手的指挥下，狮随绣球行，绣球舞狮跃，动中有静，静中有形，在流动中表演，在表演中流动，恢弘壮观，气氛热烈。就这样，不断地变幻九狮阵图形成了一幅幅群狮戏绣球的生动画面。

"九狮图"的舞蹈动作，是动物拟人化的舞蹈动作，抓住狮子的典型神态进行模拟，形成简单的舞蹈情节，通过翻、滚、扑、跳、嬉、逗之狮态，形象地表现了狮子的粗犷和神韵，寄托着民众祈求吉祥如意、天下太平的美好愿望。驯狮手姿态英武，舞蹈动作多是从武术动作演变而来，如虎跳、旋飞脚、扫堂腿、二踢脚、鲤鱼打挺、旋子等。动作粗犷刚劲，威猛洒脱，充满奋发进取的格调。

　　"九狮图"的舞步特征是"颤如簧，颠如浪"。即动作舞步要轻快，小腿要有弹性，上身和头部要随着颤步而微动。以脚跟先着地，脚掌后着地的走法，颤步加摆动，使狮子形象舞得美、舞得活，具有浑然天成的美感。而上肢部分的动作，因演员是持内燃蜡烛的灯具表演，无论颠抖颤翻还是跳蹲转卧，都要求狮腹中内燃的蜡烛纹丝不动，这就全依仗演员的灵活手腕和小臂的摆动，因而形成了"九狮图"动作显著的风格特点之一。

　　"九狮图"的音乐伴奏为吹打乐，乐队编制一般设唢呐多支，捧笙两个，或有曲笛、梆笛。主要用大堂鼓、堂鼓、大小锣钹等打击乐伴奏，紧锣密鼓烘托气氛。阵图变化节拍显著，每当变换阵图时，击鼓者看"驯狮手"的指挥，随之变换鼓点增强表演情趣。所用的主要伴奏曲牌有秧歌调、急急风、马腿、四击头、走街、乱插花、慢长锤、闷锣等。锣鼓伴奏贯穿整个舞蹈，其中马腿为执行调。根据舞蹈情节的变化灵活运用，时而大鼓大锣，高亢激昂；时而闷鼓闷锣，轻捷跳跃。错落有致的打击乐伴奏与舞蹈相辅相成，关联密切，融为一体，使整个演出达到和谐统一。

　　"九狮图"的道具制作，融合了多种民间传统技艺，首先用竹篾扎成二大七小神态各异的狮子，然后裱糊棉纸，用传统绘画工艺勾勒狮眼、按须、帔狮毛及形态，体内置以蜡烛。装饰纹样繁简搭配，神态造型夸张概括，色彩明快强烈。绣球是用竹篾扎成镂空式圆球，用彩绸逐一绑缠成型。每个孔镶一小铃铛，敷在一根约两米长的木柄上。在服饰方面，"驯狮人"头扎红方巾带七星额子，红色快衣加黑色快靴，扎镶彩饰腰带。狮子扮演者头扎英雄三角方巾，身着黄色镶边对襟上衣，黄灯笼裤，黑色快靴，扎红色腰带。

　　"九狮图"灯舞，取"登"之谐音，寓五谷丰登之意。其本身就有祈祷神灵保佑的愿望，在表演程式上其跑场子结构特点以外圆内方、左右对称为动律特征，体现了天地合一意识，反映了汉民族的精神特质和对幸福生活的执著追求，展示了本地区的文化传统和民俗信仰。九狮图既然为"图"，就讲究构图饱满、追求多种图案造型，采用了大量的民间构图图案，显示出其精湛的民间舞蹈艺术技巧，以色彩鲜明、乡土味十足的独特风格，达到自娱与娱人的目的。其万千风姿和细腻的拟人化身段舞姿，无不蕴涵着深刻的人文精神，是即墨民间艺术中的一颗奇葩。2015年，"九狮图"被列入青岛市第四批非物质文化遗产名录。

『九狮图』之狮列阵们

御制《至圣先师孔子赞（并序）》碑与即墨文庙
○ 韩 璐 毛洪东

2015年4月29日，即墨古城在建设过程中发现一通石碑，石质为即墨大庙山石材，褐色，只存碑体，碑首、碑座已经遗失，碑身字迹清晰，上下左右尤见祥云、龙纹纹饰。

碑身尺寸长290厘米、宽116厘米、厚27厘米。碑文标题《至圣先师孔子赞（并序）》，落款"康熙二十五年七月初四日户部尚书文华殿大学士臣张玉书奉敕敬书"。碑文12行，每行50字，字迹规正，一丝不苟，稳健自如，雍容清逸。碑文分两部分，上段对孔子的德行、贡献给予高度的评价，下段则是康熙皇帝对孔子的赞词。现恭录如下：

> 盖自三才建而天地不居其功，一中传而圣人代宣其蕴。有行道之圣，得位以绥猷；有明道之圣，立言以垂宪。此正学所以常明，而人心所以不泯也。奥稽往绪，仰溯前徽，尧、舜、禹、汤、文、武达而在上，兼君师之寄，行道之圣人也；孔子不得位，穷而在下，秉删述之权，明道之圣人也。行道者，勋业炳于一朝；明道者，教思周于百世。尧、舜、文、武之后，不有孔子，则学术终淆，仁义湮塞，斯道之失传也久矣。后之人而欲探二帝、三王之心法，以为治国平天下之准，其奚所以衷焉？然则孔子之为万古一人也，审矣。

> 朕巡省东国，竭祀阙里，景企滋深，敬搛笔而为之赞曰：清浊有气，刚柔有质，圣人参之，人极以立。行着习察，舍道莫由。惟皇建极，惟后绥猷，作君作师，垂统万古。曰惟尧、舜、禹、汤、文、武，五百余岁，至圣挺生，声金振玉，集厥大成。序书删诗，定礼正乐；既穷象系，亦严笔削。上绍往绪，下示来型。道不终晦，秩然大经。百家纷纭，殊途异趣。日月无逾，羹墙可晞。孔子之道，惟中与庸，此心此理，千圣所同；孔子之德，仁义中正，秉彝之好，根本天性。庶几凤夜，勖哉令图，溯源洙泗，景蹑唐虞，载历庭除，视观礼器，搛毫仰赞，心焉退企。百世而上，以圣为归；百世而下，以圣为师。非师夫子，惟师于道，统天御世，惟道惟宝。泰山岩岩，东海浃浃，墙高万仞，夫子之堂，孰窥其藩，孰窥其径，道不远人，克念作圣。

康熙皇帝尊崇儒学，坚持日讲官讲课制度。康熙二十三年（1684年），康熙皇帝到曲阜孔子庙亲祭孔子，行三献礼，三跪九叩，听孔子后裔孔尚任讲解儒经，并面谕后裔为官者"万世帝王咸所师法"。万世师表的匾额被各地文庙一体刻制悬挂。《钦定国子监志》载："圣祖仁皇帝御制《至圣先师孔子赞》碑，康熙二十五年七月立石，在大成殿甬路东。"康熙皇帝御制孔子赞辞并序是要称颂孔子功德，赞辞中的"明道之圣人也""然则孔子之为，万古一人也"，寄寓了圣祖仁皇帝对孔子的尊崇。《至圣先师孔子赞（并序）》碑文由户部尚书、文华殿大学士张玉书奉命书写，颁布天下，立于各地孔庙。

张玉书，字素存，号润甫，江苏丹徒（今江苏省镇江市）人。清顺治十八年（1661年）进士，为康熙朝名臣。张玉书赋性仁厚、精邃史学、博学多才，历官50年，为太平宰相20年，清正廉洁，风度凝然。康熙亲书挽幛，加赠太子太保，谥号"文贞"。

张玉书文学造诣深厚，曾任侍讲、日讲、起居注官、内阁学士、充经筵讲官等职。任职期间，编修《大清会典》《三朝国史》《政治典训》等，四库全书录有《张文贞公集》12卷。除了文采大手笔之外，其书法功底亦称深厚，曾被盛赞"在苏黄之间，因知公得力于宋四家者深矣"云云，字体秀逸遒劲，通篇一气呵成，兼具晋宋风范和赵董精髓。所书《至圣先师孔子赞（并序）》碑文亦有此风。

即墨文庙始建于元世祖至元七年（1270年），至清康熙五十三年（1714年），邑总郭琇建德配天地、道冠古今二石坊于门外，其规制渐趋完整。清同治十年（1871年），即墨知县林溥重修大成殿、东西庑、神龛、戟门、棂星门等，已具相当规模。文庙毗邻学官、文昌阁，考院、崂山书院，形成了完整的儒学文化建筑群。文庙古树参天，碑石林立。至今尚有六通碑记文章存世，元尚书王思诚《重建文宣王庙学碑铭》、元高密令秦裕伯《九贤祠颂》、明翰林侍读周叙《修文庙记》、明大学士刘健《大学士刘健碑记》、清教谕杜为栋《重修庙学记》、即墨知县林溥《重修文庙碑记》。这几通石碑与御制至圣先师孔子赞并序碑在不同阶段记录了文庙的发展历程。

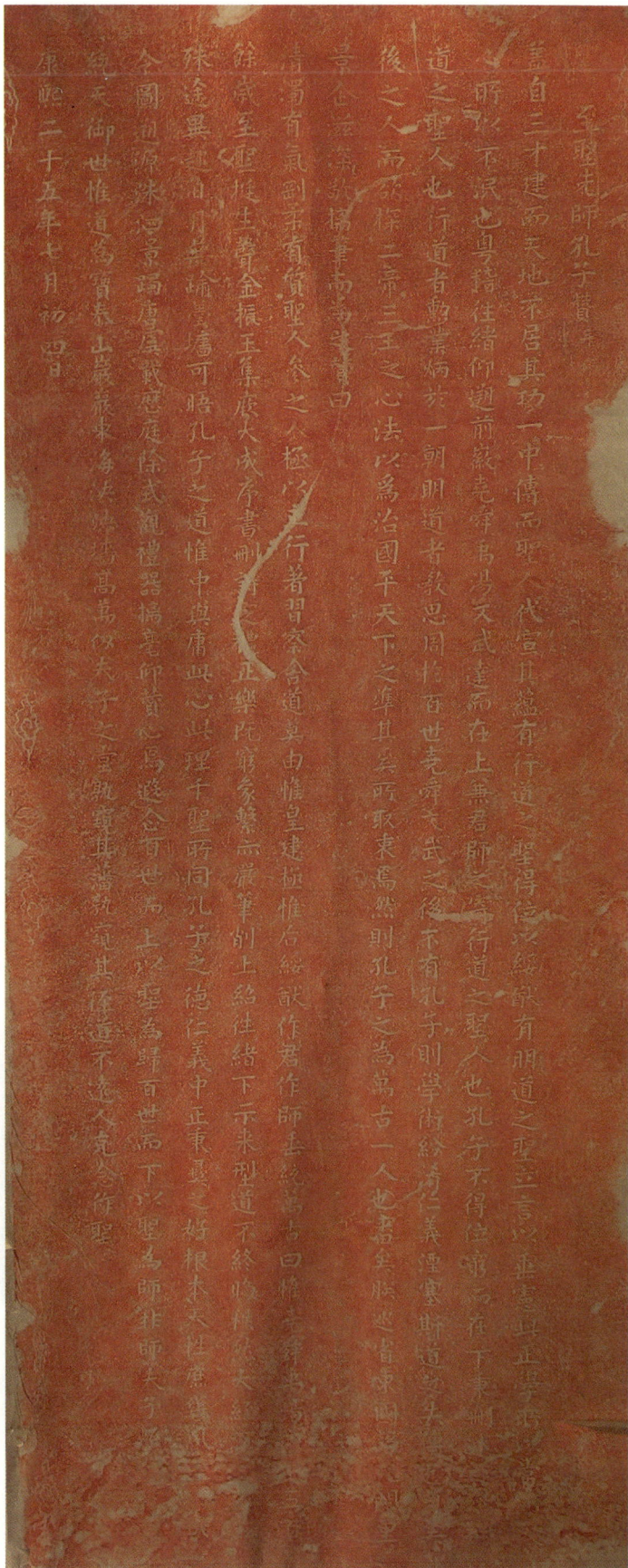

《至圣先师孔子赞（并序）》碑拓片

2005年，德国汉堡大学语言学教授吴淑曼女士捐赠的清光绪十四至宣统二年（1898—1910年）期间的即墨老照片中文庙的老照片，尤清晰可见5座石碑，1929年即墨文庙毁于战火。

孔子的德行和学识为历代帝王和学子尊崇，从汉高祖刘邦以太牢祭祀孔子始，祭孔逐渐受到重视。即墨自古就有尊崇、供奉至圣先师的传统，风俗沿袭至今。清同治《即墨县志》详细记载了即墨文庙祭器考、祭品考、祝文、乐章、祭仪等祭孔活动细节，可见对至圣先师孔子的尊重和纪念。正式基于这种尊崇，光绪十五年（1898年）正月初一，驻即德军毁圣人孔子像，引发举人黄象毂上书事件。即墨举人黄象毂联合山东举人上陈都察院《据实陈明，恳请代奏折》，告发德兵毁即墨文庙圣像事，同时，赴京会试的孔孟后裔孔广謇、孟昭武等17人闻知后，亦联名上书《为残毁圣像，任意作践，公恳据情代奏折》上陈都察院。京都舆论哗然。康有为闻讯后，抓住此时机，联合举人及朝廷各部官员2 000余人上书朝廷，迫使朝廷交涉，德军道歉。这次上书推动了维新变法。黄象毂等人奏折现存中国第一历史档案馆。

2015年，即墨文庙重建。2017年4月，《至圣先师孔子赞（并序）》石碑重立于文庙大成门的东侧。当年5月，即墨文庙举行了开庙暨祭孔大典，以祭祀之礼、俎豆馨香敬献于至圣先师，追溯先贤"仁者爱人"思想，弘扬尊师善学的传统，期待文庙重光，德及庶众。

即墨文庙大成殿